玉林师范学院中小学教学研究丛书

CHUZHONG XINXI JISHU

# 初中信息技术
# 优秀教学案例评析

YOUXIU JIAOXUE ANLI PINGXI

陆灵明　编　著

西南交通大学出版社
·成　都·

---

**图书在版编目（CIP）数据**

初中信息技术优秀教学案例评析 / 陆灵明编著. —成都：西南交通大学出版社，2018.11（2021.8 重印）
（玉林师范学院中小学教学研究丛书）
ISBN 978-7-5643-6588-2

Ⅰ. ①初… Ⅱ. ①陆… Ⅲ. ①计算机课 – 教案（教育） – 教学研究 – 初中 Ⅳ. ①G633.672

中国版本图书馆 CIP 数据核字（2018）第 258033 号

---

玉林师范学院中小学教学研究丛书
**初中信息技术优秀教学案例评析**

| | |
|---|---|
| 陆灵明／编　著 | 责任编辑／穆　丰 |
| | 封面设计／曹天擎 |

西南交通大学出版社出版发行
（四川省成都市二环路北一段 111 号西南交通大学创新大厦 21 楼　610031）
发行部电话：028-87600564　　028-87600533
网址：http://www.xnjdcbs.com
印刷：成都中永印务有限责任公司

成品尺寸　185 mm×260 mm
印张　14　　字数　350 千
版次　2018 年 11 月第 1 版　　印次　2021 年 8 月第 2 次

书号　ISBN 978-7-5643-6588-2
定价　48.00 元

课件咨询电话：028-87600533
图书如有印装质量问题　本社负责退换
版权所有　盗版必究　举报电话：028-87600562

# 前　言

信息时代的到来，促成了中小学"信息技术"课程的诞生与发展，培养学生良好的信息素养，已成为教育界面临的重要课题。《基础教育信息技术课程标准（2012 版）》明确指出：信息素养是指"利用信息技术工具获取、加工、管理、表达与交流信息的能力；对信息活动的过程、方法、结果进行评价的能力；在熟悉并利用技术条件和环境的基础上发表观点、交流思想、开展合作与解决学习和生活中实际问题的能力；积极探究技术应用给社会生活带来的变化，遵守相关的伦理道德与法律法规，形成与信息社会相适应的价值观和责任感。"

在我国部分发达地区，信息技术课程已经进行了很好的实施，并取得了可喜的成果。尤其值得提出的是：在 2017 年，浙江作为高考改革试点省，将信息技术科目首次纳入高考选考科目，其分值占比与传统选考科目一致。这对信息技术教育来说是令人振奋的事情。然而，我们也应该看到，在许多欠发达地区，这一课程的发展现状却让我们迷惑：信息技术教师在学校中不受重视，往往由其他学科老师兼任，信息技术课是很多孩子眼中的"玩课"。在实际工作中，长期受"高考指挥棒"和"计算机工具论"的影响，信息技术课程是一门"说起来重要，学起来次要，考起来不要"的课程。信息技术教师不仅要承担信息技术教学、还要带学生参加竞赛、参与教研活动、兼任网管、电教的工作，其教师职称评定比较困难……以上种种现象，其深层次的原因很复杂，要解决这些问题也需要多方努力。我们认为，提高信息技术教师的教育教学能力，增强信息技术教师的职业认同感和使命感，坚定不移地在高校教育技术学专业培养中小学信息技术师资是解决这些问题的重要举措，玉林师范学院教育技术学自 2002 年开始招收教育技术学本科学生，他们中的很多人都成了信息技术课程的教学骨干，在实践中他们也发现：提高信息技术教学水平的最好方式就是广泛参考信息技术教师们的优秀案例，从中借鉴反思，迅速成长。

基于此，我们广泛搜罗了目前信息技术教学过程中的精彩案例——很多案例都是在各类信息技术案例比赛中荣获一等奖的经典范例，对教师有极大的参考价值。编排体例上，我们参考《基础教育信息技术课程标准（2012 版）》初中部分的架构体系，按照"一个基础、两个扩展"模块的结构，对每一个单元的课程目标都配 2 个精彩案例。每一个案例后面都附有点评，这些点评主要从教学理念、教学方法、案例亮点、改进建议等方面展开，有些则是这些案例给我们带来的一些思考，希望能抛砖引玉，促进大家对这门课程的反思。

以下这些老师参与了本书的编写、案例收集、文字整理等工作：陆灵明，玉林师范学院教育科学学院教育技术系主任，专任教师。曾经在中小学从事信息技术教学工作十余年，发表论文 10 多篇，对信息技术教学现状有较深刻了解。指导学生参加 2014—2017 广西区师范生教学技能大赛信息技术教学比赛，获得一等奖 1 次，二等奖 3 次。指导学生参加专业竞赛获全国一等奖 1 项，二等奖 2 项。其本人在"第二十一届全国教育教学信息化大奖赛"中荣获高校组课件一等奖 2 项。负责全书基础模块专题一硬件与系统管理优秀案例二、拓展模块二：机器人设计与制作全部案例编写，并负责全书案例选取、修改、定稿以及全书案例评析编写工作。方琨，教育技术学教师，指导学生参加 2014—2017 广西区师范生教学技能大赛信息技术教学比赛，获得一等奖 1 次，二等奖 3 次。负责本书修改工作。李宏敏、陈其全，玉林师范学院教师，负责本书部分案例收集工作。何炜娟，福建师范大学现代教育技术硕士研究生，2015 年广西全区师范生大赛信息技术组一等奖获得者。负责基础模块中的专题三网络与信息交流以及拓展模块一：算法与程序设计的全部案例编写工作。黄燕燕，浙江师范大学教育技术学硕士研究生。负责本书基础模块专题一硬件与系统管理优秀案例一、专题二信息加工与表达全部案例编写工作。在编写过程中，本书同时得到了玉林师范学院教育技术学全体教师的支持帮助，国家级大学生创新项目（2017）"青春印象"项目组成员庞兴会同学在排版方面做了很多工作，在此表示深深感谢！

本书可以作为教育技术学专业信息技术方向的教学用书，供师范生进行教学技能训练时参考。也可以作为初中信息技术教师的备课资料，对信息技术教育教学研究者来说，本书也不失为一本案头常备的工具书。

由于时间仓促，很多案例都没法与原作者取得联系，我们在案例来源处一一进行了标注，个别做了格式上的小改动。在此，我们对案例提供者表示诚挚的谢意！同时，由于水平有限，本书不足之处难免，还请各位同行专家一一指正。有任何建议与问题，都欢迎与我们联系。联系方式：E-mail：437178971@qq.com。

编　者<br>
2018 年 3 月

# 目　录

## 基础模块

**专题一　硬件与系统管理**

1　硬件与数码设备 ……………………………………………………（ 2 ）
优秀案例一　"认识计算机硬件"教学设计 ………………………（ 2 ）
优秀案例二　"计算机硬件配置"教学设计 ………………………（ 5 ）
2　计算机软件 …………………………………………………………（ 8 ）
优秀案例一　"计算机软件"教学设计 ……………………………（ 8 ）
优秀案例二　"使用'资源管理器'管理文件、文件夹"教学设计……（ 13 ）
3　信息安全 ……………………………………………………………（ 18 ）
优秀案例一　"我是计算机小医生——计算机病毒与信息安全"教学设计………（ 18 ）
优秀案例二　"网络道德与安全"教学设计 ………………………（ 23 ）

**专题二　信息加工与表达**

1　文　本 ………………………………………………………………（ 30 ）
优秀案例一　"编辑文字"教学设计 ………………………………（ 30 ）
优秀案例二　"Word 图文混排"教学设计 ………………………（ 34 ）
2　表　格 ………………………………………………………………（ 39 ）
优秀案例一　"公式与函数"的教学设计 …………………………（ 39 ）
优秀案例二　"数据的排序与筛选"教学设计 ……………………（ 49 ）
3　图　片 ………………………………………………………………（ 58 ）
优秀案例一　"图像色彩与色调的调整"教学设计 ………………（ 59 ）
优秀案例二　"熊猫练功记——Photoshop 图层的应用"教学设计 ………（ 65 ）
4　声　音 ………………………………………………………………（ 73 ）
优秀案例一　"声音的编辑——学做个性闹铃"教学设计 ………（ 73 ）
优秀案例二　"大'话'西游——声音的获取与加工"教学设计 ………（ 79 ）

## 5 动画 ……………………………………………………………（83）
优秀案例一 "走进Flash"的教学设计 ……………………………（83）
优秀案例二 "神奇的遮罩动画"教学设计 …………………………（90）

## 6 视频 ……………………………………………………………（98）
优秀案例一 "视频的获取与加工"教学设计 ………………………（98）
优秀案例二 "视频的获取与加工"教学设计 ………………………（102）

## 7 综合 ……………………………………………………………（106）
优秀案例一 "多媒体作品制作流程"教学设计 ……………………（106）
优秀案例二 "制作多媒体作品"教学设计 …………………………（115）

### 专题三 网络与信息交流

## 1 信息网络 ………………………………………………………（120）
优秀案例一 "认识因特网"教学设计 ………………………………（120）
优秀案例二 "共享网络资源"教学设计 ……………………………（125）

## 2 信息获取 ………………………………………………………（128）
优秀案例一 "走进低碳生活——有效获取信息"教学设计 ………（129）
优秀案例二 "信息的下载与保存"教学设计 ………………………（139）

## 3 信息交流 ………………………………………………………（143）
优秀案例一 "最强大脑挑战赛——网络交流"教学设计 …………（144）
优秀案例二 "信息交流"教学设计 …………………………………（151）

# 拓展模块一：算法与程序设计

## 1 生活与程序 ……………………………………………………（158）
优秀案例一 "程序设计简介"教学设计 ……………………………（158）
优秀案例二 "生活算法编程"教学设计 ……………………………（164）

## 2 结构与算法 ……………………………………………………（168）
优秀案例一 "分支结构——If语句"教学设计 ……………………（168）
优秀案例二 "分支结构——If语句"教学设计 ……………………（183）

# 拓展模块二：机器人设计与制作

## 1 结构与功能 ……………………………………………………（190）
优秀案例一 "认识机器人"教学设计 ………………………………（190）

优秀案例二 "探秘循迹机器人"教学设计 …………………………………………（198）
2 设计与制作 ……………………………………………………………………（202）
优秀案例一 "机器人创新活动——泡泡机的制作（第2课时）"教学设计………（203）
优秀案例二 "机器人穿越浮桥"教学设计 …………………………………………（209）

参考文献 ………………………………………………………………………………（215）

基础模块

专题一

# 硬件与系统管理

## 1 硬件与数码设备

> 【课程标准】
>
> （1）通过观察，能够说出计算机基本硬件设备的名称（如主机、显示器、键盘、鼠标等）。
> （2）能识别和使用以计算机为代表的数码设备的开关和接口（如主机开关、复位键、USB接口、音频接口等）。
> （3）认识并能说出身边的数码设备及其功能（如平板计算机、触摸屏、打印机、扫描仪、数码相机和手机等）。
> （4）熟悉键盘和鼠标，并掌握正确的键盘和鼠标操作方法。
> （5）尝试使用可以接触到的数码设备采集信息。

## 优秀案例一

### "认识计算机硬件"教学设计

一、基本说明

教学内容：

（1）教学内容所属模块：计算机硬件。

（2）年级：初一。

（3）所用教材出版单位：湖南师范大学出版社。

（4）所属的章节：第一章第二节。

（5）学时数：45分钟。

二、教学设计

1．教学目标

（1）使学生通过自主探究学习和展示活动，了解计算机主机箱内的硬件组成，并能说出不同硬件的名称；

（2）了解计算机主机箱内硬件的基本功能和作用；

（3）培养学生自主探究、合作互助和交流表达的能力。

2．内容分析

学生通过小学阶段学习，已经从外观上初步认识了计算机硬件。本节课内容是在此基础上，进一步认识 CPU、硬盘、内存条、主板等主机箱内的基本硬件及其作用，了解信息处理工具的核心硬件。本单元是初中信息技术学习的起点，为以后的信息技术学习打下良好的基础，因此除了学习相关知识外，更应注重培养学生的自主探究学习、小组协作学习能力。

教学重点：知道和认识计算机主机箱内的硬件，能描述主机箱内硬件的主要作用。

教学难点：理解计算机主机箱内硬件的主要作用和功能。

3．学情分析

本学期面对的是初一的新生，虽然他们在小学就已经接触过计算机，并认识了计算机的外部设备，但他们绝大部分同学没有见过主机箱内的硬件，本课就从实物入手，让学生亲自观察主机箱内的硬件，提高他们的学习兴趣，通过分组交流了解主机箱内硬件的功能和作用，以达到本课的学习目的。

三、教学过程描述

| 教学环节 | 教师活动 | 学生活动（对学生学习过程的观察和记录） | 设计意图 |
| --- | --- | --- | --- |
| 1．创设情境导入新课 | （1）播放一段 flash 对话，并提出问题"主机箱内有些什么硬件呢？"（2）出示课题 | 学生思考问题并尝试做出回答 | 通过情境对话，创设学习情境，激发学生的学习兴趣 |
| 2．任务驱动探索新知 | 教师给每个小组发放一套主机箱内的硬件，并给学生布置任务。观察各硬件的外部特征，判断各硬件的区别，给每个硬件贴上对应的标签 | 学生根据"学案"，分组讨论、交流、辨认实物，最终完成任务 | 培养小组分工合作的能力，引导学生自主学习，通过实物辨认，提高学生的学习兴趣 |
| 3．展示交流巩固新知 | 组织学生进行展示交流，通过学生间的交流，教师应及时评价，巩固本堂课的知识 | 学生以小组的形式上台展示学习成果，并能描述各个硬件的外部特征，交流判断和区分不同硬件的心得体会 | 训练学生的表达能力和观察、分析、归纳和判断能力，让学生体验成功的乐趣 |
| 4．知识抢答拓展延伸 | 组织学生进行知识抢答，及时评价学生的学习效果。通过生动的实例引导学生拓宽视野 | 学生思考问题并抢答，并对回答的问题答案进行补充、评价 | 通过学生的抢答，进行知识的拓展，以增强他们学习的动力，并培养学生互相交流、沟通的能力，学生通过互相评价，体验到学习的快乐和成功的喜悦 |
| 5．归纳总结学生评价 | 教师帮助学生进行整理归纳，强化本堂课应掌握的知识和技能 | 学生在老师的引导下，进行归纳总结 | 让学生通过总结，进一步巩固和梳理本节课所学的知识，掌握学习的方法 |

四、教学反思

（1）本课最大的亮点是改变教学方式，实现认识计算机硬件这种偏理论型课程在计算机房组织教学，利用教师提供的实物、学案等相关学习支撑条件，充分发挥学生的学习主动性，让学生自主探究学习、展示和讨论，突破以往满堂灌的形式，利用和整合现有资源，达到理想的目标。

（2）教学过程环环相扣，层层递进，教学设计合理，学生容易接受。

（3）利用课件的交互性提高学生的学习兴趣，其中在认识计算机主机箱内硬件时强调学生学习的自主性。

（4）在探索新知时采用任务驱动的方式，大大提高了学生的学习效率，通过互相讨论，交流思想，获得最大的成功。

（5）在展示交流环节，培养了学生的口头表达能力和相互交流能力。

（6）将学习时间还给学生，充分发挥自主学习的优势。

案例来源：

全国信息技术优质课比赛（2008年）一等奖，作者：湖南省株洲市师专附中 刘世中

案例评析：

《认识计算机硬件》教案属于初中信息技术课程硬件与系统管理模块中的硬件与数码设备基础部分，在基础教育信息技术课程标准2012版中明确规定，通过硬件与数码设备基础部分的学习，学生应能了解常见信息技术硬件的分类与构成，能说出计算机主机内的基本部件及其作用，能连接计算机的硬件及其常用外设，使之能正常工作，通过观察、比较不同类型的计算机（如台式机、一体机、笔记本计算机和平板计算机等），了解各类计算机之间的联系与区别，及计算机发展的历史演变和趋势。在教案中，我们可以看到教师在实现课程标准基本要求上设计自主学习和合作帮助的学习内容和任务，满足不同学生的需求。通过攻克教学重点与难点有效地完成教学任务，达成教学目标。

建构主义认为知识不是客观的东西，而是主观的经验、解释和假设，是学生自己在特定的教育环境下（包括教师和学习伙伴）相互作用的过程中逐步建构的。因此教学要以学习者为中心。在本案例中，教师给每个小组发放一套主机箱内的硬件，并给学生布置观察任务。教师让学生带着问题自己观察计算机的各部分组件，充分体现了以学习者为中心的现代教学理念，尊重学生的人格发展，满足学生的需要，创设能引导学生主动参与的教育环境，激发学生的学习积极性，使每位学生得到充分的发展。

信息技术作为一门理论与实践并重的学科，因此在传统的教学手段中渗透些新的教学方法会达到事半功倍的效果。在本案例中，教师在讲授法的基础上增加了一些新的教学方法，如任务驱动法、合作交流法和小组讨论法，多种方法合理使用，不仅能减轻老师上课时的负担，而且还能引起学生的兴趣，通过其不可缺少的任务分析和与同伴一起动手实践，从有意义学习出发，让学生完成有意义的任务，达到一定的学习知识与解决问题技能的目标。

正如教案教师所说的：该教案最大的亮点是改变教学方式，实现认识计算机硬件这种偏理论型课程在计算机房组织教学，利用教师提供的实物、学案等相关学习支撑条件，充分发挥学生的学习主动性，让学生自主探究学习、展示和讨论，突破以往满堂灌的形式，利用和

整合现有资源，达到理想的目标。本教案从一开始就设计了真实有趣的生活情境，引起学生的学习兴趣，学生一旦开始动手实践就会很容易投入到动手的乐趣之中，从而对信息技术产生浓厚的兴趣，爱因斯坦曾说：兴趣是最好的老师。因此，本人认为兴趣也就是学习过程中的巨大动力，而该教师能很好地把握这一点。

信息技术是一门知识性与技能性相结合的工具课程。而其中的技能又是最重要的，理论知识是技能的基础，技能是理论知识的目的。只掌握知识没有技能就如同纸上谈兵。要真正把所学知识融入自身，还必须亲身实践，动手操作。我们要把培养信息技术的基础操作技能作为主要任务，而动手去实践去操作是实现这一目的的基本方法。在指导学生的学习过程中，应提倡他们敢于动手，勤于动手。针对本教案，针对学生观察计算机各部件的情况，可以提出进一步的学习任务，如让学生在观察的基础上试着对计算机进行组装，或是提出组装方案等其他有利于学生进一步学习与实践的任务情境。

# 优秀案例二

## "计算机硬件配置"教学设计

### 一、教材分析

教材采用陕西科学技术出版社出版的《信息技术》教材八年级·上册，第一单元《计算机系统基础》。通过前面章节的学习，学生已经掌握计算机的基本配置及相应的功能，本节课主要是要求学生针对不同人群的需要，如何为他们选择适合他们的个人计算机，适合小组合作共同完成主题，形成采购方案。

### 二、学生分析

本单元学习了计算机基本组成及配件的相应功能，但面对众多的配件型号、参数和品牌，如何选购配件组装成计算机，还欠缺知识。在太平洋电脑网有大量的计算机组装相关知识及配置方案，对计算机组装相关知识的熟悉度及对组装计算机的能力，学生之间有很大的差异，同时学生对于自己组装计算机又有很大的兴趣，都想配置一台自己理想中的计算机。

### 三、教学目标设计

知识目标：在活动中掌握计算机系统的相关知识。

能力目标：培养学生利用信息技术解决问题、熟练应用 XMind 思维导图工具来设计计算机配置方案，从而培养学生自主学习能力和在学习中探索的意识。

情感目标：吸引并激发学生的自主学习热情，培养学生勇于探索未知世界，积极主动的学习思想和敢于挑战的品格，并通过小组协作来解决问题，培养学生集体意识、团队精神。

### 四、教材内容及重点、难点分析

教学重点：运用 XMind 思维导图工具形成完整的计算机配置方案。

教学难点：计算机配件的兼容性、性能与价格的平衡。

## 五、教学授课形式及课时

本节课采用多媒体网络教室形式进行授课。
课时为一节课（45分钟）。

## 六、教学策略及教法模式运用

根据学生实际情况，结合教材内容，在教学中侧重对学生学习能力的培养，以学生自学为主，通过学生自主探究，提高解决问题的能力；同时，划分每4人为一个合作小组，共同来完成计算机配置方案，培养团队协作的精神。

在教学方法上，采用"任务驱动—协作探究"教学模式，以教师创设情境激发兴趣引入新课，以一个明确要完成的任务为目标，由学生自学探究、熟练操作、通过协作、讨论或教师指点等方式解决问题。

## 七、教学媒体设计

本课教学设计的实施依赖于采用多媒体网络教室来实现教学目标。

多媒体网络教室：用于共享资源，可在方便地广播教师操作的同时又能使教师及时了解学生操作情况，便于师生交流。

辅助软件：XMind 思维导图工具——用于小组规划、管理计算机配置方案、并形成汇报材料；BBS 论坛——用于学生上传方案、资料中转、交流、评价；太平洋电脑网——用于学生了解计算机配件、自助装机。

## 八、教学过程设计

表1 教学过程

| 活动内容 | 教师活动 | 学生活动 | 设计意图 |
| --- | --- | --- | --- |
| 课堂导入 | 老师提出问题：<br>问题一、计算机基本组成包含哪些配件？<br>问题二、各自配件相应有哪些作用或功能？<br>展示计算机组成的思维导图 | 学生根据老师提出的问题，回答问题 | 通过复习计算机的组成及各配件的功能，使得学生对要选购哪些计算机配件有个更清晰的认识 |
| 配置计算机考虑的因素 | 分别从以下几个方面来考虑相应配件的需求：<br>（1）满足对象；<br>（2）处理速度；<br>（3）数据量；<br>（4）视觉需求；<br>（5）听觉需求；<br>（6）配件兼容性 | 学生思考自己方案要考虑的因素 | 帮助学生了解特定用户对计算机配件的特定需求 |

续表

| 活动内容 | 教师活动 | 学生活动 | 设计意图 |
|---|---|---|---|
| 配机方案参考流程 | 向学生简单介绍配机方案的参考流程 | 学生思考自己配机方案的流程 | 通过给出配机方案参考流程,帮助学生熟悉配置计算机方案,为下面的购机任务做准备 |
| 配机方案操作任务 | 指导学生按配机方案参考流程完成自己小组的任务 | 学生以4人为一组,共同完成。<br>(1)共同确定小组成员分工;<br>(2)共同确定配机方案类型;<br>(3)对选定方案类型进行需求分析;<br>(4)登录太平洋电脑网选购计算机配件;<br>(5)用思维导图形成购机方案成果汇报材料;<br>(6)将本组的思维导图购机方案上传到论坛,供大家评价 | 培养学生小组团队精神,学会利用网络平台解决问题,学会项目管理的方法 |
| 小组评价 | (1)组织学生对各小组方案进行投票;<br>(2)安排几小组对本组方案进行现场陈述;<br>(3)组织学生选出最优小组 | (1)浏览各小组的设计方案;<br>(2)对优秀小组进行投票;<br>(3)前四名小组对本组方案进行现场陈述;<br>(4)对前四名小组方案再次进行投票,选出最终的最佳方案 | 通过此环节培养学生评价、表达能力及自我展示能力。因时间有限,通过投票"十进四"环节选出四个小组,对他们进行现场陈述 |
| 课堂总结 | 通过研究当前主流的购机方案过程,同学们学会了怎样配置出一台计算机的方案,但要配置出一台能很好满足特定用户需求的计算机是不容易的。需要我们懂得更多关于当前计算机配件的相关知识及特定用户对硬件的特定需求。同学们通过好好学习,一定能配置出一台满足自己需求且经济实用的计算机 | | 因课堂时间有限,想配置出一个高水平的购机方案不是一件容易的事,课堂只是给学生一个引导,如何利用网络平台完成,可以在课堂外继续进行 |

案例来源:

陕西省宁强县第一初级中学 王华

案例评析:

本案例内容属于信息技术课程标准(2012版)的硬件与数码设备知识的进一步拓展,通过本课学习加深对计算机各组成部分以及其性能的进一步了解,本案例最大的特点是采用任务驱动法,根据现实中存在的问题,对其进行分析并寻求解决方法。

任务驱动法对任务的设计不是随意的,往往任务的设计决定了课堂成功与否,一般说来,有明确的目标、可操作性、有层次性、分散难点、重点是其基本要求,本案例作者选择"装机"这一任务,紧密结合生活实际需求,学生也非常感兴趣,随着任务的下达,完成任务的过程也要进行细致考虑，作者主要以"配置计算机应考虑的因素"知识点来让学生决定机器配置参数，这一环节可能存在的问题是学生需求的多样性会导致他们在配置的过程中有疑惑产生，应进一步做好引导工作。

在实施任务的过程中，分组教学是经常采用的形式，在完成任务的过程中，教师要注意学生的参与程度，以及学生间的合作问题，往往容易出现基础较好的学生不顾"学困生"而匆匆结束小组的合作学习，没有达到共同进步的目的。

利用 XMind 思维导图工具也是本案例的特色，思维导图对中学生的思维训练有非常重要的作用，它可以帮助学生构建知识网络，明确知识之间的联系。计算机的硬件之间是有很大的关联的，学生通过画思维导图可以更好地比较各种硬件特点，做出更好的性价比配置方案。此外，本课堂很好地利用了在线资源"太平洋计算机网"作为课堂教学资源，学生直接在该网站上配置计算机硬件，可以说课堂教学资源灵活运用做得非常到位。

当学生完成任务后，教师要适当地进行效果评价，给学生提供有针对性的反馈信息，这样做既可以帮助他们了解自身的学习情况，还可以使得他们了解其学习能力的提高程度。作者在学生完成任务后安排小组评价，并以投票的方式选出四组最佳方案进行陈述，这一过程是非常有意义的，在投票的过程中学生在比较计算机硬件的不同参数中学到了知识。

## 2 计算机软件

【课程标准】

（1）能列举计算机中的常用软件。
（2）能识别常用的桌面图标并能正确对其进行操作。
（3）认识常见的文件类型，能够创建文件夹并存放文件，能对文件夹和文件进行有意义的命名。
（4）能够根据需要对文件和文件夹进行分类和管理。
（5）学会压缩和解压文件和文件夹。
（6）尝试使用和简单比较不同类别的操作系统（如 Windows、Linux 或 Android 等），能说出操作系统的基本用途。
（7）了解对话框、窗口的特点及用途。

## 优秀案例一

### "计算机软件"教学设计

一、教材分析

本课内容是新教材七年级教材《信息技术》第二单元《探索计算机的奥秘》第 2 课"了解计算机的组成"第二部分"计算机软件"的内容，要求学生掌握计算机软件，这和硬件一样是一台计算机正常工作所不可缺少的组成部分，了解计算机程序是由计算机语言编写而成，掌握计算机软件系统的构成，并充分利用网络资源让学生搜寻与生活实际相关的知识：计算机流行病毒及其危害有哪些？装机必备软件有哪些？从而对教材知识加以拓展。

二、学情分析

本教材面向七年级学生，他们具有一定的阅读和自学能力，已经掌握网上搜索资料的能力。本课是在学生对一台计算机硬件组成有了比较清晰的了解的基础上，引导学生继续对计算机软件方面的知识进行探究，所以学生会很自然的过渡到本课的学习。本节课教师设计的上网探究问题非常切合学生的实际需要，而且目前我校七年级大多数学生家庭都有计算机，所以学生对本课的知识有一定的基础认识，但知之不多或知其然而不知其所以然，所以学生会带着很大的激情去完成学习。因此本课教学将根据教材内容的难易程度的不同，创设不同的情境，或让学生自主探究和分小组协作学习，或是教师引导学习，鼓励学生从多渠道开展学习。

三、教学目标

根据本节课教学内容的特点和学生的认知规律，制定了以下的教学目标：

1．知识与技能

（1）了解计算机程序与语言的相关知识。

（2）掌握计算机软件系统的分类，能说出几种常用的系统软件与应用软件。

（3）了解计算机流行病毒及其危害有哪些？了解装机必备软件有哪些？

2．过程与方法

（1）任务驱动。本课重点安排了两个自主探究的学习活动和一两个实践活动作为任务，教师把教学内容巧妙地隐含在每个任务之中。学生在教师引导下，通过完成一个个具体任务逐步掌握所学知识和技能。

（2）情境教学。以实物演示的方式，轻松而愉快地将学生带入本节课学习的境界，再通过视频的讲解更能激起学生的态度体验，激发学生的求知欲和学习热情。

（3）通过探究学习，提高学生独立探索学习的能力。

3．情感态度与价值观

（1）培养学生的观察能力、思考能力，给学生一个自由的空间。

（2）培养学生自主探究和合作探究的能力，学会在小组协作中共同提高。

（3）培养学生的知识产权和版权意识，对学生进一步学习信息技术将产生深远的影响。

四、教学重点、难点

1．重点

（1）掌握计算机软件系统的分类。

（2）常用的系统软件与应用软件。

2．难点

计算机软件的分类。

五、教学媒体资源

（1）多媒体网络教室。

（2）提供给学生用的相关资料。

六、教学过程

表1  教学过程

| 教学内容 | 教学环节 | 活动时间 | 教学活动 | | 活动目的 |
|---|---|---|---|---|---|
| | | | 教师活动 | 学生活动 | |
| 用一台"裸机"引出一台计算机要正常工作还必须安装计算机软件系统 | 复习引入 | 2分钟 | 教师演示：出示一台计算机，请学生根据上节课所学的计算机硬件知识检查计算机硬件是否安装完整。教师点拨：这样安装好的计算机是不是就能马上为我们工作了呢？教师演示：教师打开安装完毕的计算机的电源开关，计算机屏幕上出现计算机启动信息，但由于硬盘中没有安装系统，所以计算机无法正常工作。教师点拨：很显然这台计算机无法正常工作，看起来，计算机系统仅有硬件系统是不够的，那到底是怎么回事呢？教师点拨：一台正常使用的计算机除了硬件外，还需要什么呢？ | 观察并回顾所学知识。一位学生上去检查并确认。学生讨论：根据已有的认知，会得出还需要"计算机软件"的结论 | 通过启动一台已配置好硬件的计算机，引出计算机软件，既增加真实感，又大大地激发了学生的学习兴趣 |
| 一段计算机软件的产生与发展的视频 | 视频教学 | 5分钟 | 播放视频。教师点拨：很明显，计算机软件是在计算机硬件的基础上发展起来的，是对计算机硬件功能的扩展。计算机软件随硬件技术的迅速发展而发展，而软件的不断发展与完善又促进硬件的更新，两者密切地交织发展，缺一不可 | 收看视频，并思考软件的产生与发展。了解Basic语言的产生与作用。了解计算机软件与硬件的关系 | 绘声绘色的视频教学往往很容易使学生进入角色，吸引学生的注意力，激发学生的学习热情 |
| 通过相关文字资料，让学生进一步了解计算机程序、计算机语言及软件的知识 | 自主探究学习协作学习 | 8分钟 | 通过多媒体控制系统分发文件《计算机软件.doc》。（见附件）教师点拨：阅读有关计算机程序与软件方面的扩展知识，完成相应的练习 | 认真阅读相关资料，养成阅读的好习惯 | 由于本部分学习内容不是太复杂，加上教材本身内容介绍得非常详细和清楚，所以本环节安排自主探究，旨在培养学生的自主学习能力，让他们体验其实不用老师讲解自己也能解决问题，增强学习的自信心。同时在遇到问题时学会寻求同学和老师的帮助 |

续表

| 教学内容 | 教学环节 | 活动时间 | 教学活动 | | 活动目的 |
|---|---|---|---|---|---|
| | | | 教师活动 | 学生活动 | |
| 小结 | 检测练习小结 | 4分钟 | 检测学生的学习情况 发现问题并作讲解 | 一个学生将自己所探究的答案讲出来，其他同学自我检查 | 以检测的形式让学生自己总结所学的知识 |
| 带着问题进行网络探究 | 网络探究 | 12分钟 | 教师点拨：现在我们的计算机老是会出现中毒的现象，到底有哪些流行病毒呢？它们的危害性在哪里？我们已经知道一台计算机需要安装软件才能正常运行，那么你们知道目前一台计算机上到底需要有哪些必备的装机软件呢？接下来，我们就利用广阔的网络资源帮我们解决这两个问题。 教师演示：发放网络探究的文档。利用所提供的网址查看并下载相关资料或打开搜索引擎，演示搜索与下载的方法 | 学生带着问题上网浏览并下载资料，进行整理归纳，保存文件 | 这部分知识是对教材的扩展，紧密联系时代发展及学生实际生活需要。进一步激发学生的学习兴趣，让学生感觉学有所需 |
| 学习应用 | 完成"应用"环节的练习1 | 3分钟 | 教师点拨：通过网络，我们对装机必备软件有了非常清晰的了解，下面同学们对照上网收集的装机必备软件。 教师演示：主要通过开始程序菜单来查看 | 通过开始程序菜单查看所装软件，并填入表格 | 这个环节会让学生觉得学有所得，即时体验到所学的知识，有成功的喜悦感 |
| 整理文档并上交 | 整理并上交练习 | 2分钟 | 引导学生对自己的练习文档进行重命名，通过作业提交系统提交 | 给文件重命名，并提交至教师机中保存 | 记录学习的过程，以便于实施过程评价 |
| 学习评价 | 教师点评互评与自评 | 4分钟 | 教师点评一份学生作业； 指导学生互相检查； 指导学生填写学习评估表 | 根据老师的点评互相检查。根据实际情况填写"学习评估表" | 反思自己的学习过程 |

七、教学反思

本节课从设计上来讲，还是颇具特色的。遵照新教材编写的要求，本课重点安排了两个自主探究的学习活动和一两个实践活动作为任务，教师把教学内容巧妙地隐含在每个任务之中。学生在教师引导下，通过完成一个个具体任务逐步掌握所学知识和技能。体现了以学生的发展为中心，努力体现信息技术课程知识与技能、过程与方法、情感态度与价值观三维教学目标的有效落实。采取以活动为主线，将知识主线与活动主线有机结合。以真实情境与视频，轻松而愉快地将学生带入本节课学习的境界，引起学生一定的态度体验，激发学生的求知欲和学习热情。网络探究所设问题符合学生的实际需要，学生的学习兴趣浓厚，每个学生都有所收获。由于本节课的任务不是太难，所以教学学习效果不错。

案例来源：

百度文库，作者不详

案例评析：

《计算机软件》教学内容是属于初中信息技术课程中硬件与系统管理模块中的基础部分，主要是介绍软件系统的组成、分类与不同的功能。要让学生明白，计算机软件是计算机的"灵魂"，计算机是通过软件来处理信息的，如没有软件犹如电视没有信号。学好本节课，有利于学生在随后学习 Word 等软件时，分清应用软件与系统软件的功能与区别。

在前面的课程中，学生了解了一台计算机硬件的组成，本节课要引导学生对计算机软件方面的知识进行探究。但是如果直接引入系统软件与应用软件的概念，学生就会很难理解，根据新课标提出的创新教育理念，该教师创设了新的教学情境，让学生从开机入手，从计算机无法正常启动，引出计算机系统仅有硬件系统是不够的，还需要软件系统，成功引出本文的教学内容。之后安排学生收看视频，并思考软件的产生与发展。了解计算机软件与硬件的关系。该教师通过绘声绘色的视频教学很容易使学生进入角色，吸引学生的注意力，激发学生的学习热情。

本文主要是运用"任务驱动法""情境教学法""自主探究与合作学习相结合"的教学方法。所谓"情境教学法"，指在教学过程中，教师有目的地引入或创设具有一定情绪色彩的、以形象为主体的生动具体的场景，以引起学生一定的态度体验，从而帮助学生理解教材，并使学生的心理机能得到发展的教学方法。

情境教学法在信息技术教学中的应用主要有五个方面：第一，创设设疑式情境，激发学生的好奇心。"学启于思，思源于疑"，深刻说明了设疑与思考问题的紧密联系。只有"设疑"，学生才能产生"疑问"，有了疑问，才能激发学生的好奇心。第二，创设生活情境，激发学生的学习兴趣。信息技术课程作为一门新学科，其教学也需要生活化，将教学活动置于现实的生活情境之中，让学生在生活中学习，在学习中更好地生活，从而获得有活力的知识。第三，创设激励情境，培养学生的动手实践能力，教师要从学生的实际情况出发，根据学科的特点，将教学目标巧妙地融入学生感兴趣的内容之中，设计成有趣味且实用的任务，富有挑战性，促进学生动手实践能力的提高。第四，创设应用情境，提高学生信息素养，信息技术着重于培养学生的信息素养，学生在应用信息技术解决实际问题的过程中，经常会遇到各种各样的问题。教师利用这些问题，创设应用情境，激发学生解决问题的欲望，从而有效地培养学生解决实际问题的能力。第五，创设探索情境，培养学生自主学习能力，使他们成为学习的主人。信息技术课程应发挥自身优势，为学生营造适于自主学习的环境和条件，为学生自主学习过程中碰到的各种困难提供必要的帮助。

该教师合理使用情境教学法，在讲授知识点前创设与生活息息相关的例子，让学生从开机入手，从计算机无法正常启动入手，以真实情境与视频，轻松而愉快地将学生带入本节课学习的境界，引起学生一定的态度体验，激发学生的求知欲和学习热情。

信息技术课程作为一门新学科，其教学也需要生活化，将教学活动置于现实的生活情境之中，让学生在生活中学习，在学习中更好地生活，从而获得有活力的知识。在信息技术课堂教学中，把教材内容与生活情境有机结合起来，把课本知识转化为学生看得见、摸得着、听得到的现实。计算机软件作为计算机的重要组成部分，是衡量计算机技术发展阶段的重要标志。对于计算机软件技术的教学，首先要培养学生的学习兴趣，其次通过板书与多媒体教学相结合，教师讲解与小组讨论相结合，练习法与游戏相结合，生动地讲授计算机软件技术的理论和运用技术，让学生在学习过程中加强对所学软件技术知识的理解和掌握，达到融会贯通的效果。

## 优秀案例二

### "使用'资源管理器'管理文件、文件夹"教学设计

一、教学目标

1. 知识与技能

（1）掌握 Windows XP 文件管理的方式。
（2）理解文件、文件夹的作用以及命名方法。
（3）知道常见的扩展名及它们所表示的文件类型。
（4）会进行文件与文件夹的基本操作。

2. 过程与方法

（1）合理利用文件与文件夹的管理。
（2）提高资源管理的意识。

3. 情感、态度、价值观

养成合理、有效管理信息的习惯。

二、教学重点、难点

重点：文件与文件夹的基本操作。
难点：理解文件夹的组织结构。

三、教学方法

任务驱动法、创设情境法、讲授法、自学法。

四、教学过程

1. 创设情境，导入新课

教师在课堂上先花一分钟时间给学生分组，并选举出组长。
教师：同学们，先自我介绍一下，我姓任，是湖南省汨罗市粥时中学的老师，今天这节

课将由我和同学们一起来学习。本节课的学习，我们将采用小组合作学习的方式，希望大家相互帮助，并且在本节课结束时，将评选出优秀学员与优胜小组，分别给予奖励。从现在开始，老师的每一个问题都将纳入优秀学员与优胜小组的评选当中，第一个问题是：哪一位同学能比较详细地做一个自我介绍，如在什么学校、哪个年级、什么班，有什么兴趣爱好，如你最喜欢哪一个运动员？你喜欢音乐吗？老师在 D 盘的学习包里放了一些音乐、图片、动画等文件，能不能将你喜欢的东西找出来让大家看一看呢？

学生上台操作。

教师：很好，刚才这位同学不但做了一个比较详细的自我介绍，还根据自己的兴趣爱好，找到并展示了他最喜爱的东西，让我对我们班同学有了一定的了解，这位同学是（展示课件，展示学生所述内容并完善组织管理图）：

岳阳市第六中学　七年级 252 班第××小组×××同学；

同学们看，我们学校的组织管理图像什么？（树、楼房），对，像树（楼房）一样一层一层的，我们把这种管理形式称为层次管理，在计算机中，对信息的管理我们也采用这种形式，这节课，我们就一起来学习在计算机中使用"资源管理器"管理文件、文件夹（板书课题）。下面进入任务竞赛环节。让我们一起努力吧！

2. 任务驱动，共同学习

任务一：了解计算机管理文件的基本知识，请同学们带着下列问题自学教材的 P33～P34 页。在计算机的 D 盘，老师帮你们准备了学习包，想办法找到并打开里面的学习指南。课件出示问题：(1)什么是文件？文件以什么来进行区别？(2)文件名包括几部分？分别是什么？(3)请将常见的扩展名与文件类型连起来？(4)计算机中的文件管理采用的是什么形式？

文本文件：wav，mid，mp3

声音文件：bmp，jpg，gif

图片文件：doc

Word 文件：ppt

Powerpoint 文件：txt

Flash 程序文件：bas

VB 程序文件：fla

教师巡视，反馈评价，学生归纳，教师精讲文件的命名规则。

课件出示图书架、火车、楼房图片，让学生说一说生活中的层次结构。完成评比表的第一部分。

教师归纳：如果我们把学校看作一台计算机，那么可以将每一个年级比喻为一个磁盘设备，将每一个班、每一个小组比喻为具有层次关系的各个文件夹，而将每一位同学比喻为文件夹中的文件。

教师讲解文件与文件夹的图标的区别。并说明在操作系统中，文件夹是程序、文件和其他文件夹的"容器"，一个文件夹可以存放多个文件与文件夹。

通过刚才的学习，我们已经充分了解了文件夹的作用，现在我们来看一看下面两个个人文件夹，你认为谁的文件夹规划得好。（课件展示 P35 页的两幅图，学生讨论谁做得好）。

教师归纳：计算机中的文件成千上万，因此，建立一个结构清晰的文件夹是有效地管理自己文件的一个好的方法。这一期我们信息课的任务是要利用文字处理、演示文稿、电子表格等软件制作各种文档，还需要下载各种图片、声音、视频等资料文件，下面，我们就来根据自己的兴趣爱好规划并创建自己的文件夹。

任务二：规划并创建自己的文件夹。

课件展示目录图片，如图 1 所示。

图 1　目录图片

（1）规划个人文件夹，如表 1 所示。

表 1　个人文件夹

| 文件夹级别 | 文件夹名称 | | | | | | | | |
|---|---|---|---|---|---|---|---|---|---|
| 一级文件夹 | | | | | | | | | |
| 二级文件夹 | | | | | | | | | |
| 三级文件夹 | | | | | | | | | |

教师：请同学们根据参考图在自己的练习本上进行规划，组长进行检查。

学生根据参考步骤在练习本上规划自己的作品文件夹，小组合作，自主发挥、尝试、组长检查指导。教师巡视并相机指导。

（2）创建个人文件夹。

教师：通过刚才的检查，老师发现同学们都规划得很好，下面我们就要进入实战阶段了。请看任务：

① 如何打开资源管理器？资源管理器的左、右窗格显示的内容有什么不同？文件夹前的"＋"和"－"号的区别。

② 根据规划建立自己的个人文件夹。

参考步骤：

① 在 D 盘建立个人作品文件夹，输入文件夹名。

② 在刚建立的个人文件夹下建立两个子文件夹并命名。

③ 在子文件夹下建立新的子文件夹并命名。

教师巡视，品评学生的作品，做得好的用广播系统进行全班展示，完成评比表的第二部分。

教师：通过刚才的小组合作学习，同学们基本掌握了建立文件夹和整理文件夹的方法，现在我们再来学习一些有关文件与文件夹的基本操作方法。

任务三：学习复制、查找文件及文件夹。

教师：同学们，下面我们利用学习指南里的帮助与支持，学习复制与查找文件的方法，老师在你们的计算机 D 盘的"学习包"目录里"藏"了一些"宝贝"，有动画、图片、音乐等，大家都来找一找吧！有喜欢的就分门别类地复制到自己刚建立的文件夹中，改成自己喜欢的名字，并删除原来的文件。同时利用学习包，完成教材 P39 页的表格。以小组为单位，选择一个侧重点进行其他方法的自主尝试（由教师指定）。

教师出示学生学习课件，如表 2 所示。

表 2  学习课件

| 所学操作名称 | 操作方法的描述 | |
| --- | --- | --- |
| | 方法 1 | 方法 2 |
| 选择一个文件、文件夹的方法 | | |
| 选择多个不连续的文件、文件夹的方法 | | |
| 选择多个连续的文件、文件夹的方法 | | |
| 复制文件、文件夹的方法 | | |
| 搜索文件、文件夹的方法 | | |
| 给文件、文件夹改名的方法 | | |
| 删除、还原文件、文件夹的方法 | | |
| 清空"回收站"的方法 | | |

学生完成任务，教师矫正，其他小组质疑或补充。

对学生的反馈及时评价并完成评比表的第三部分。

3. 应用迁移，巩固提高

教师：今天我们学习了第六课"使用'资源管理器管理文件与文件夹'"，想一想，这些操作你都掌握了吗？

（课件出示知识点，学生回答）好，都掌握了，下面我们一起来看下面几位同学的做法对不对，并说说为什么？

① 某同学在计算机的 D 盘上建立了一个班级文件夹，再在班级文件夹下建立了个人文件夹。

② 某同学将喜欢的歌曲复制了 40 份放在计算机的不同地方。

③ 某同学在老师的计算机上发现了一张期末考试试卷，马上拷贝到 U 盘上。

④ 某同学在别人计算机上发现一份文件，看完后随手将它删除了。

⑤ 某同学在同学计算机上看到一份名为"暑假调查报告"的文件，他将其重命名为"123"。

⑥ 某同学看到自己的计算机文件比较零乱，便认真规划，建立多个文件夹，将文件分门别类摆放。

教师归纳：从这些例子可以看出，我们学习了文件与文件夹的基本操作后，应该提高我们的思想道德品质，不能随意将别人计算机上的文件拷贝、重命名、删除等，现在我们来完成下一个任务。

任务四：分别查找计算机中扩展名为 mp3，jpg 的文件，从中分别选择两个文件复制到刚建立的个人文件夹中。

师讲解通配符的使用。"？"表示任意一个字符或没有字符，"*"表示任意多个字符。因此查找扩展名为 mp3 的文件时，我们可以设置搜索的文件名为"*.mp3"。

学生动手，教师巡视，学生反馈，教师完成评比表的第四部分。

教师总结：只要认真倾听、善于阅读、勤于动脑、勇于动手，你就一定会有收获。

4. 总结反思，拓展延伸

教师：课件展示图片，请同学们看大屏幕，你能分辨以上文件属于什么类型吗？为什么有的文件显示了扩展名，而有的文件没有显示扩展名呢？（教师相机讲授），好了，通过刚才的学习，我们这节课也临近尾声，根据同学们的表现，我们评选出了今天的优秀学员与优胜小组，他们是×××（教师给予奖励）。其实在生活中，我们也经常会看到分类存放的做法（课件出示分类存放的图书），希望大家不仅能用学会的本领把计算机里自己的文件整理好，生活中，也要养成分类摆放的习惯，把自己的学习用品，自己的房间同样整理好，能做到吗？（能），好，希望同学们能说到做到，下课！

案例来源：

上海市 2014 年信息技术优质课教案　崇明区民本中学　王昌

案例评析：

本案例为《信息技术课标（2012版）》专题 1"硬件与系统管理"中的内容之一，这部分内容要求学生掌握"根据需要对文件和文件夹进行分类和管理。"一般教授此类内容的教学都离不开创设情景、任务驱动、讲授法等。

案例开头创设一个情境，让学生自我介绍，然后根据需要找计算机相关的资源，这样自然引出文件与文件夹的管理，并将计算机里面的文件与文件夹与生活中的树木楼房做比喻，让学生明白计算机管理文件的基本方式。

随后的任务设置一共设置了三个任务，分别针对文件分类、文件夹创建以及文件与文件夹的复制、查找等内容。在文件管理操作教学中，一般教师往往先大篇幅地用讲述法讲解如何创建、复制文件夹等操作，其实这种用大量时间来演示文件与文件夹的操作难有收效，一方面学生对教师的操作不能消化，另一方面学生对操作技能的掌握都需要一个特定的情境或任务来激发学习动机。所以对于此部分内容，一定要注意教学方法的处理。

任务驱动法中教师只起到引导作用，学习的主体是学生，能够充分发挥学生的自主探究能力和锻炼其思维的逻辑性和合理性，调动学生积极参与的热情，使学生在完成任务的过程中享受到成功的喜悦，增强学生的成就感和自信心，同时更加激发起学生对学习和继续探究的兴趣。

但是，任务驱动法要求教师的正确引导，而不是教师的指挥作用，教师应该是在和学生一起操作的过程中发现问题，引导学生自主解决问题；同时，任务驱动法对教师选择的"任务"有很高的要求，教师选择的"任务"必须是能够激起学生兴趣引发学生好感的，否则学生就没有探究学习的动力，同时又必须考虑任务的难易程度，太难任务无法继续，太易学生没有兴趣；另外，教师在引导学生发现问题的过程中，设计的问题是十分关键的，一个好的问题能够更好地启发学生，同样，问题设计得不合理，教学过程缺乏逻辑性和系统性，学生就会失去学习兴趣。

# 3 信息安全

> 【课程标准】
> （1）了解病毒、木马的危害及传播途径，初步学会应用查杀木马和病毒的软件。
> （2）养成及时并有效备份文件的习惯。
> （3）树立计算机病毒防范意识。

## 优秀案例一

### "我是计算机小医生——计算机病毒与信息安全"教学设计

一、教学基本信息

课题：我是计算机小医生——计算机病毒与信息安全；

学科：信息技术；学段：初中；年级：初一年级；

教材：江苏省九年义务教育三年制初级中学教科书《初中信息技术》；

是否已实施：是。

二、指导思想与理论依据

根据初中信息技术纲要要求，初中学生的学习重点是如何应用信息技术解决学习和生活中的实际问题，要求学生在感性认识的基础上，能够进行理性的分析，将得出结论用于解决实际生活中的问题。本课在教学策略上着重体现了对学生整个学习过程的引导，教师重在帮助学生在头脑中建立思考的问题链条，学生以小组合作、自主探究的方式解决学习过程中遇到的难点问题，提升学生分析问题、解决问题的能力。

三、教学背景分析

1. 学习内容分析

本节课是《初中信息技术》初中上册第 2 章《管理计算机》的第 3 节，主要讲述计算机病毒与计算机信息安全，内容以理论知识形式呈现，较为枯燥，学生不易接受。在这种情况下，教师应把教学内容和生活实例结合起来，创设情境让学生主动学习。本节课的核心目标是让学生"主动"获取知识、"主动"进行计算机病毒的防治、"主动"遵守网络道德规范，"主动"形成使用计算机的良好习惯，所有的目标都围绕着"主动"两个字。

2. 学生情况分析

经过前面内容的学习，初一学生已具备了一定的信息收集、处理、表达能力，对网络有较浓厚的兴趣，但是信息安全意识相对淡薄，他们对计算机病毒一知半解，充满了好奇心和求知欲，抓住这一心理特点，通过生活实例让学生对保障信息安全有更深刻的体会，正面引导学生辩证的理解信息技术的两面性，提高计算机安全意识，逐渐形成良好的信息素养。

初一学生的显著特点是好动爱玩，如果课堂教学拘泥于教师一板一眼的传授知识，可能不到一会学生的注意力就不集中，达不到预期的课堂效果。因此，选择什么样的教学模式进行教学也很重要。

学情一：多数学生家中有计算机，知识面较广，具备一定的学习能力以及分析问题的能力。针对这种情况，在课堂教学中应倾向于体现学生的主体地位，在教学设计中适当增加学生表现的机会，教师只负责"穿针引线"。

学情二：少数学生家中没有计算机，知识面较窄，灵活性不大。针对这种情况，在课堂教学中可以适当增加教师的引导与指导。

3. 教学方法

情景模拟法、先学后教法、与生物病毒类比法、知识迁移法。

4. 课前准备及媒体设计思路

课前布置学生通过网络、图书、报刊等渠道查阅有关计算机病毒的信息，每位同学可以从其特点、危害或具体实例来介绍自己对计算机病毒的认识，在课堂上交流。

多媒体网络教室、大屏幕投影。

教学用的演示文稿、理论测试文件（SWF）。

四、本课教学目标

1. 知识与技能

（1）了解计算机病毒的概念、一般特征及传播途径；

（2）掌握防毒、杀毒的基本方法，学会主动防范计算机病毒；

（3）了解计算机安全的含义及常见的安全措施。

2. 过程与方法

（1）提高学生分析、解决实际问题的能力；

（2）培养学生的自学能力和合作精神。

3. 情感态度与价值观

增强技术使用中的责任感，形成良好的网络道德与正确使用计算机的良好习惯。

4. 教学重点、难点

重点：计算机病毒的防治。

难点：如何更好地培养学生的计算机安全意识。

五、教学流程图

教学流程如图1所示。

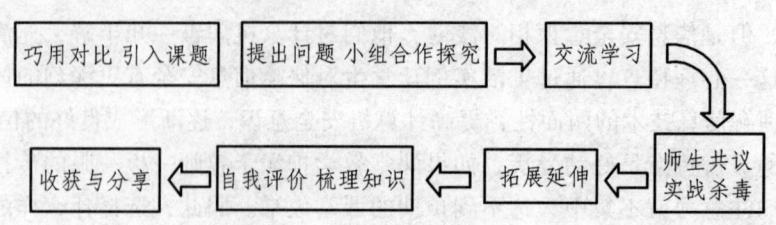

图1 教学流程

## 六、教学过程与资源设计

表1 教学过程与资源设计

| 阶段 | 教师活动 | 学生活动 | 设计意图 |
|---|---|---|---|
| 巧用对比引入课题 | 【问题导入】寒冷的冬天，我们很容易感冒，当我们感冒时，我们会出现咳嗽、流鼻涕、发烧等症状。它使我们昏昏欲睡，打不起精神，无法集中精神进行正常的学习与工作。不但如此，它还会传染给我们身边的人。可以看出，病毒侵袭我们的身体，给我们带来许多的不适 | 联系生活，体会病毒的症状及危害 | 巧妙运用与感冒病毒类比的方法，促进学生知识迁移，增强学生对计算机病毒的理解 |
| | 如果我们的计算机"感冒"了，它会有什么症状呢？【教师先提问学生后总结】症状：反应迟钝，出现蓝屏甚至死机；系统引导时间增长；内存空间、磁盘空间减少；常用的程序突然无法使用，或者图标变更 | 思考并回答问题 | 学生通过对生活中计算机病毒现象的总结，进一步了解计算机病毒的危害 |
| 提出问题 小组合作探究 | 【提出问题】今天我们要学习当一名小医生，帮我们的计算机治病。首先，我们需要了解它的病情，接下来分组讨论完成下面几个问题：<br>题1：计算机病毒的实质、特征、和传播途径。<br>题2：描述计算机中毒的现象（图片或文字描述）。<br>题3：了解计算机病毒的危害，如果计算机中毒了，我们应该怎么做？<br>题4：讨论预防计算机中毒的措施(具体情况具体分析) | 分成四个小组，每个小组解决一个问题，由组长将结论汇总后进行陈述 | 设计四组分组讨论，且题目各不相同，一是为了提高课堂效率，让四组学生解决四个不同的问题；二是为了让四组同学更深入的挖掘知识点内涵，提高分析、解决实际问题的能力 |
| 交流学习 | 【小组提问】每组成员可以针对其他组的问题进行提问，被提问组必须给出合理的解答。为了控制课堂进程，提问采用计时提问，10秒内必须给出解答。<br>实行小组奖励机制，说明奖励规则，每一个有效的提问或回答都为本小组赢得一颗星，无效的解答将扣掉一颗星 | 了解学习方式，认真思考，完成提问或给出解答 | 前面设计的四个题目已为突破本节课的重点打下了坚实的基础，但这还不够，设计小组提问，让其他组成员对其他三个问题内容进行充分的讨论、交流，使知识理解更全面，同时活跃了课堂气氛 |

| 阶段 | 教师活动 | 学生活动 | 设计意图 |
|---|---|---|---|
| 师生共议实战杀毒 | 【教师小结】就像我们无法避免感冒一样,我们也无法避免计算机病毒,只要有网络,有计算机存在,就会有病毒,既然无法避免,我们只有面对它,积极想办法对付它。<br>【小组讨论】说一说生活中使用过的或知道的著名的正版杀毒软件。<br>【实践杀毒】安装360杀毒软件,并对硬盘进行病毒查杀 | 讨论如何对付计算机病毒。<br>交流知道的杀毒软件 | 提醒学生使用计算机时要做到未雨绸缪,不要等到病毒爆发时才想办法解决,要把防护做在前面。<br>提醒学生使用正版杀毒软件,树立学生的版权意识。<br>培养学生动手操作能力 |
| 拓展延伸 | 【引入计算机安全】我们做了那么多工作,现在计算机是不是已经完全正确安全了呢?<br>展示计算机安全的含义,引导学生思考:除了计算机病毒,计算机还存在哪些不安全的因素?<br>请学生举例回答,继续实行小组激励机制。<br>【培养使用计算机的良好道德规范和道德习惯】在上网过程中,我们应该如何保护计算机安全?<br>请学生举例回答,继续实行小组激励机制。<br>【教师小结】我们要养成良好的上网习惯,不要上一些不良网站;不要暴露真实身份;不要在陌生计算机上输入自己的密码 | 思考,回答,进入另一个看问题的视角。<br>积极思考,努力回答,为小组争光。<br>积极回答,为小组争光 | 教师主动提问,引领学生进行下一个知识点的学习。<br>营造活跃的课堂气氛。<br>学生在小组竞答环节联系自身实际,潜移默化中培养了他们的良好道德规范与上网习惯 |
| 自我评价梳理知识 | 【小测试】打开"小测试",通过选择题练习,自我检测一下,今天的学习内容掌握得怎样?<br>利用"总结评价表"进行自我评价 | 梳理知识点,进行自我检测 | 通过小测试,强化知识点的理解,为学生的查漏补缺提供了机会 |
| 收获与分享 | 引导学生围绕小测试中的知识点小结本课内容,并继续实行小组激励机制。<br>【教师总结】评选出最佳表现小组 | 回顾课堂知识,努力回答,为小组争光 | 经过理论与实战的双重练习,以及小组竞答形式,使枯燥的理论学习更有趣味性 |

## 七、学习效果评价设计

表2 学习效果评价设计

| 评价项目 | | 分值 | 效果分 |
|---|---|---|---|
| 理论与实践 | 知识点 | 50 | |
| | 实践杀毒环节 | 50 | |
| 小组表现 | | 每颗星5分 | |
| 小测试 | | 150 | |
| 总分 | | | |

八、教学反思

  本节课用一课时介绍计算机安全与防护的相关知识，虽内容以理论为主，但知识性较强，且现实意义和教育意义重大，因此设计课题为"我是计算机小医生"，让学生将课堂知识的学习和自己的角色对应起来，使他们认识到学习内容对他们的重大帮助，以便达到较好的学习效果。

  本节课的设计理念是新颖的，有几个亮点：（1）导入部分作用显著，类比感冒病毒，使学生更易于理解。（2）高效率的"提问与回答"环节。全班分成四个小组，每组一个题目，限定时间查看教师资料，最后轮流进行"三组"对"一组"的问答，教师在每组回答完后做简单的小结。这样的设计使枯燥的理论知识成为学生现学现卖的宝贝，不仅扩大了每个题目的深度，还激发了学生主动去获取知识的热情，提高了学生分析、解决问题的能力。（3）作为课堂催化剂的"奖励制度"，在本课中为了增强小组间的竞争，设计了小组奖励制度，每个有质量的提问与回答都将得到一颗星。这样的奖励制度在一定程度上也推动着整个课堂的发展。

  有些遗憾的是，这里没有将每个环节做细，特别是在备课中忽略了学生间的差异性，在分组前没有考虑到计算机操作层次的差异性，导致了在课堂中有一组显得特别的弱。另外，在设计计时问答时应引导学生尽量使用自身的经验和实例来回答问题，而不是单纯地用理论知识回答，这样可能会带来更好的课堂效果。最后，在奖励制度中有待改进的是：为了肯定个别学生的突出表现，今后可以设置最佳男、女提问手和最佳男、女答题手等个人奖项。

案例来源：

  文档来源于百度文库，作者不详

案例评析：

  《我是计算机小医生——计算机病毒与信息安全》教学设计需要学习者认识病毒与木马，理解其危害及传播途径，学会信息的安全管理，形成鉴别网上信息与保护信息意识。而新课标要求学生在使用因特网的过程中，认识网络使用规范和有关伦理道德的基本内涵，能够识别并抵制不良信息，树立网络交流中的安全意识。此外，还要学会病毒防范、信息保护的基本方法，了解计算机犯罪的危害性，养成安全的信息活动习惯。在课程规定的教学内容之后，教师还应该有意识地尽可能地拓展一些课外知识给学生，在全面提高学生的知识视角情况下，帮助学生更好地成长。

  在本教案中，作者通过创设教学情境，把人类感冒与计算机"感冒"进行对比，引出了计算机病毒这个教学内容，然后通过讨论与交流让学习者掌握计算机病毒的特征，从真正意义上懂得要预防病毒入侵计算机，之后，通过实践活动，亲手安装360杀毒软件对硬盘进行病毒查杀，通过延伸与扩展，培养学习者使用计算机的良好道德规范和行为习惯，最后对整个课程内容进行总结与巩固，布置联系。在整个课程的教授过程中，学习者的信息素养与网络安全意识得到大大提升。此外，教师通过网站资源的延伸，案例的拓展，进一步提高学习者的自主学习习惯，有效帮助学生独立性与创新性的培养。

  本文运用了多种教学方法，比如情景模拟法、先学后教法、与生物病毒类比法、知识迁移法。情景模拟法主要是创设与生活息息相关的"感冒"情境。类比教学法是通过与教学内容相似或相通并且为学生较熟悉的事物作类比，以建立知识模型，化抽象为具体，变复杂为简单,进而帮助学生实现对新知识的深化理解,并以促进学生自主学习、培养其创新思维为目标的教学方法。信息技术学科是一门新兴学科,它既重视理论知识,又强调实践操作,有许多学生未曾接触过的新概念。在信息技术课堂中为了对抽象的、复杂的概念加以描述,教师经常采取类比法进行教学。在本教案中,教师将人类的"感冒"与生物病毒进行类比。如果老师在讲授"计算机病毒"内容时,直接给出"计算机病毒是一种人为编制的程序或者代码,它具有传播性、可执行性、破坏性、隐蔽性(潜伏)、可触发性"等特点。很多学生会因为"计算机病毒"看不见摸不着的特点,感到很迷茫。如果像本教案的教师一样,将"计算机病毒"与医学上的"感冒病毒"进行类比,先通过医学上的感冒病毒具有"传播性、可执行性、破坏性、隐蔽性(潜伏)、可触发性"等特性,然后过渡到"计算机病毒"的定义和特征上来,引导学生对教学内容的理解和迁移,效果十分显著。

类比法在信息技术学科的教学应用主要有以下几种:① 首先与生活常识进行类比。人民教育家陶行知说过:教育即生活,生活即教育。生活常识是学生们普遍掌握和知晓的知识,被人们喜闻乐见。如果运用得好,能大大帮助学生对知识难点的理解和把握。② 与学生能直接感受的操作类比。信息技术课堂上要实施素质教育,授之以渔比授之以鱼更重要。所以,要充分利用好学生对直观的可操作性的感性知识的理解掌握速度远比那些看不见摸不着的抽象的知识快得多。③ 其他类比。其他的类比还有很多,语言的类比,名人类比等,只要掌握"合适、可用"的原则进行选择,大胆引用、旁征博引都是可以的。

本教案有几个非常不错的地方,比如情境创设、类比法等。

情境创设,捷克伟大教育家夸美纽斯曾说"一切知识都是从感官开始的",教学中的"金科玉律"就是:一切看得见的东西应尽量地放在视官的跟前,一切听得见的东西应尽量地放到听官的跟前……假如有一个东西能够同时在几个感官上面留下印象,它便应当用几个感官去接触。虽说夸美纽斯的论述有些绝对化,但却真实反映了教学认识规律:直观教学比抽象教学更能使学生接受知识。因此,在教育过程中,教师应该在尽可能的范围内,将事物尽可能放在学生的感官跟前。

从教育心理学的角度来说,这种学习对学生来说就是有意义的学习。教师必须用情感激发学生的学习欲望,这是有意义学习的情感前提。因此,为了能更好地激发学习者的学习欲望,教师需要创设教学情境,使课堂生活化。创设教学情境是模拟现实生活,使课堂教学贴近现实生活,使学生如临其境,如见其人,如闻其声,加强感知,突出体验。

# 优秀案例二

## "网络道德与安全"教学设计

一、教学目标

1. 知识与技能

(1)树立良好的信息意识和信息道德,增强网络道德意识。
(2)远离和抵制不良信息的干扰和防范计算机病毒。

（3）掌握网络安全防护措施。

2．过程与方法

（1）通过网络文明公约，让学生养成良好使用网络的习惯，尽可能克服因迷恋网络游戏而无节制上网，更甚者会出现逃学、夜不归宿这些现象。通过本次教学让学生建立必要的网络道德规范，学会提高自我保护意识和能力。

（2）通过学生学习书中有关网络安全防护措施和自我保护的资料及视频，从而懂得如何正确地使用网络。

3．情感与价值观

培养学生遵守网络道德规范；养成使用计算机的良好习惯。

## 二、教学设想

本节内容比较抽象，理论性比较强，不能用传统教学讲，容易让学生觉得枯燥乏味。采用新课程标准，可以通过视频和资料分析，让学生采用讨论法、分组法，并在练习中得到提高，让学生分组讨论总结，教师做最后的点评。

## 三、教材分析

"网络道德与安全"是龙教版的《信息技术》七年级（上册）第1章网络部分的教学内容。

通过《全国青少年网络文明公约》的学习，指明信息技术的最终目的是为学生的学习、生活和以后参加工作而服务的，所以要培养学生良好的信息素养，和正确使用网络的技能，遵守网络规范和网络道德，做一个信息时代的合格中学生。

## 四、重点、难点

1．教学重点

（1）理解相关网络规范和网络道德的问题。

（2）培养良好的信息意识和信息道德。

（3）提高和强化自我保护的意识和能力。

2．教学难点

（1）学会远离和抵制不良信息的影响。

（2）学会保护自己和他人的信息安全。

## 五、教学方法

分组合作、任务驱动、讲解与讨论自主学习相结合。

## 六、教具准备

多媒体网络教室、多媒体网络教学系统、导学件。

七、教学过程

表1　教学过程

| 教师活动 | 学生活动 | 设计意图 |
|---|---|---|
| 【引入】通过视频"法制动画《陨落》"的播放，导入网络安全，导入网络道德，展开"做信息时代的合格中学生"的主题。<br>　　教师提问：片中的中学生犯了什么样的错？为什么会犯这样的错？<br>　　讲授新课。<br>（一）自觉遵守网络道德<br>　　网络的积极影响以及带来的问题。<br>　　教师：应该肯定网络给我们带来的各种正面的、重要的影响。但是，（引出本节课课题）网络也带给我们带来了很多的不良的影响。所以就有了这样一个《全国青少年网络文明公约》，大家知道它的具体内容有哪些吗？<br>（学生举手回答）<br>（1）调查1：有多少同学是去过网吧的？一般多久才去一次？去一次要待多久才出来？在上网吧消费上花了多少钱？在网上都玩些什么？有没有被别人欺骗或欺骗别人的经历？<br>（2）调查2：在家里有计算机上网的同学有多少？在家一般多久才上一次网？在家上网学习的有多少？你觉得上网次数多了会影响你的学习吗？对你的学习有帮助吗？<br>（3）播放《绝望的生鱼片》的动画视频，让学生用《全国青少年网络文明公约》对教师提问进行分析。<br>　　教师提问：片中的中学生犯了公约里的哪条？为什么会犯错？应该如何改正？<br>　　第2条：自觉遵守相关法律法规，尊重他人的知识产权。（教师对课文内容讲解）<br>　　第3条：加强自我约束，自觉遵守网络规则和礼仪。（教师对课文内容讲解）<br>（学生完成"练习1"）<br>练习1：<br>（1）网络聊天是当前中学生上网最喜欢做的一件事，下面的这些做法你认为哪些是正确的？<br>①利用OICQ和同学老师交流学习和生活的心得。<br>②受网友的邀请，单独和网友见面。<br>③在线网友之间通过QQ来传送文件。<br>④在聊QQ的时候，网友大多是同班同学，用侮辱性的语言互相攻击或者欺骗。 | 浏览课本，学习视频内容，了解本节课要学习的内容，并置下悬念。<br><br>让学生学会利用所学知识分析问题，积极回答问题，发表自己的意见。<br><br>观看视频，分析问题。<br><br>利用所学知识，回答问题并讨论总结。 | 熟悉课本，了解课程内容，也为下面的授课做好铺垫<br><br>从学生感兴趣的问题入手，结合学生的实际生活，让学生意识到家培养网络道德和注意使用网络安全的重要性。 |

续表

| 教师活动 | 学生活动 | 设计意图 |
|---|---|---|
| （2）以下哪些做法是不对的？<br>①某同学最近做了个网站，于是到论坛上发帖宣传自己的网站。<br>②在网上看到一篇作文写得不错，我把他下载下来修改一下交给老师参加作文竞赛。<br>③在聊天室或者论坛上要是有人惹了我，可以用刷屏的方式来对付他，因为这样不会造成什么危害。<br>（3）以下做法不对的有：<br>①我的邮箱收到很多垃圾邮件，出于好玩我依次把它们也发给了别人。<br>②利用网络的搜索功能检索我们需要的信息并可以在公共资源网站上下载图片和免费软件使用。<br>③我们学校搞网络投票，我喊了几个同学来帮我投我支持的选项，由于可以多次投票，我用了一下午投了几百票。<br>（4）以下做法不对的有：<br>①某中学13岁学生2004年成功地攻击了三所学校的校园网，造成网络瘫痪。<br>②某位同学在网上找了个可以监视别人屏幕的小软件，于是把它安装到学校的机器上，这样就可以看看别人上网做些什么了。<br>③我的QQ号被盗，于是在网上找了个盗QQ号码的小软件，把别人偷我的号重新偷回来。<br>（5）以下做法不对的有：<br>①在计算机室上课的时候，打开有的网站会自动跳出一些暴力的或者色情的网页，遇到这种情况自觉关闭，如遇解决不了的问题主动向老师报告。<br>②一个同学通过局域网的网络共享发现了老师准备的期中考试试题，于是偷偷用笔记载下来。<br>③在上信息技术课时，随意聊天和玩网络游戏。<br>（6）下面的这些做法和说法你认为哪些是正确的？<br>①网上聊天可以结交朋友，网络游戏可以锻炼智力，它们是如此的吸引人，因此家长和学校老师没有必要在这方面对我们进行管理。<br>②网络论坛是个相对自由的天地，在上面可以畅所欲言，但有不少人在上面散布一些虚假消息引起大家的轰动。相互谩骂的，危害国家安全的言论很多，对此我们要坚决制止。<br>③QQ上经常有人给我发邪教的信息，而且叫我发给别人，否则将会受到诅咒，那么我也只好发给我的其他朋友了。 | | 比较直观地从视频中让学生了解到《全国青少年网络文明公约》的内涵<br><br>通过回答相关问题，让学生更深入地了解到如何正确上网。<br><br>师生一起有针对性地讨论、总结，达到知识的巩固和深入拓展 |

| 教师活动 | 学生活动 | 设计意图 |
|---|---|---|
| （7）下面的这些做法你认为哪些是合乎网络道德规范的？<br>① 在网上参考或引用别人的作品时注明出处。<br>② 从网上下载别人照片随意进行修改，然后发到互联网上。<br>③ 在网上进行虚拟物品交易。<br>（老师公布正确答案，并和学生一起讨论） | | |
| （二）提高自我保护的意识和能力<br>1. 加强病毒防范<br>教师问 1：你在使用网络的过程中遇到过网络病毒吗？你是如何知道它是网络病毒的？又是如何解决的？<br>教师问 2：除了计算机病毒外，你知道的网络中还存在哪些安全隐患？分别是什么？<br>教师小结：根据学生回答的内容，将计算机安全隐患归纳为三类——黑客、恶意网页和病毒。<br>2. 保护好个人信息<br>总结：教师分析计算机病毒的分类、特征及造成的危害。<br>练习 2：<br>（1）你的邮箱中有一份陌生人发来的生日礼物邮件，你会怎么做？____<br>① 打开看一看<br>② 删除该邮件<br>（2）设置密码时，安全级别最高的是哪种方法？____<br>① 生日<br>② 字母、符号、数字混用，多用特殊字符<br>③ 英语单词<br>④ 电话号码<br>（3）你收到一封来自银行的邮件，声称你的账户在某商场大额消费，请你登录它提供的银行网站，输入账号和密码，查看你的账户。你会怎么做？____<br>① 登录该网站查询<br>② 不登录该网站查询<br>（4）发现病毒后，比较彻底的清除方式是____。<br>① 用查毒软件处理<br>② 用杀毒软件处理<br>③ 删除磁盘文件<br>④ 格式化磁盘<br>（5）在网吧等公共场所上网后，你会怎样做？____ | 回答问题，了解和深入理解网络病毒的基本概念，分析并讨论。<br><br><br><br><br><br>完成练习，了解一下自己的网络安全意识是否合格。<br><br><br><br><br><br><br><br><br><br><br><br>学生自己当小老师，看看理解了多少，还有多少没吃透 | 创设情境，激发学生的学习兴趣，小组活动，调动学生自主学习的积极性。<br><br><br><br>利用任务驱动，让学生学会通过自己的主动学习，完成对知识的消化。<br><br><br><br>让学生主动参与教学，让学生成为课堂的主体 |

续表

| 教师活动 | 学生活动 | 设计意图 |
|---|---|---|
| ① 上完网后转身就走<br>② 关机后再走<br>③ 关闭所有浏览的窗口再走<br>④ 消除系统中保留的个人信息再走<br>（老师公布正确答案，并作出点评）<br>3. 警惕信息污染<br>（1）尽量选择正规的网站；<br>（2）远离不健康的网站；<br>（3）培养批判性思维的习惯。<br>（让学生以自己的理解进行讲解，然后小组评比，教师点评） | | |
| 【小结】通过本节课的学习，学生对于网络道德和网络安全有了一定的了解，也开始树立了良好的信息素养，并学会遵守网络规范和网络道德，努力成为一个信息时代的合格中学生。也懂得了在网络中如何提高自身的保护意识和能力，正确使用网络提高自己的学习和生活质量 | | |

板书设计

课题 网络道德与安全

全国青少年网络文明公约（内容略）

1. 自觉遵守网络道德

（1）利用网络信息，要自觉遵守相关法律法规，尊重他人的知识产权；

（2）加强自我约束，自觉遵守网络规则和礼仪。

2. 提高自我保护的意识和能力

（1）加强病毒防范；

（2）保护好个人信息；

（3）警惕信息污染

案例来源：

哈尔滨市阿城区杨树民主学校　张忠伟

案例评析：

案例开头就以一个主题为网络道德与安全的动画视频，引出"全国青少年网络文明公约"的话题，让学生认识到网络道德与安全的重要性，随后又播放一个视频让学生理解"公约"的具体内容，可以说课堂导入非常成功。随后的知识点"自觉遵守网络道德"与"提高自我保护的意识和能力"主要以精选练习题的方式展开教学，所以练习教学法是本课的特色。

运用练习法，要点有：①明确练习的目的和要求。②精选练习材料。练习材料要根据练习目的、学生实际情况以及学习和生活上的实际需要加以选择。③正确的练习方法。④适当分配练习的分量、次数和时间。⑤了解练习的结果。案例中的练习题目都紧扣学生的生活实际，学生容易理解。

练习教学法虽然可以增进学生对知识的记忆，但也要注意它的缺点：具体有以下几点：①较为费时，练习通常需要逐一进行讲解，这样往往需要占用很多课堂教学时间。②面对全班同学的练习，难以关注每个学生。③容易忽视学生的心理状态，而且难以维持学生的学习动机。练习主要表现为反复做同一项活动，重复是其典型特征，在这个过程中，学生容易感到枯燥无味，在多次练习后，失去练习的动机。本案例在每次练习之后都做了一个及时反馈，这种总结是非常有必要的。同时，笔者认为：其中的部分练习可以尝试与多媒体结合，文字与图片、动画、影像相结合，这样更能激发学生的学习兴趣。

专题二

# 信息加工与表达

## 1 文 本

【课程标准】

（1）能根据需求输入文字，中文输入速度应达到30字/分钟或以上，并能设计文本排版格式使之符合表达规范。

（2）会使用查找替换等工具对文件内容进行统计或批量修订等。

（3）学习文档编辑中修订/文件合并/批阅模式等的使用方法，通过协作完成任务，体会这些功能的社会意义，提高协作能力。

（4）尝试使用在线文档协同写作和管理文档，并比较其与使用本地办公软件的异同，能对其社会意义进行评价。

### 优秀案例一

#### "编辑文字"教学设计

一、教学目标

（1）通过教师演示讲解和实际操作练习，掌握选择性粘贴文字的方法。

（2）通过观看微课视频，学生能自主学习掌握添加新字体、字体设置、段落行间距以及格式刷的使用技巧。

（3）能在教师的引导下，利用课本自主探索并掌握"项目符号"和"首字下沉"的设置方法。

（4）通过自学教师下发的讲义，让少部分学有余力的同学能掌握更多美化文档的方法。

（5）通过一节课的自学氛围，让学生对自主学习有一个更好的认识。同时培养其自主学习的意识，激发自主学习的兴趣。

二、学情分析

本次授课的对象是城关中学七年级学生，由于学生两个星期去一次机房，前一节课的图片和艺术字操作都没有落实，因此本课将集中解决Word当中文字编辑排版的问题，将课本中图片的部分略去。

　　学生刚进入初中学习阶段，对信息技术课这种非常倚重自学的课程不怎么适应。针对这样的学情，制定了用学习任务单、微课和电子讲义等方式来辅助学生完成任务，并进一步引导学生自主学习。

### 三、教学的重点和难点

1. 教学重点

（1）具体内容。

选择性粘贴文字和文字效果的设置。

段落的格式设置。

项目符号和首字下沉的应用。

（2）解决措施。

通过"学习任务单"上任务的完成来让学生掌握这些重点知识。

2. 教学难点

（1）具体内容。

添加新的字体样式和文字效果的设置。

段落格式的编辑和格式刷的使用。

自主探索学习习惯的培养。

（2）解决措施。

为两个难点任务的制作步骤录制微课，帮助学生完成任务。

鼓励学生互帮互助，形成相互学习的氛围，更高效地解决难点知识。

教师慢慢引导学生进行自主学习。

### 四、教学过程设计

表1　教学过程设计

| 教师活动 | 学生活动 | 设计意图 |
| --- | --- | --- |
| 简单自我介绍。<br>导语：最近有一档关于旅行的节目非常火爆，同学们知道是什么节目吗？ | 学生思考，回答《爸爸去哪儿2》 | 拉近与学生的距离，吸引学生注意力。同时引入主题"探索之旅" |
| 教师：老师特别喜欢这个节目，因为我特别喜欢旅行，也去过很多地方，接下来老师要和大家一起来分享几张图片，同学们一起来看看这些地方你最喜欢哪里。<br>PPT展示地点和图片 | 仔细观看图片 | 继续深入话题，让学生参与其中，选择自己感兴趣的地点，为之后的任务做准备 |
| 教师：老师课前已经搜集了这四个地方的旅游资料，同学们可以在老师的博客中找到。刚见面，老师想试试同学们的身手。现在请同学们访问老师的博客，挑选自己感兴趣的一篇，复制后粘贴到"学生文件夹"中对应标题的文档中去 | 学生打开文档查看内容，完成引导任务。 | 让学生在比较中发现问题。引出今天的主要任务：将凌乱的文字编辑整理成美观的Word文档 |

续表

| 教师活动 | 学生活动 | 设计意图 |
|---|---|---|
| PPT 展示成品图。<br>提问：将你复制好的文档与老师的文档做比较，你更喜欢哪个？它好在哪里？<br>教师：今天我们就要将这些凌乱的文字资料整理编辑成一篇美观的 Word 文档。老师将其分成了六个小任务，如果大家将六个拼图任务都完成了，就能揭开拼图下面的秘密哦 | 学生比较后作答，明确本节课任务 | |
| 教师：在同学们开始任务之前，老师有一个"法宝"要送给大家。有了它，大家就等于有了"后悔药"。可以放心大胆地对 Word 文档进行操作了。<br>教师介绍"撤销"按钮的作用。<br>教师：同时老师要求同学们在完成接下来的任务的时候，在自己的笔记本上记录自己所犯的错误和遇到的困难 | 学生明确撤销按钮的作用。同时明确错误困难记录任务 | 让学生掌握撤销的方法，就可以放心大胆地对 Word 文档进行各种探索了 |
| 教师：首先我们来看任务一。老师考虑到同学们对 Word 还不是很熟悉，所以第一个任务老师会先演示一遍给大家看，然后同学们再进行自主操作。<br>教师控制学生机，进行操作演示。<br>巡视学生完成情况，及时给予指导 | 学生自主操作，完成任务一 | 在学生不熟悉 Word，且上机次数很少的情况下，第一步是让学生减少对新知识的恐惧心理 |
| 教师：解开了任务一拼图下的谜底，接下来的任务二和任务三，老师给同学们安排了一个小帮手——"微课小助手"。同学们可以一遍观看学习视频，一边完成任务。视频可以随时暂停或拖动到你想看的部分。<br>教师巡视，帮助完成较慢的同学。<br>教师：动作快的同学是不是已经完成了两个任务？完成快的同学能不能看看身边有没有需要帮助的同学？ | 学生观看两个"微课小助手"，完成任务二和任务三。<br><br>学生相互帮助 | 对于课本上没有详细介绍的操作，也是教学难点，利用微课可以让学生根据自己的实际情况来掌握学习进度。<br><br>培养互助意识。让程度好的学生担任小老师的角色 |
| PPT 移走第二个和第三个拼图。<br>教师：现在我们已经解开了三个拼图，同学们观察一下刚才任务中的这个按钮，你还能在别的地方找到吗？ | 学生探索 Word 的各个功能按钮分组，找到相同按钮 | 培养学生观察能力，在观察中举一反三，找出共通点 |
| 教师：经过上面的三个任务，同学们已经完成了一半的任务，相信大家的自学能力已经有了提高。接下来的任务四和任务五同学们要靠自学课本的操作提示来完成。同学们在碰到困难的时候可以相互讨论、相互帮助。<br>教师以朗读提示的方式引导学生自学课本，完成这两个任务。<br>巡视查看学生完成情况，适当指导学困生。如果有完成较好较快的同学，可请他演示给全班同学看 | 学生听老师解释关键点，同时自己阅读课本操作描述，结合课本图片，自己尝试完成任务四和任务五 | 充分利用课本，突出以"学"为主的课堂理念。老师只做简单的引导，其余的交给学生自己去操作、去探索 |

| 教师活动 | 学生活动 | 设计意图 |
|---|---|---|
| 教师：通过我们的努力，终于要揭开最后的谜底了。最后的拓展任务，在桌面上的学生文件夹里有一个《文档美化》的讲义，同学们根据讲义上图片所指出的操作重点，完成任务六，对文档进行最后的美化修整 | 学生结合图片自主探索操作，完成任务六 | 课外知识，主要是面对程度较好的学生。同时培养学生平时的自学意识 |
| 教师：很多同学已经完成了自己的文档了。有没有同学愿意展示一下自己努力了一节课的成果？展示学生作品 | 学生展示、欣赏，互相借鉴 | 让学生在展示中赢得自信，在欣赏中学会借鉴 |
| 总结：今天我们用了一节课的时间，在老师，微课小助手，课本和讲义的帮助下，成功完成了一个美观的文档作品。真可谓是过五关斩六将。<br>提问：有没有同学能来说一说今天你掌握的最好的和犯错最多的知识点分别是哪些？<br>教师总结：（1）五个重要知识点。<br>（2）四种学习途径。<br>（3）自主学习，大胆探索。<br>教师：信息技术课堂学到的内容非常有限，更多的知识需要同学们在平时使用计算机时多加探索。希望同学们通过这节课，不仅掌握了知识，更掌握了如何获取知识的方法 | 学生参与课堂回顾，自我总结 | 学生参与课堂总结，让学生加深印象。强调学习方法，让学生增强自主学习意识 |

案例来源：

师友资源网　分水初中教育集团　刘斐然

案例评析：

"编辑文字"教学设计的教学内容属于初中信息技术教学基础板块中的专题二"信息加工与表达"里的五大内容之一"文本"，作为信息加工与表达的基础，学习者对文本内容的掌握程度，直接影响着之后的表格、数据、图片、声音、视频与动画的学习。因此，可以看出该教学内容具有极其重要的地位。该教师针对学生前一节课的图片和艺术字操作没有落实的情况，选择将本课重点集中在解决Word当中文字编辑排版的问题，将课本中图片的部分略去。表明该教师能够在掌握学习者学情的情况下对教材进行合理的调整，充实与处理，重新组织、科学安排教学程序，选择合理的教学方法，使教材系统转化为教学系统。

本教案主要采用了任务驱动法为主，自主探究式学习与合作学习为辅，在任务设置中设置了任务单，自主探究有微视频辅助。教师针对学生对信息技术课堂的重视程度不够这么一个学情制定了学习任务单，同时运用微课和电子讲义等方式来辅助学生完成任务单上的内容。学习任务单的由来主要是在任务驱动教学模式下，如何更准确有效地交代学生的学习任务是一个关键，因为在信息技术能力方面，学生的层次差异很大，老师们很容易发现，只是口头交待任务，或者板书任务难于照顾到全体的学生，这时候很容易想到的一个方法就是把学习任务打印出来，发给学生，这就形成了最初的学习任务单。

学习任务单主要作用是向学生提出学习活动的"认知要求"和"方法指导"。学生通过学习任务单,可以明确学习任务和得到学习方法的"指导"。同时,学习任务单中的"认知要求"也就是"认知目标"的一种可检测的表述方式,完成目标不仅达到"认知要求",而且也反映了"过程与方法"的合理性。因此,一份学习任务单,对于指导和帮助学生自主学习起着重要的作用,能将学生"宽泛"的学习"收敛"到课程教学的目标上来。

教师设计自主学习任务单时,要"因材施教、分层要求、难易结合",要有针对性,内容要简明,难度要适当,符合学生多元的认知结构,符合学生基础的差异性,符合开放延学性。此外,教师在设计学习任务单后,可以通过学习任务单组织学生开展自主探究学习,特别是引入"翻转课堂"。开展教学创新实践时,可以将"学习任务单"和"微视频"结合在一起,作为学生课前学习的材料。

## 优秀案例二

### "Word 图文混排"教学设计

一、教学目标

1. 知识与技能

(1) 了解各种图文混排版式特点及适用范围。
(2) 根据需要灵活选用合适的版式进行图文混排。
(3) 了解图像层次关系并掌握图像层次调整方法。
(4) 了解文本框、艺术字的版式设计与层次调整。

2. 过程与方法

以实际需要为引入点,以问题带动探究,以任务驱动教学,让学生在实践体验中深入总结。主要通过引导学生观察对比将文字设置为不同版式后的版面效果,然后自己归纳出各种混排版式的特点和适用范围,从而可以根据需要选择合适的版式,给学生提供一个自由发挥的平台,培养学生的观察、思考与归纳总结的能力,培养学生灵活运用所学知识解决问题的能力。

3. 情感态度与价值观

(1) 提高学生团结协作、互助共进的意识与能力。
(2) 培养学生科学的审美观,提升灵活运用所学知识安排版面、调整布局的能力。

二、重点与难点

重点:掌握不同的图文混排版式的特点及适用范围。
难点:能够合理、灵活地运用各种图文混排的版式。

三、设计思路

课堂教学中我始终坚信"兴趣是最好的老师",所以本节课中我以学生的探究学习为主,借助故事情节贯通全文,通过实施一个个生活化的小任务,推动教学内容逐步深入,尽量为学生提供观察思考、合作学习和实践操作的环境,按照"激情导入—主体探究—小结示范—拓展延伸"的步骤,逐步引导学生达到目标。

四、教学准备

(1)多媒体电子网络教室;

(2)多媒体教学课件、丰富的素材资源、文字处理软件;

(3)课前准备:学生从网上邻居或电子教室获取教学资源。

五、教学过程

(一)创设情景、引入新课(约4分钟)

教师:在我国有几个民族特色非常浓郁的节日,其中有一个与粽子息息相关的传统佳节,大家一定知道是什么节日吧?(端午节)不错,端午节,吃粽子、赛龙舟,这些都是我们耳熟能详的节日特色,但中国文化源远流长,关于端午节的由来我们又知道多少呢?

我们通过一篇文章来了解一下:

幻灯片展示图文并茂的作品1和作品2。

提出问题:两幅作品其实内容一样,只是图文设置不同。请大家在了解端午节由来的同时,从文章的图文搭配效果去对比一下,左右两幅作品,哪一幅更好呢?

学生交流两幅作品优劣区别。

教师小结:尽管两幅作品内容一样,但给我们的感觉却截然不同。首先,右侧的文字与图片相互配合,一一对应;而左侧,二者似乎"各司其职",文字与图片没有"团结一心"为文章主题服务,也就是说:适合的图片,放在适当的位置,才能更好地体现文章主题与文字内涵。其次,右侧的作品中文字与图片的位置结合得比较紧密合理,层次清晰,即不浪费纸张,看起来也比较美观。而左侧的图片把文字都遮住了,连起码的实用价值都体现不了,就更不用提美感了。也就是说:图片与文字的环绕方式、叠放次序不同导致了两幅作品的差别,影响了两幅作品在欣赏时的实用价值。

过渡:那么如何来调整图片与文字的环绕方式和叠放次序呢?这就是今天我们要探讨的内容——《图文混排》(屏幕点课题)。

设计意图:通过介绍学生们熟悉的端午节导入,拉近师生关系,通过幻灯片展示,向学生提出问题,提高学生的学习积极性和主动参与的意识。

(二)版式练习(2+10+8=20分钟)

1. 确定操作工具和方法

教师:如何调整图片与文字的环绕方式呢?

学生观察思考(打开《端午节的由来(练习一)》),交流得出以下观点:

(1)操作工具。图片工具栏"文字环绕"按钮(也可以用鼠标右键提取快捷菜单,查找相应的菜单项,逐步进行设置)。

(2)操作方法。通常文字处理软件的操作特点:先选中操作对象—选择相关的命令(菜单或工具栏)—进行相应的操作与设置,那我们与现在的任务一一对应,就是"选中图片—

选择环绕方式—进行版式设置"。

任务一：版式练习（约10分钟）。

过渡：有了操作方法，如何更好地利用这些环绕方式为我们的作品服务，就看大家的个性展示了，我们就通过《端午节的由来》这篇文章来亲身感受一下吧。请大家打开《端午节的由来》.doc这篇文档，尝试将已有图片设置成不同的环绕方式。

要求：

（1）将适合的图片安放到合理的位置，使图片充分发挥其衬托说明文字的作用。

（2）尝试使用各种环绕方式，对比效果。参考课本73页完成各版式对比表格的填写求助热线：

A 小组合作交流讨论

B 教师

任务二：（小结）各版式的对比（约8分钟）。

教师：让我们闭目养神休息一会儿，顺便理清一下思路：在刚才的实践中，你都用到了哪几种环绕方式呢？它们之间有何差异呢？

图像的默认版式是哪种？（嵌入式）

你都用过哪些环绕方式？

各种环绕方式之间的差异是什么？

教师小结：其实，文章的主题不同，对于美的感受因人而异，决定了版式设置并没有统一的标准。相信现在，你们对不同版式的特点和适用范围都有了自己的看法。让我们来看看以下五种环绕方式的区别（见表1）：

表1　不同版式对比表格

| 版式名称 | 优点 | 不足 | 适用范围 |
| --- | --- | --- | --- |
| 嵌入型 | | | |
| 四周型 | | 两者区别 | |
| 紧密型 | | | |
| 浮于文字上方 | | | |
| 衬于文字下方 | | | |

师生共同总结五种常用版式的区别。

小结：版式不同，效果不同，适用场合也不同，所以我们在完成一幅作品的设置时必须做到心中有目标，在操作中体验，在体验中思考，在思考中进步。一定要根据主题需要，灵活进行版面的编排。

设计意图：让学生从实践中去探索，去总结，提高他们的自学能力和动手能力，更重要的是让他们意识到：相比较而言，技能上的操作容易实现，而对于文章的布局调控能力和不同版式的灵活选择才是考验的关键。

（三）叠放次序练习（约8+2=10分钟）

过渡：了解了端午节的由来。下面让我们一起回味一下一家人聚在桌前吃粽子的情形吧。（打开《端午食粽》文档）。

教师提出问题：一桌美味的粽子晚餐已经准备好了，可是这一家子有点兴奋过头了，向餐桌靠拢的时候发现：图图跑到了桌子下面，老顽童一样的爷爷奶奶却坐到了桌子上，愁的图图妈妈和爸爸犯了难。乐于助人的同学们伸手援助一下吧：问题出在哪儿？应该怎么办？

学生交流，提出改进意见。

教师小结：实质上就是插入的图像太多了，彼此有了叠加，但现在的叠加顺序显然不是我们想看到的，这种效果可以通过调整图像的层次来实现。（屏幕出示调整层次的方法）大家不难看出，其操作方法仍然没有脱离文字处理软件操作特点：先选中操作对象—选择相关的命令（菜单或工具栏）—进行相应的操作与设置。请同学们试试帮忙调整一下吧，可别让这一家子干着急了。

学生设计作品。

经过同学们进一步修整的作品变得和谐统一了，一家人其乐融融，围坐一周，温馨的气氛跃然而出。

师生交流：那现在我们回过头来观察一下各张图片的层次关系：所有图片是不是在一个层次上？（不是）从表面上看哪几张图片位于最上层？哪张在最底层？事实又是否真是如此？（师生操作验证）。

教师小结：实践中，随着作品中图片数量的增多，必然会产生叠加现象，你必须明确自己的追求目标，合理设计层次关系，才能让作品迸发出美丽的光彩（老师适当演示层次设计方法）。

设计意图：图图是学生们熟悉的动画形象，其故事情节又与前面所学有所贯通，学生可以自然地过渡到这一环节，符合学生的思维方式，而且将难题抛给学生，极大地满足了学生的好胜心理，从而转化为强大的学习动力，积极性大大增强，学习效率必是事半功倍。

（四）拓展练习（约8+2=10分钟）

过渡：吃过了粽子，图图一抹小嘴提出了一个问题：我们北方都是过端午吃粽子，那中国这么大，还有哪些民间习俗是我们不了解的呢？于是爸爸上网查到了一份资料（幻灯片展示：《端午节的民间习俗知多少》）。教师提出问题：这份资料没有经过整理，图文混乱，而且这篇资料中用到了艺术字和文本框，看到这种不过关的作品，同学们一定手痒得不行了，那下面就请同学们运用今天我们学习到的知识对这篇作品进行再加工一下，并且尝试去总结：文本框、艺术字是否也可以和图片一样参与版式调整？

学生练习，教师巡视指导。

师生交流：同学们互相参评一下彼此的作品，说说你的作品特色在哪里？虽说图文混排因文而异、因人而异，没有统一的标准，但你多看看别人的作品，从对比中发现自己的不足，一定会获益匪浅的，长此以往，你对作品的布控能力定会大大提高。

学生参观、交流、评价。教师小结：那你在刚才的实践中，文本框和艺术字是不是也和图片一样可以进行版式调整呢？（学生：可以）实际上，文本框可以实现多个文本的混排，对于制作名片、贺卡、书签等非常方便，能够简化排版工作。文本框和艺术字实质上都是特殊的图片。

设计意图：本小节内容由原来的仅对图像进行版式设计和层次调整的基础上延伸到对艺术字、文本框的处理上，让学生通过观察总结得到正确的结果，而且不同层面的学生均得到发展，以达到培养学生综合能力的目的。在探究的过程中，充分展现学生之间的合作与交流，培养学生相互协作、大胆探索的精神，共享学习成果与成功的喜悦，提高对知识的灵活运用和正确认识。

5. 课堂总结（约1分钟）

教师：今天，我们在插入图像的基础上又向前迈进了一步，经过不同的版式、层次等修饰，图文混排更加美观、和谐、统一，文档更加具有视觉冲击力和实用价值。信息技术中，所有操作都必须遵守一定原则，遵循一定规律，做到"心中有目标，下笔如有神"。在练习中，有同学提出：图片增多，版面控制越来越困难，尤其是难以保持图像之间相对固定的大小和位置，有没有更好的操作方法？告诉大家：答案是肯定的，实际上这就是组合的概念，那么如何组合？组合的原则又是什么？

我们会在下节课和大家一起探讨。谢谢大家，下课！

六、教学反思

本节课我采用问题探究、任务驱动的教学策略，力求目标明确、任务细化。在整个教学过程中，充分调动学生的学习积极性与主动意识，采用小组协作、自主尝试展开学习活动，以一条主线贯穿全课，逐步提示学习内容，力求为学生营造一种轻松、自由、愉悦的学习氛围，尊重学生个性发展与层次差异，注重过程，各取所需，培养他们分析问题、解决问题的能力，激发其学习信息技术的兴趣，树立对信息技术学习的自信心。

案例来源：

文登教研网 孙传卿

案例评析：

"Word 图文混排"教学设计的教学内容主要有插入图片，设置图片格式、绘制图片、艺术字等几个重要组成部分，根据新课标要求，学生学完该部分内容要能掌握在 Word 文档中插入和编辑图片的方法，能够使用菜单栏的操作工具对图片进行剪辑，使其在文档中的效果达到协调美观，所以本节课的教学内容重点就是掌握插入与编辑图片，实现图文的协调混排。该教案作者能够很好地把握重点与难点，其次通过设计三个学习任务来解决重点与难点，达到相应的教学目标。

本节课主要运用了问题探究、任务驱动的教学方法。问题探究法是指在教学过程中精心创造条件，激发学生提出问题，并以问题为主线，通过师生共同探讨研究，得出结论，从而使学生获得知识、发展能力的一种教学方法。问题探究法是以问题为中心，以探究为特征的教学活动。旨在课堂教学中，通过师生互动探究问题的解决，开发学生的智力，发展学生的思维，培养学生自主学习的能力，力图通过自我探究，引导学生学会学习和掌握科学方法，为终身学习和发展奠定基础。问题探究法一般分为三个阶段：

（1）激疑阶段：教师创设情境，引发学生学习兴趣，激发学生积极思维，促使学生产生科学的问题。（2）探究阶段：教师引导学生提出解决问题的假设，再引导学生进行分析、推理，或指导学生之间相互讨论，找出解决问题的最佳方案。（3）释疑阶段：让学生通过所设计选择的方案，进行逐步探讨得出结论。

问题探究教学法可以在整节课上运用，也可以在教学的其中一个环节上体现。在本教案中，作者在整节课都在运用。在创设情境时，作者首先提出"中国文化源远流长，关于端午节的由来我们又知道多少呢？"这样一个问题让学生进行探究，之后对两幅图文搭配效果图进行提问，哪一幅比较好？知识点讲解时提出"如何来调整图片与文字的环绕方式和叠放次序呢？"，练习部分对某个文档的图文混排提出"问题出在哪儿？应该怎么办？"，接下来的拓展练习提出"文本框、艺术字是否也可以和图片一样参与版式调整？"，最后总结部分提出下节课探讨的如"保持图像之间相对固定的大小和位置，有没有更好的操作方法？"等一系列问题。以问题探究贯穿整个教案，逻辑清晰，线索明确，教学内容层层递进。学生在学习过程中自觉探索，学习新知识，并将所学的知识应用与具体的操作过程中，培养学生学习信息技术的积极性，还能锻炼他们运用信息技术解决问题的能力，从根本上达到信息技术的教学目标。

学生在学习的过程中，知识在不断地深入，而信息技术本来就是比较抽象的知识，较难理解，为了提高学生的学习效率，最重要的是需要改变学生的学习方式，变被动为主动，因此，教师需要改变教学方式，原有的教学模式（教师讲学生听，学生被动接收，一切成果主要依赖于教师能力的高低）已不再适用。而且，原有的教学模式限定了学生思考的模式，没有了新颖性，也就没有了创新，问题采取探究式的教学方式无疑是一种更好的选择。

# 2 表　格

【课程标准】

（1）理解表格在排版和数据统计计算方面的作用，能分析生活实例中表格的不同功能。

（2）能简略说明不同工具软件中二维表格的共同特征及差异，能够根据需求设计二维表格行列属性。

（3）能根据需求绘制或套用排版类型表格，能按要求对其属性进行调整、设置。

（4）根据需要在不同软件中相互复制表格，并观察辨析其属性的迁移情况。

（5）能应用电子表格进行数据的简单统计、计算与直观表达。

（6）从不同的角度和立场出发，通过对相同数据做不同的加工以表达不同的观点，或对相同数据做不同的解读，感悟信息加工和利用的选择性、多元性和复杂性特征。

## 优秀案例一

### "公式与函数"的教学设计

一、教学背景分析

1. 教材分析

本课是浙教版七年级上册《信息技术》第三单元《数据处理与应用》第三课时的内容，

学习使用的软件是 Microsoft Excel 2010。本节课虽然处于第三课时，但其实是学习数据处理功能的起始课，主要学习用公式方法和函数方法来计算数据。

2. 学情分析

这两个操作对于经常使用 Excel 的人来说很简单，可是对于刚刚接触 Excel 软件才两节课的七年级学生来说，却是一个看着简单做起来难的操作，原因有以下几点：

从知识维度上看，两节课的学习，学生对于这个软件停留在初步的认识阶段，只能简单地输入数据。

从技能维度上看，操作技能还不熟练，仅能够进行基本数据的输入和单元格大小、边框、颜色等调整，期间还总会出现这样那样的错误。

从素养维度来看，Excel 的操作以表格数据为主，需要具有一定的抽象思维能力。而七年级上的学生还是以形象思维为主。

另外七年级的数学课上还没有接触到函数，因此对于函数概念上的认知也比较抽象。

二、教学目标

1. 知识与技能

（1）初步理解 Excel 中公式与函数的作用。
（2）学会用公式与函数计算数据的方法。
（3）能够合理地使用公式或函数进行数据计算。

2. 过程与方法

（1）通过亲身体验来理解公式与函数的作用。
（2）通过自主探究、小组互助来掌握用公式与函数计算数据的方法。
（3）利用每个闯关任务中的自动批阅功能及时纠正学习的行为。
（4）利用微课堂，拓展学习的空间。

3. 情感态度价值观

（1）通过不同类型表格数据的统计，体会 Excel 强大的计算功能给实际生活带来的便捷。
（2）通过微课堂、同伴互助等形式的学习，体会到自主探究的快乐。

三、教学重难点

教学重点：能够使用公式与常用函数进行数据计算

教学难点：理解使用公式计算与使用函数计算的异同点，并根据需要合理地选择公式和函数进行数据计算。

四、教学流程示意

教学流程如图 1 所示。

附：基于 Excel vba 技术的课堂作业批改和统计简介。

本节课的核心技术是基于 Excel vba 技术的课堂作业批改和统计。学生打开 Excel 随堂任务文件，出现的是登录界面（见图2），选择相应的班级和学号后即可进入到任务的练习界面（见图3），该界面有返回上层任务、批改、恢复、进入下个任务四个按钮。任务层层递进，每个任务都有批改反馈，学生可以根据当前的反馈信息，通过选择恢复、前进或者返回按钮来调整自己的学习进度。教师通过Excel vba技术，实时获取全班学生完成任务的情况，适时调整教学策略。

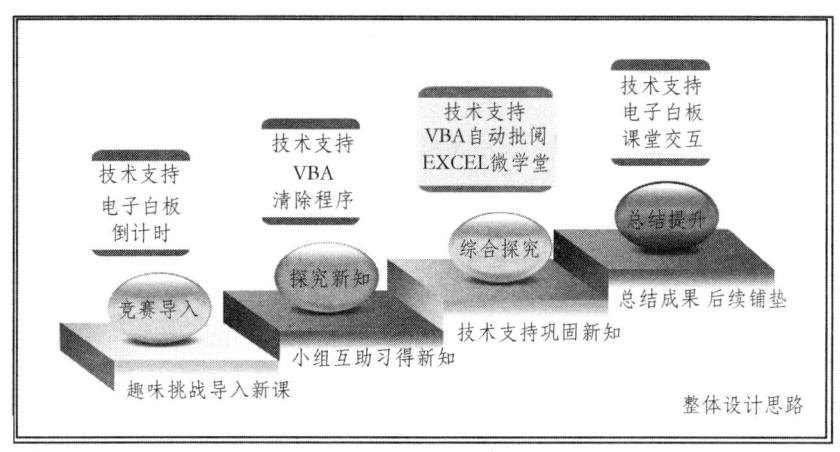

图1　教学流程

图2　学生登录界面

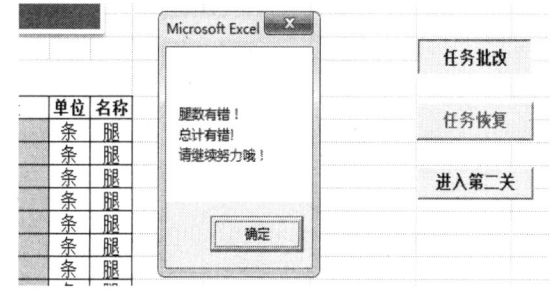

图3　自动批改反馈

五、教学过程

表1　教学过程

| 环节 | 教师活动 | 学生活动 | 设计意图 |
| --- | --- | --- | --- |
| 竞赛导入 | 播放视频《心算牛人》。<br>教师问：短片中的主人公有什么超人的本领？<br>我们同学的速算本领有多大呢？<br>引导学生打开《数青蛙》工作表，趣味挑战1分钟内数出青蛙的嘴巴数、眼睛数、腿数等，如图4所示。 | 观看视频。 | 同龄人的心算速度让学生大开眼界，啧啧称奇。迫不及待地打开《数青蛙》工作表，进行趣味挑战，测试自己的速算本领有多大。 |

续表

| 环节 | 教师活动 | 学生活动 | 设计意图 |
|---|---|---|---|
| 竞赛导入 | 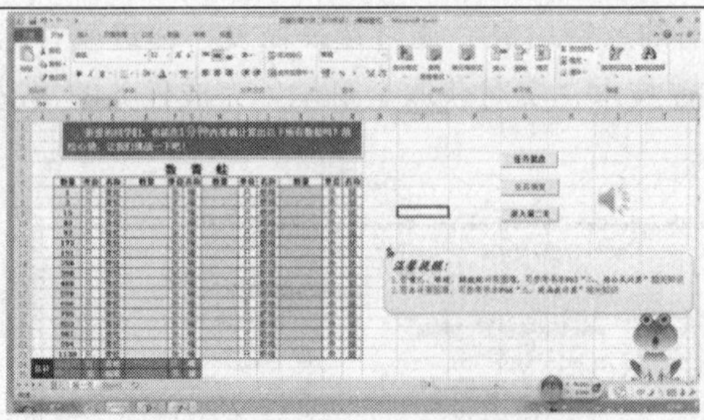 图4 《数青蛙》工作表<br>预设课堂出现的现象：<br>（1）学生基本都是用口算的方法计算，没有学生能够挑战成功。老师尝试挑战，用公式法完成《数青蛙》。<br>（2）课堂有学生挑战成功，请该生上台演示。<br>引出课题"公式与函数"，并抛出四个层次的目标供学生自主挑战，如图5所示。<br><br>图5<br>附各关任务：<br>第一关任务（初级统计员）：<br>利用公式法计算各行青蛙的嘴巴数、眼睛数和腿数。<br>利用函数法计算出表格中青蛙总的只数、嘴巴数、眼睛数和腿数。<br>第二关任务（中级统计师）：<br>分别利用公式法计算某班级男生和女生的预测身高，如图6所示。 | 全班趣味挑战《数青蛙》。<br><br><br><br><br><br><br><br>结合自身的学习情况，确定本节课的挑战目标 | 师生分别挑战，激起课堂气氛，同时初步了解Excel数据处理功能。<br><br><br><br><br><br><br><br>任务解读有助于学生对本节课学习目标的整体把握，同时闯关的形式激励他们勇往直前。<br><br>四个任务由易到难，呈梯度排列，每一关成功后都有提示，让不同层次的学生都能享受到闯关成功后的喜悦 |

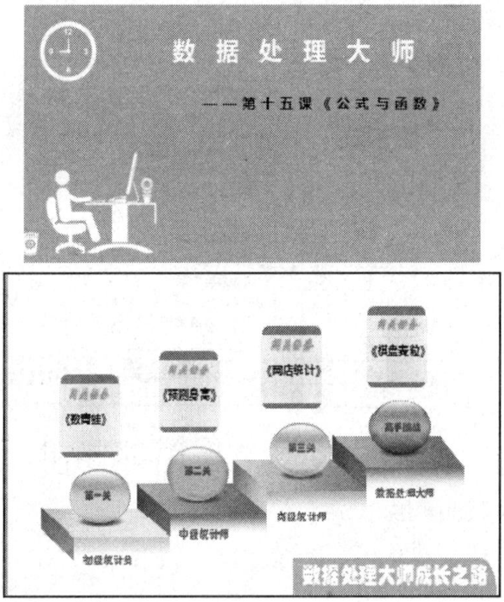

续表

| 环节 | 教师活动 | 学生活动 | 设计意图 |
|---|---|---|---|
| 竞赛导入 | 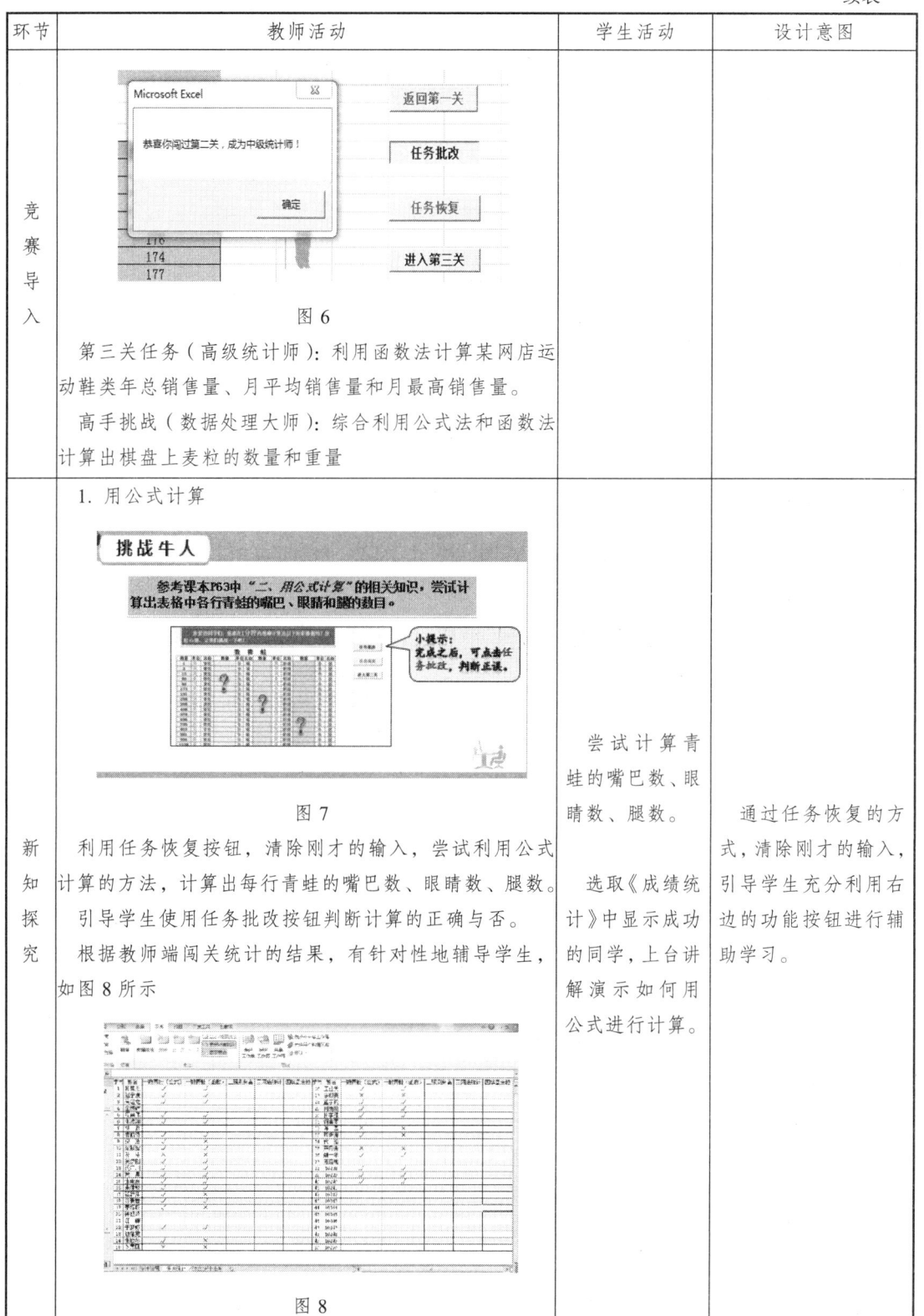图6<br>第三关任务（高级统计师）：利用函数法计算某网店运动鞋类年总销售量、月平均销售量和月最高销售量。<br>高手挑战（数据处理大师）：综合利用公式法和函数法计算出棋盘上麦粒的数量和重量 | | |
| 新知探究 | 1. 用公式计算<br>图7<br>利用任务恢复按钮，清除刚才的输入，尝试利用公式计算的方法，计算出每行青蛙的嘴巴数、眼睛数、腿数。<br>引导学生使用任务批改按钮判断计算的正确与否。<br>根据教师端闯关统计的结果，有针对性地辅导学生，如图8所示<br>图8 | 尝试计算青蛙的嘴巴数、眼睛数、腿数。<br><br>选取《成绩统计》中显示成功的同学，上台讲解演示如何用公式进行计算。 | 通过任务恢复的方式，清除刚才的输入，引导学生充分利用右边的功能按钮进行辅助学习。 |

- 43 -

续表

| 环节 | 教师活动 | 学生活动 | 设计意图 |
|---|---|---|---|
| 新知探究 | 2. 用函数计算<br>抽取有困难的学生作品，进行讲解演示公式法计算后点击批改按钮，出现总计有错，引导学生尝试用函数法对青蛙的嘴巴数、眼睛数和腿数进行汇总，如图9所示。<br>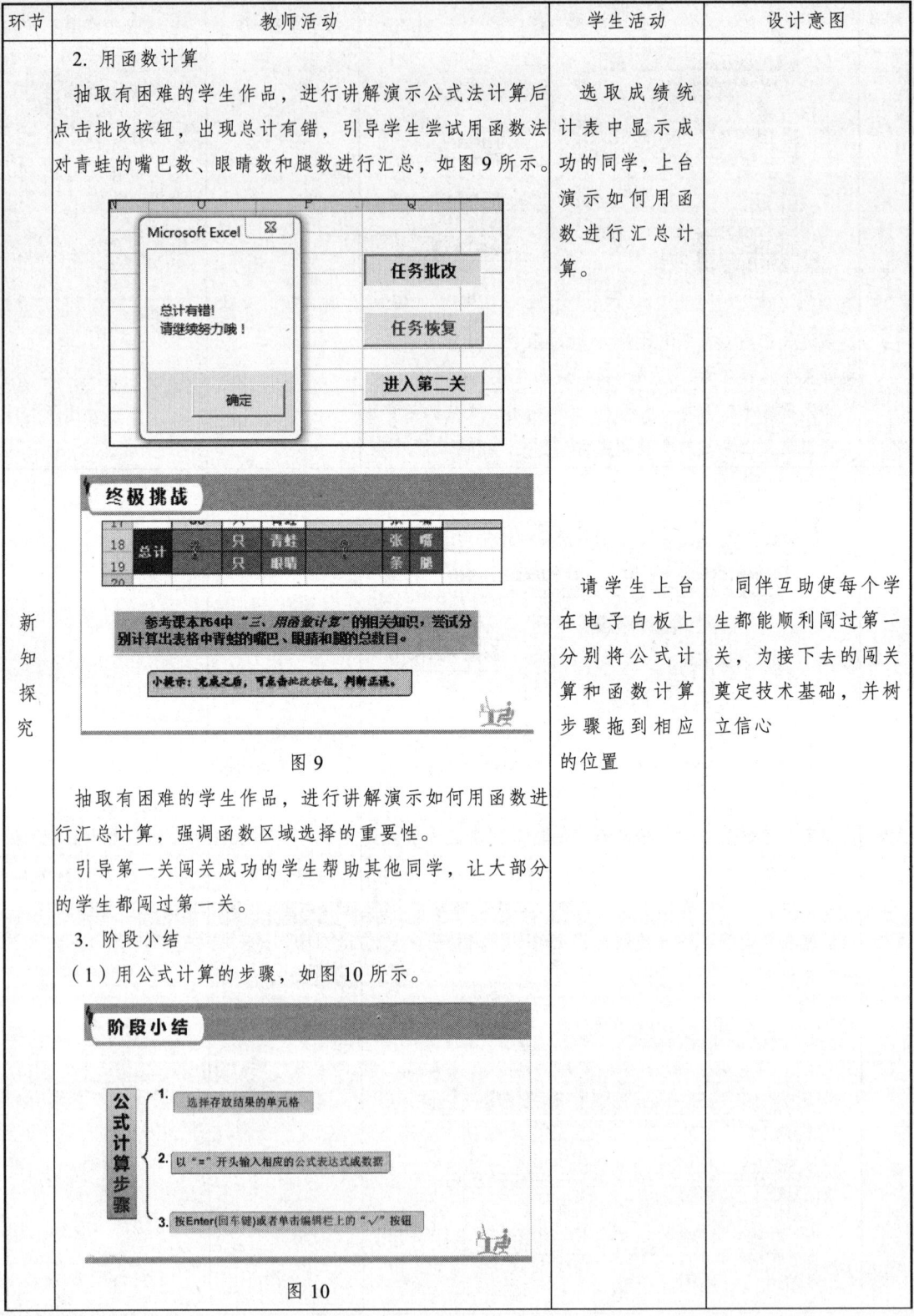<br>图9<br>抽取有困难的学生作品，进行讲解演示如何用函数进行汇总计算，强调函数区域选择的重要性。<br>引导第一关闯关成功的学生帮助其他同学，让大部分的学生都闯过第一关。<br>3. 阶段小结<br>（1）用公式计算的步骤，如图10所示。<br>图10 | 选取成绩统计表中显示成功的同学，上台演示如何用函数进行汇总计算。<br><br>请学生上台在电子白板上分别将公式计算和函数计算步骤拖到相应的位置 | 同伴互助使每个学生都能顺利闯过第一关，为接下去的闯关奠定技术基础，并树立信心 |

续表

| 环节 | 教师活动 | 学生活动 | 设计意图 |
|---|---|---|---|
| 新知探究 | （2）用函数计算的步骤，如图11所示 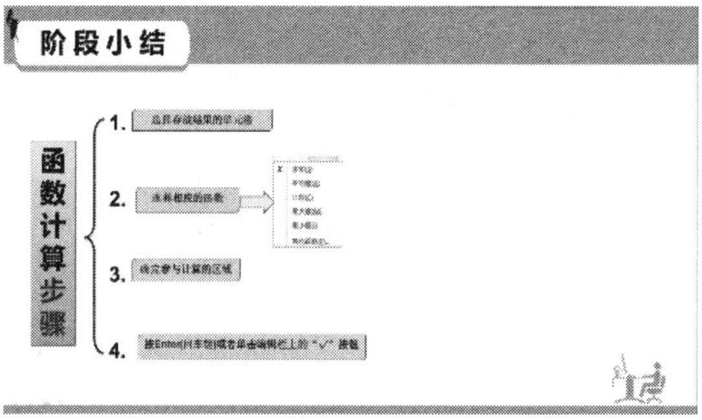<br><br>图11 | | |
| 新知巩固 | 再次抛出本节课的四大目标：初级统计员—中级统计师—高级统计师—数据处理大师，激发学生向着既定的目标努力。 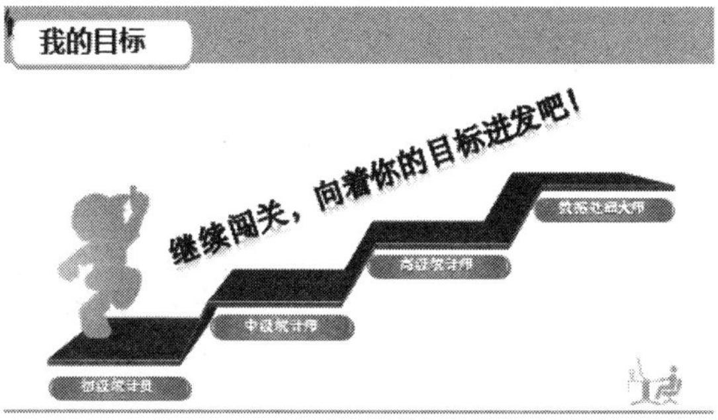<br><br>图12<br><br>抛出本节课的四大技术支持，引导学生在学习遇到困难时，可以通过vba批改程序、微课堂、书本、同伴互助等方式解决问题，如图13所示。 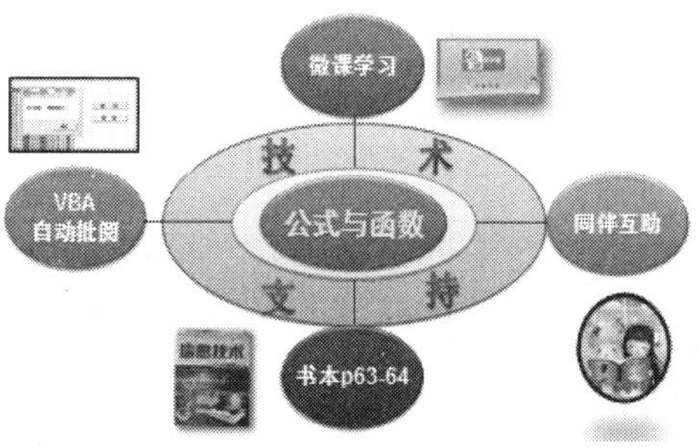<br><br>图13<br><br>根据教师端闯关统计的结果，适时调整教学策略，有针对性地辅导学生。如图14所示 | 结合自身的学习情况，重新调整本节课的挑战目标。<br><br><br><br>结合书本P63~P64和微视频，挑战第二、三、四关。 | 微视频充当小老师，帮助突破本节课的重点、难点。 |

- 45 -

续表

<table>
<tr><th>环节</th><th>教师活动</th><th>学生活动</th><th>设计意图</th></tr>
<tr>
<td>新知巩固</td>
<td>
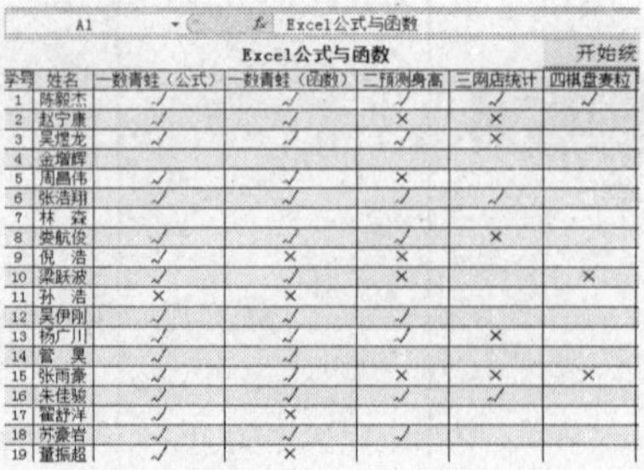


| 学号 | 姓名 | 一数青蛙（公式） | 一数青蛙（函数） | 二预测身高 | 三网店统计 | 四棋盘麦粒 |
|---|---|---|---|---|---|---|
| 1 | 陈毅杰 | √ | √ | √ | √ | √ |
| 2 | 赵宁康 | √ | √ | × | × | |
| 3 | 吴煜龙 | √ | √ | √ | × | |
| 4 | 金增辉 | | | | | |
| 5 | 周昌伟 | √ | √ | × | | |
| 6 | 张浩翔 | √ | √ | √ | √ | |
| 7 | 林　森 | | | | | |
| 8 | 娄航俊 | √ | √ | √ | × | |
| 9 | 倪　浩 | √ | × | × | | |
| 10 | 梁跃波 | √ | √ | × | | × |
| 11 | 孙　浩 | × | × | | | |
| 12 | 吴伊刚 | √ | √ | √ | | |
| 13 | 杨广川 | √ | √ | √ | × | |
| 14 | 管　昊 | √ | √ | | | |
| 15 | 张雨豪 | √ | √ | × | × | × |
| 16 | 朱佳骏 | √ | √ | √ | √ | |
| 17 | 霍舒洋 | √ | × | | | |
| 18 | 苏豪岩 | √ | √ | √ | | |
| 19 | 董振超 | √ | × | | | |

图 14
</td>
<td>
根据任务批改反馈情况，决定是否进入下一步的挑战

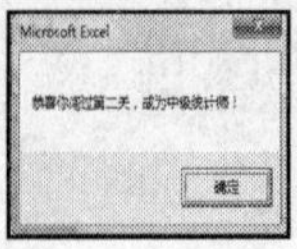

</td>
<td>
VBA的批阅实现了作业面批，学生能及时发现错误并纠正。

教师通过实时统计，能更精确地掌握学生的学习情况，及时调整教学策略
</td>
</tr>
<tr>
<td>总结提升</td>
<td>
1. 展示学习成果

根据学生成绩统计表评价学生这节课闯关情况，表扬优秀的学生，鼓励暂时落后的学生。

2.对比提升

函数计算和公式计算，如图15所示。

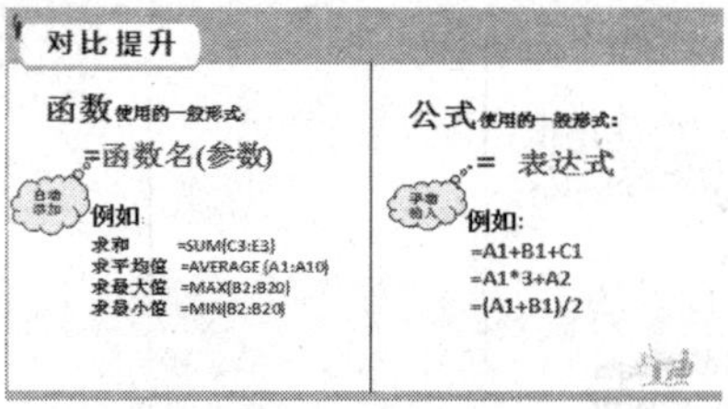


图 15

（1）表达方式上的异同点。

（2）优缺点的比较。

3. 课堂感言

通过本节课的学习，你有哪些新的收获（见图16）？

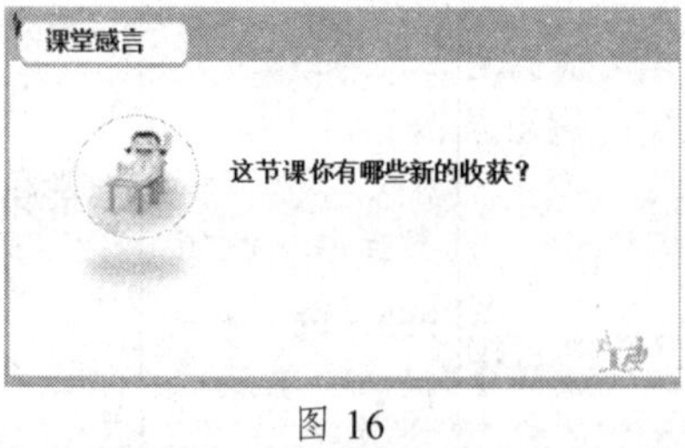


图 16

4. 技术解密

Excel是一位名不虚传的数据处理大师，除了今天我们学习的计算功能外，它还有许多数据处理的本领。

展示并解密本节课所用到的Excel作业批改、反馈技术。

据说Excel 2010的功能不下2万种，可惜90%使用它的人只掌握它5%的功能。希望今天的学习是一个良好的开始，我们学习它，研究它，让它成为我们学习工作的好帮手。

今天你们用技术学技术，明天你们用技术创造未来。加油吧，同学
</td>
<td>
请学生上台利用电子白板的遮盖、拖拉功能进行异同点对比。

请学生上台利用电子白板的批注功能进行优缺点的对比。

学生对本节课的学习做总结
</td>
<td>
利用电子白板增强课堂的互动性，提高学生的注意力。

课堂技术解密让学生进一步认识到Excel软件功能的强大性，以激发进一步学习的兴趣。同时也让他们感受到技术可以改变学习、改变生活
</td>
</tr>
</table>

六、教学反思

本节课坚持以"任务驱动为主线,学生探讨自主实践为主,教师讲解为辅"的教学思路。为了让学生更好地认识体会 Excel 的强大功能,在课堂上教师将 Excel 高级技巧融入整个教学环节中,让学生在学技术的同时感受技术支持学习给他们学习方式带来的改变。整个教学以学生的"学"为中心,从心算牛人的视频入手,以师生趣味挑战牛人速算的方式导出本节课的学习内容,激发学生的学习兴趣。以闯关的形式,将本节课的学习内容分成四个梯度呈现,让每个学生都学有所获。为了让学生能够稳步向前迈进,每个任务都内置批改程序,学生可以根据批改结果决定重做、前进或是后退。而教师则利用 Excel 实时统计班级学生各环节的学习情况,以便灵活调整教学策略。为了有效地突破本课的重难点,教师将本课知识点制作成微视频,供有需要的学生自主学习。反思本节课的教学设计和实践,觉得以下三个方面比较成功:

1. 走出教材教教材

本节课仅以教材的知识点为依托,并没有拘泥于教材中的素材,而是从学生感兴趣的题材入手,统计的表格数据形式多样。让学生感受到数据多样性的同时,感受到用函数或者公式来计算给工作学习带来的方便与快捷。例如:

《数青蛙》,小时候的儿歌改编,既熟悉又亲切,而且很容易找到计算规律。

《预测身高》,让学生通过公式计算,预测周围同学的未来身高。

《网店销售统计》,让学生知道淘宝店主可以通过数据分析来调整销售策略。

《棋盘上的麦粒》,让学生用计算机精确计算的方式体验古印度这个著名的传说。

2. 学生利用技术学技术

本节课利用 Excel vba 语言,将学习任务以闯关的形式串联起来,层层递进。学生通过登录方式打开任务,每一关的任务都有批改反馈功能,学生可以根据当前的批改结果,通过选择恢复、前进或者返回按钮来调整自己的学习策略。

与此同时,为了有效突破重点难点,本节课还为学生量身定做了若干个微视频。以知识点为单位,分成基础和提高两个层次,以满足不同层次学生学习的需求。学生在闯关途中遇到学习困难或者学有余力的时候,都可以选择相应的微视频进行自助式学习。

3. 教师利用技术教技术

本节课,教师利用 vba 语言设计了一张《成绩统计表》,具有实时批阅功能。将作业批改从人工批阅升级到了自动化阅卷,批阅的时间从课后前移到了课中。同时在课堂中通过《成绩统计表》,实时监测学生任务完成的进度和正确率。根据掌握的情况,及时发现存在的问题,适时调整教学策略,有重点有针对性地进行帮助指导。

教学中的不足:

闯关晋级的形式导致了课堂活跃度很高,有时出现了课堂难以控制的局面。很多学生,一门心思想早点通关,以致教师广播讲解的时候,有些抵触情绪,不愿意倾听观察其他同学的操作。

案例来源:

浙江省嘉兴市南溪中学　余秀清

案例评析:

"公式与函数"的教学内容是属于初中信息技术教学基础板块中的专题二"信息加工与表

达"里的第二节内容"表格"中的内容,在对表格的学习过程中,需要学习的东西比较零碎且操作要点比较容易忘记,常常出现学生学习完之后没有记住相关操作步骤或者不会应用公式等问题,因此如何按照我们实际生活中的工作要求,让学生将Excel表格学得比较透彻,是需要每位信息技术教师花心思探讨的问题。课程标准规定,学生学习完表格这模块内容的学习之后,学习者需要达到的目标如下:

(1)理解表格在排版和数据统计计算方面的作用,能分析生活实例中表格的不同功能。

(2)能简略说明不同工具软件中二维表格的共同特征及差异,能够根据需求设计二维表格行列属性。

(3)能根据需求绘制或套用排版类型表格,能按要求对其属性进行调整、设置。

(4)根据需要在不同软件中相互复制表格,并观察辨析其属性的迁移情况。

(5)能应用电子表格进行数据的简单统计、计算与直观表达。

(6)从不同的角度和立场出发,通过对相同数据做不同的加工以表达不同的观点,或对相同数据做不同的解读,感悟信息加工和利用的选择性、多元性和复杂性特征。

本文主要采取任务驱动为主,自主探究为辅的教学方法,在任务驱动过程中引入了竞赛教学,竞赛教学是一种比较新颖的教学方法,我们在亮点分析部分重点介绍。而任务驱动教学法是一种能够很好地应用于实验性、操作性较强的教学内容的教学方法。任务驱动教学以任务为明线,培养学生的知识素养为暗线,体现以学生为主体,教师为主导的教学思想。这种教学方法要取得成效,有两个关键。第一是任务设置要科学,不能过难,也不能过易,要把握学生的"最邻近发展区"。第二就是任务要明确,教师尽可能要让学生自始至终知道自己的学习任务。

在本教案中,该教师一共设置了四个学习任务。首先,这四个任务层层递进,且对应相应的教学内容,每个学习任务不但十分富有趣味且与生活实际密切联系,学生的积极性被很好地调动起来且能很好地保持下去。其次,任务二的完成需要学会任务一的技能,任务三的完成需要学会任务二的技能,传递下去,也就是说任务的完成需要综合前期所学,这能激发学生的学习动机,不仅外在的学习动机,而且是内在的学习动机。最后,任务的自学与互帮,加上老师的辅导、监督,让学生始终围绕教学目标完成学习任务,保证了教学方向的不走失且还能更好的达成教学目标。

本教案有几个十分抢眼的亮点,第一是竞赛教学,第二是走出教材来教教材,第三是微视频教学,第四是学生利用技术学习、教师利用技术教学在教案中得到充分体现,在这里我重点说一下竞赛教学。

竞赛教学,简单地说就是将竞赛引入到课堂,引入到教育教学中,并在教学中逐渐形成一种固定的教学模式,就是以竞赛形式完成教学任务的一种方法——"竞赛制"教学法。其优点有以下几个方面:

(1)激趣性:在竞赛教学中,教师利用每个学生都有强烈的创造欲望,都想成为己方取胜的功臣这种心理,把认识的对象和任务从学生的间接需要变成了直接需要,形成了强烈的内部动机。这种从心灵深处涌现出的强烈的探求欲望和自我成就感,是激发学习兴趣的最根本的源泉。

(2)竞争性与合作性并存:竞赛教学法由于常常采取分组比赛(即竞争性),因此,要想求胜,组内成员之间的合作必不可少(即合作性)。

(3)愉悦性:竞赛教学法因采用竞赛的形式,因此属于开放型的课堂,教师应尊重、信任每一位学生。

除了列举出来的优点外，竞赛教学还有其他的优点，比如主导性、可操作性、全面性、巩固性等。

中小学信息技术是一门趣味性很强的学科，因此教师在上信息技术课程的时候要充分利用好计算机的趣味性，重视激发、培养学生学习计算机的兴趣，激发学生主动探求的愿望，为学生创设一个有趣的学习环境。在本教案中，该教师通过创设竞赛任务，不但能很好的引起学生的兴趣，且能将外在竞赛兴趣转变为内部的学习动机，使学生一点不觉得枯燥，反而主动思考，互帮互助，逐一通关，掌握技能，培养对计算机学习的浓厚兴趣。

# 优秀案例二

## "数据的排序与筛选"教学设计

一、教学基础信息

1. 教材分析

"数据的排序与筛选"是山东教育出版社出版的《初中信息技术》第四册《走进数据处理王国——Excel》模块第六课的内容。Excel强大的数据处理功能和实用价值，除去数据间的运算，很大程度上得益于对纷繁复杂数据的快速按需处理，例如：排序、筛选。

2. 学情分析

课堂教学内容面向的是八年级的学生，此年级学生已具备一定的信息素养，掌握基本的信息技术知识和技能，同时小组协作学习模式在我校内推行已久，在教学过程中完全可以适度放手给学生组内协作学习。

另一方面，我校作为外来务工子女入学定点学校，生源自身素质两极分化严重，在信息技术素养上体现尤为明显，为了克服这种客观因素对课堂教学效果的影响，课前培养学生使用微视频预习，课中任务设计的梯度分明，抓住各层面学生的注意力，激发学生的学习兴趣。

3. 教学目标

知识与技能：

（1）了解排序操作中单/多关键字的概念和作用，理解筛选操作中与、或运算的逻辑运算作用。

（2）熟练掌握Excel中数据的排序和筛选操作。

过程与方法：

（1）通过课堂任务的设计，强化学生个人自主探究能力以及小组协作学习能力。

（2）培养学生对问题的分析和解决能力，提高对Excel的理解能力与解决实际问题的能力。

情感态度与价值观：

"读万卷书不如行万里路"，提倡学生合理安排学习生活，多外出游历以增广见闻，开阔眼界，提高生活品质。

4. 教学重点与难点

重点：

（1）Excel 数据的单/多关键字排序；

（2）Excel 中数据的自定义筛选操作。

难点：

（1）与、或运算在数据自定义筛选中的选用；

（2）面对实际问题，排序和筛选操作的选择以及组合操作。

5．教学方法

（1）任务驱动；

（2）分层教学；

（3）小组协作。

6．教学环境

（1）智博 Media – Class 多媒体网络教室；

（2）Microsoft Office Excel 2003；

（3）素材文件 FTP（ftp://172.16.26.190）。

二、教学过程

（一）课前预习

表1

| 教学阶段 | 教学活动 | 学生活动 | 设计意图 |
| --- | --- | --- | --- |
| 课前预习 | 提前一至两天在家长 QQ 群中上传本堂课微视频和预习导学文件，引导学生进行课前预习，如图1所示 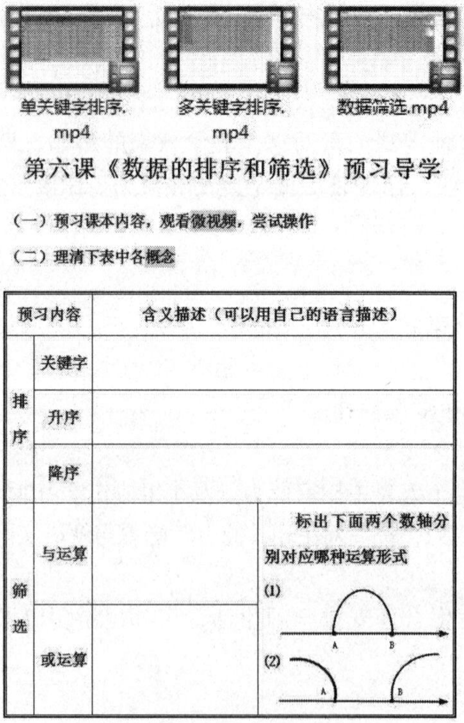<br><br>图1 本课堂微视频和预习导学文件 | 学生依据《预习导学》进行课前预习，结合课本内容观看微视频，尝试完成课本例题操作，并填写表格内容 | 对于操作能力较弱的学生，课前可以有充足的时间反复观看微视频并练习，从而大大提高课堂效率。同时培养班级整体良好的学习习惯 |

（二）课堂授课

表2

| 教学阶段 | 教学活动 | 学生活动 | 设计意图 |
|---|---|---|---|
| 创设情境 | （课前播放PPT幻灯片，展示大家到过的国内各地美景）。<br>教师：刚才课间大家看到的是班里同学们提供的旅行照片，我们的祖国山清水秀，辽阔壮美，不止是深深地吸引了我们，也同样深受国外友人们的喜爱。现在大家看到的这个文件（投影展示"入境旅游人数.xls"内容）是国家旅游局提供的2014年1~9月期间外国游客的入境情况（亚洲部分），分类显示出了各个国家来我们国家的旅游情况，如图2所示。 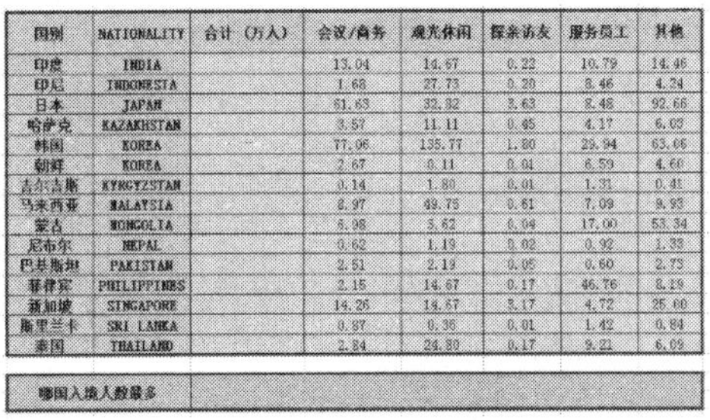<br><br>图2<br>这节课大家就是国家旅游局的分析员，来深入发掘下这些数据里面隐藏的信息，看看能不能提供些有用信息，吸引更多的游客来我们国家旅游 | 观看投影，聆听老师。<br><br><br><br><br><br>观察素材文件，进入创设情境 | 课前放映内容，可以吸引学生的注意力，激发其对课堂内容的好奇心，尽快进入课堂氛围。<br><br>选择近年来的热门生活话题"旅游"作为话题切入点，比较贴近学生们的生活，易于吸引其注意力 |
| 复习旧知 | 首先请各位分析员同学完成，【任务一】①计算表格中各国入境人数总和；②其中哪个国家入境游客最多？有多少万人？ | （1）登录FTP下载素材文件《入境旅游人数.xls》。<br>（2）使用Sum()函数、Max()函数，配合填充并完成求值。<br>（3）各组内核对计算结果，互助修正，组长指导落实 | 函数是上节课所学，也是Excel强大数据处理功能的重要体现，通过小任务实现典型函数的巩固 |
| | 教师：最值函数很迅速的返回了入境人数最大值为307.64（万人），但是我们却并不清楚是哪一个国家的。很多时候我们不仅是需要找到具体一项数据，还希望能够同时看到与之相关的其他项，显然最值函数在这点上有缺憾，那要怎么处理呢？预习过的同学现在应该能够想到了，要使用什么操作更好呢？<br>学生：排序操作。<br>教师：对，就是我们这节课的新内容之一的排序操作，【任务二】那谁能演示使用排序操作完成任务一的第二问？ | | |

续表

| 教学阶段 | 教学活动 | 学生活动 | 设计意图 |
|---|---|---|---|
| 构建<br>新知 | 学生：（主动举手争取演示机会）。<br><br>教师：××分析员同学完成得非常好，他使用降序排序将最大值排列在了第一行，韩国的相关信息一目了然。换一种思路，请其他分析员同学用升序操作完成任务。<br><br>【探究一】仔细观察任务一中的操作对象，大家都是针对数字进行的排序，那么数字之外的内容比如说B列的汉字、C列的英文单词能不能实现排序呢？又有什么样的规律呢？请大家尝试操作，给老师答案。<br><br>教师：回到我们的表中，刚才有同学问老师"如果有相同的数据那要怎么排序？"，这个问题提得非常好，例如菲律宾和新加坡的入境"观光/休闲"人数都为14.67（万人），如果要确定它们的顺序，刚才的单关键字排序就失去了用武之地，接下来将要出场的就——多关键字排序。<br><br>教师要抽选一位同学来在教师机上完成操作任务，大家做好准备！<br><br>【任务三】将各国按照"观光/休闲"降序排列，如有相同按照"合计"升序排列。 | 学生××使用教师机面向全班展示操作过程，并做相应讲解。<br><br>教师点评并按照其展示情况为本组量化加分（具体表格内容附后）。<br><br>如果有操作失误，允许同组同学更正演示正确操作，保留本组加分；如果其他组同学发现问题并做更正操作，则给相应组加分。<br><br>如果操作有困难，先观看微视频"单关键字排序.mp4"，仍然有困难请求助组长或者是老师。<br><br>课堂练习时间：学生练习升序操作，组内互查，组长落实。<br><br>学生对B列的汉字、C列的英文单词进行排序尝试，得到的结论以小组为单位进行总结整理。 | 第一段话除了引出新课内容之外，还意在引导学生掌握解决实际问题的思路，从"遇到问题"→"解决问题"，提高到"能够快捷高效解决问题"。<br><br>小组课堂量化能够很好地建立课堂竞争气氛，展现课前预习的积极作用，同时鼓励学生们在课堂上大胆展示。<br><br>课堂的基础任务借助于小组协作学习模式能够100%的给予切实落实，各个小组长负责协调解决简单的操作问题，大大提高了课堂效率。<br><br>同时微视频的作用在预习环节之外继续发挥，可随时、可反复地观看形式减轻了教师课堂负担，提升了单个学生的课堂学习效率。 |

续表

| 教学阶段 | 教学活动 | 学生活动 | 设计意图 |
|---|---|---|---|
| 构建新知 | 教师：现在我们用排序操作对数据的分析告一段落，那么给大家五分钟时间，分别完成各自的【任务四】。 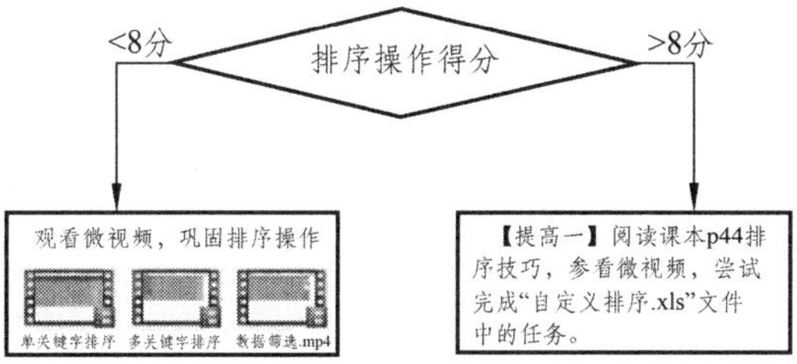<br><br>（流程图：排序操作得分 <8分 → 观看微视频，巩固排序操作（单关键字排序、多关键字排序、数据筛选.mp4）；>8分 → 【提高一】阅读课本p44排序技巧，参看微视频，尝试完成"自定义排序.xls"文件中的任务。）<br><br>图3<br><br>将图4中各位同学按照职位如下的顺序排列：团委书记、班长、副班长、学习委员、学生。<br><br>（表格：姓名、班级、职务、籍贯、学籍号）<br><br>*图中名字为虚构<br>图4<br><br>教师：现在再来看排序好的表格，国家旅游局现在需要重点关注的肯定不是入境人数最多的韩国，而是入境人数较少的国家，各位分析员同学现在需要完成【任务五】，制作一份只显示有入境人数倒数五个国家信息的表格，有针对性给他们一些吸引政策，提升游客数目。<br><br>给大家一点提示，这需要使用我们今天的另一项新操作内容——筛选。哪位分析员同学能够演示下呢？<br><br>学生：（主动举手争取演示机会）。 | 组长记录组员探究任务得分。<br><br>学生关注转盘随机抽查情况。<br><br>被随机抽中的学生XX使用教师机面向全班展示操作过程，并做相应讲解。<br><br>课堂练习时间：学生练习升序操作，组内互查，组长落实。<br><br>如果操作有困难，先观看微视频"多关键字排序.mp4"，仍有困难请求助组长或者是老师。 | 此处只抛出问题，不给出答案。引导学生积极去动手实践得出答案。信息技术是一门实践性和实用性很强的学科，动手结合动脑才能够找到操作技巧，才能够真正会用。<br><br>抽查环节的设计有两个意图：<br>首先，对课前预习的当堂反馈。预习内容中有明确的"多关键字操作"微视频。<br><br>其次，抽查展示中有可能出现教师备课中未考虑到但是实际操作中学生们又会出现的小错误和小问题。这样的情况是一线教师经常遇到的，毕竟教师对内容太熟悉以至于好多我们不认为是问题的地方在学生操作中反而有阻滞。如果出现的话，更利于教师集中讲解。 |

续表

| 教学阶段 | 教学活动 | 学生活动 | 设计意图 |
|---|---|---|---|
| 构建新知 | 教师：这样的筛选操作和排序操作有异曲同工之妙，但是如果仅仅是这样的话，筛选就显得不够实用了，它当然有自己的独到之处，我们在预习导学中的图 5 就是它的独到之处。<br>标出下面两个数轴分别对应哪种运算形式 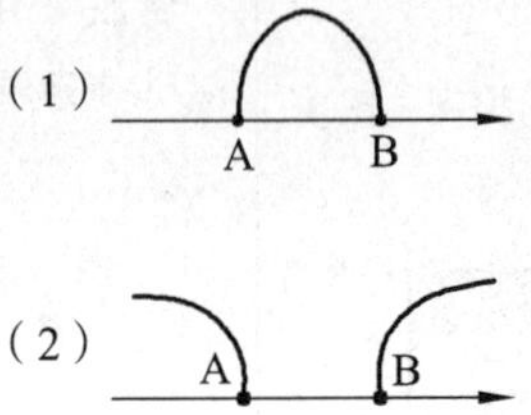<br>（1）<br>（2）<br>图 5<br>用 Flash 小工具抽查展示学生对筛选操作的掌握情况，如图 6 所示。 <br>图 6 | 学生分层完成【任务四】。 | 此环节设计成排序部分的阶段小结任务。将之前基础任务得分作为标准，分为左侧"巩固任务"和右侧"提高任务"。<br>"巩固任务"是对排序操作的再巩固，针对部分基础薄弱学生设计，保证其学习效果。<br>"提高任务"为课本 P45 阅读材料中的"自定义排序"。通过添加新的排序序列实现按照特定顺序排序的要求，有一定难度，适合学有余力的学生。<br>本堂课后会在家长群 QQ 中上传自定义排序微视频，以供学生学习。<br>逻辑运算对于八年级学生来说相当陌生，抛开干涩的语言解释，用学生能够理解和熟悉的数轴直观的展示，更容易被理解。 |

| 教学阶段 | 教学活动 | 学生活动 | 设计意图 |
|---|---|---|---|
| 构建新知 | | 学生×××使用教师机面向全班展示操作过程，并做相应讲解。<br><br>教师点评，并按照其展示情况为本组量化加分（如果有操作失误，允许同组同学更正演示正确操作，保留本组加分；如果其他组同学发现问题并做更正操作，则给相应组加分）。<br><br>学生聆听老师对逻辑运算"与"和"或"的讲解与演示操作。<br><br>学生自己练习"与"和"或"的自定义筛选操作。<br><br>随机组合的方式组成两人一组，两位学生互相设定筛选条件，使用教师机面向大家展示操作。<br><br>各组组长依据考察情况进行相应赋分。 | 此处设计，主要是从提高课堂效率的角度出发。在有限的抽查环节中，能够同时考察双方的掌握情况。出题的一方只有自己掌握了操作才能考察并判定对方的完成情况。<br><br>同时，同学间的互相检查更容易激起课堂的良性竞争 |

续表

| 教学阶段 | 教学活动 | 学生活动 | 设计意图 |
|---|---|---|---|
| 归纳总结分享交流 | 【综合任务】<br>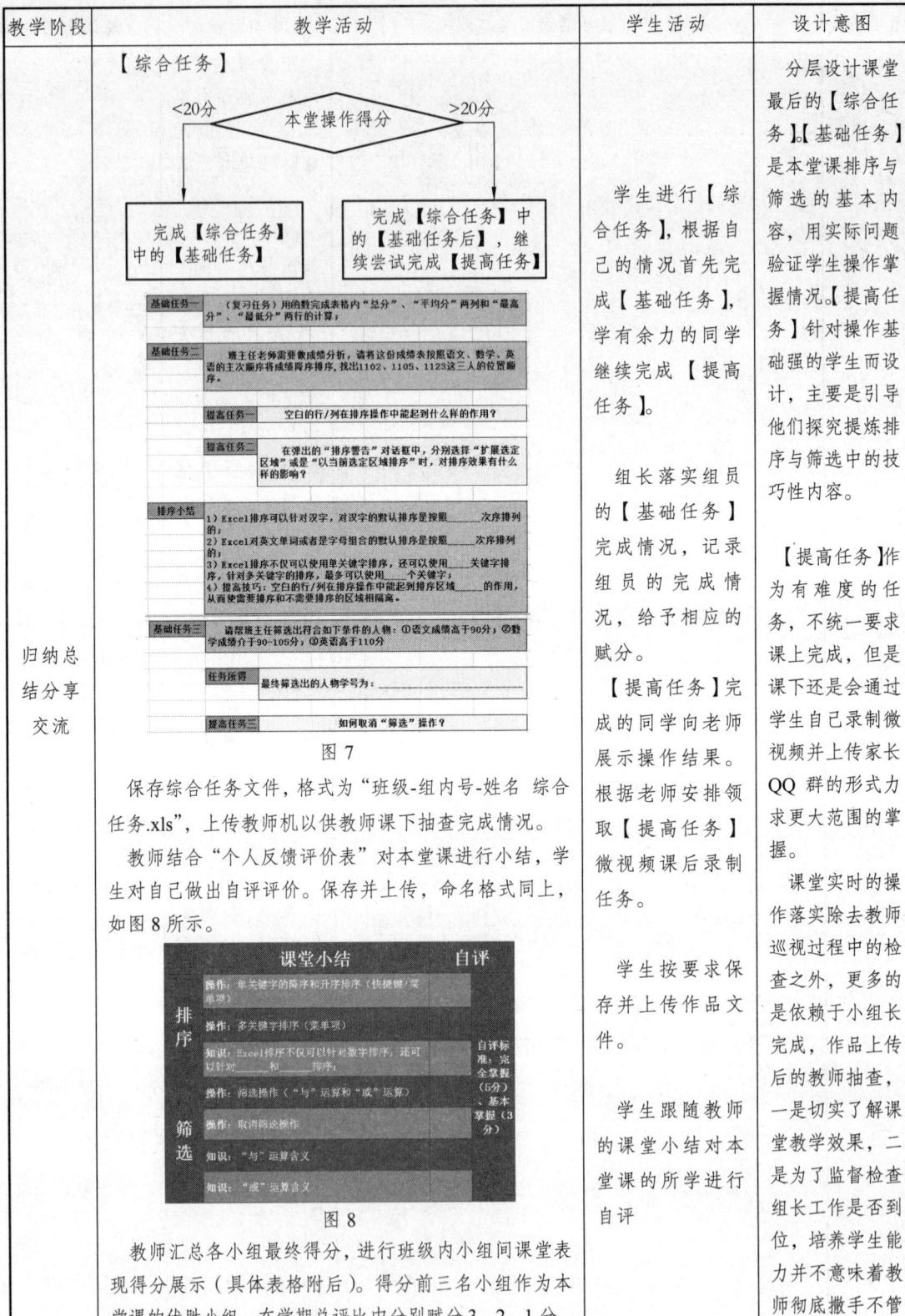<br>图7<br>保存综合任务文件，格式为"班级-组内号-姓名 综合任务.xls"，上传教师机以供教师课下抽查完成情况。<br>教师结合"个人反馈评价表"对本堂课进行小结，学生对自己做出自评评价。保存并上传，命名格式同上，如图8所示。<br>图8<br>教师汇总各小组最终得分，进行班级内小组间课堂表现得分展示（具体表格附后）。得分前三名小组作为本堂课的优胜小组，在学期总评比中分别赋分3、2、1分 | 学生进行【综合任务】，根据自己的情况首先完成【基础任务】，学有余力的同学继续完成【提高任务】。<br><br>组长落实组员的【基础任务】完成情况，记录组员的完成情况，给予相应的赋分。<br><br>【提高任务】完成的同学向老师展示操作结果。根据老师安排领取【提高任务】微视频课后录制任务。<br><br>学生按要求保存并上传作品文件。<br><br>学生跟随教师的课堂小结对本堂课的所学进行自评 | 分层设计课堂最后的【综合任务】。【基础任务】是本堂课排序与筛选的基本内容，用实际问题验证学生操作掌握情况。【提高任务】针对操作基础强的学生而设计，主要是引导他们探究提炼排序与筛选中的技巧性内容。<br><br>【提高任务】作为有难度的任务，不统一要求课上完成，但是课下还是会通过学生自己录制微视频并上传家长QQ群的形式力求更大范围的掌握。<br><br>课堂实时的操作落实除去教师巡视过程中的检查之外，更多的是依赖于小组长完成，作品上传后的教师抽查，一是切实了解课堂教学效果，二是为了监督检查组长工作是否到位，培养学生能力并不意味着教师彻底撒手不管 |

（三）课堂附加材料展示

**组长课堂评价截图**

| 组内编号 | 作品完成（1分） | 探究任务（2分） | 提高任务（3分） | 组内互助（1分） | 交流展示（5分） | 个人合计 | 小组合计 |
|---|---|---|---|---|---|---|---|
| 1号 | 5 | 2 | 3 | 5 | | 15 | 15 |
| 2号 | 5 | 2 | 3 | 4 | 5 | 19 | |
| 3号 | 5 | 2 | | | | 7 | |
| 4号 | 5 | 2 | | 1 | | 8 | |
| 5号 | 5 | 2 | | | | 7 | |
| 6号 | 5 | 2 | | | | 7 | |



图 9

**教师课堂评价截图**

| 组号 | 小组合计 |
|---|---|
| 一组 | 22 |
| 二组 | 78 |
| 三组 | 54 |
| 四组 | 78 |
| 五组 | 54 |
| 六组 | 20 |
| 七组 | 33 |
| 八组 | 66 |



图 10

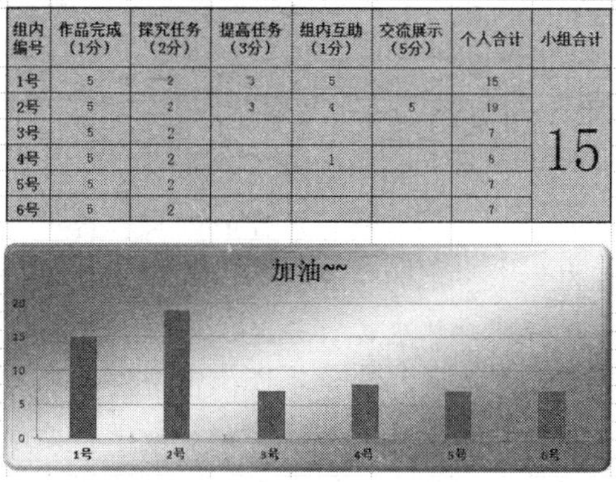

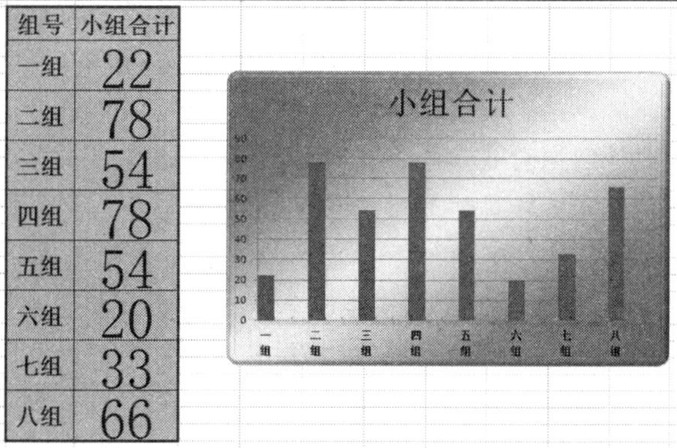

三、教学反思

本堂课的设计从“课前预习”—“课堂环节”—“课后延伸”，跨度比较大，最大程度上考虑到了学生主体在多手段辅助下的学习主体地位。课前借助家长群给予预习内容指导，课堂中任务驱动、分层完成，演示环节兼顾自愿展示和随机抽查，整个课堂用量化赋分，时刻刺激着学生的学习积极性。

本节课的不足之处在于，课堂整体效率的高低对各小组组长的能力“依赖”较多，一旦某一个组长能力不到位，或者缺席某堂课，势必干扰整个课堂环节的流畅性，降低了所在组的学习效果。今后应该：① 重视培养组长的个人能力，成为教师在课堂上更强有力的左膀右臂；② 将课堂的部分指导任务分散给组内其他学生，既能稳定学习效果，又能创造更多更广的学生展示机会。

案例来源：

山东省济南泉城中学 刘馨

案例评析：

“数据的排序与筛选”的主要教学内容是处理工作表中的数据，而对数据的排序与筛选是数据处理的重点内容。本节课是对前面数据输入、编辑、计算的进一步深入。本节之前学生已经初步掌握了 Excel 的基本知识的运用，所以在教材处理以及教学目标的处理时，教师应该注意强调"要教授学生学习信息技术的方法，培养其信息素养"。在本教案中，该教师对教学内容进行精心化处理，将有关教学内容制作成微视频，上传到 QQ 群中，让学生先学习，并尝试完成课本例题，引导学生进行自主课前预习。

本教案采用的教学方法主要是任务驱动、分层教学、小组协作。分层教学实际上是一种课堂教学策略，这里说的"分层"是一种隐性的分层，这种教学策略要求教师在进行实际教学之前，需要掌握班级内每个学生的学习状况、知识水平以及成长环境与特长爱好等，之后按照其知识水平或是心理特征对学生进行分组，根据每个层次学生群体的特点，来确定合适的教学目标，提出适当的教学要求，制定不同的评价测试标准进行教学，从而使每个学生在原有基础上都能得到提高与发展。总的来说，分层教学是以学生之间的个性差异为出发点的一种个性化教学策略。其优点体现在强调学生个体之间的客观差异，尊重学生的价值观和学生的主体地位，促进学生良好潜力充分发挥，促使每个学生发展和进步。

该教师依据学生在个性特征与心理倾向、知识基础与潜在能力等方面的差异，改变了很多教师布置同一任务的做法，而是设计层次不同的三个教学任务，比如基础任务是排序与筛选的基本内容，用实际问题验证学生操作掌握情况。提高任务是针对操作基础强的学生而设计，主要是引导他们探究提炼排序与筛选中的技巧性内容，最后是综合任务。

充分照顾学生的差异性、帮助每个层次的学生获得发展。这是新课标指导下的教学理念。要想实现分层教学，设计教学这个环节很重要，而分层次备课是搞好分层教学的关键。教师在充分挖掘教材、认真领会新课程标准的情况下，针对不同学生的具体情况，认真严格去设计分层次教学的整个过程，来确定切实可行的教学目标。目标的设定要有适度性、层次性、阶段性。如针对学习困难的学生应多加指导，可以给他们出一些简单的习题，难度不要太大，使他们掌握主要的知识结构，学习基本的方法，培养基本的学习能力；对中等的学生设计的习题就应该有一定的难度，不仅要求学生能熟练掌握基本知识，更要求学生能灵活运用基本方法，发展理解能力和思维能力；对于优等的学生要设计些灵活性和难度较大的问题，不仅要求学生能深刻理解基础知识，灵活运用知识，还要培养学生的创造力和创新精神，发展学生的个性特长。

# 3 图 片

【课程标准】

（1）了解多种图片采集的方法。
（2）能使用专用工具软件浏览与管理图片。
（3）能使用画笔、选区、图层和滤镜等功能加工图片，表达创意。
（4）能根据表达需求在文本中插入合适的图片，并对图片各项属性做适当设置或调整。
（5）能区分艺术创作和"恶搞"的差异，尊重他人隐私和名誉，健康合理的使用图片加工技术。

# 优秀案例一

## "图像色彩与色调的调整"教学设计

### 一、教材分析

本课内容是广东省佛山市南海区教育局教学研究室编写的地方教材《信息技术》(七年级)第二单元第 5 课"秀丽恬静的南国桃园"第一课时的教学内容。本课主要是让学生学会使用"调整"菜单中的"匹配颜色…"命令去调整图片的色彩与色调,学会观察图片的色彩搭配,感受 Photoshop "调整"菜单命令的强大功能和无穷魅力,激发学生的求知欲,从而激励学生进一步探究"调整"菜单下更多的色彩调整功能。

### 二、教学对象分析

通过对前面教学内容的学习,学生对使用 Photoshop 进行图像的处理有一定的认识,掌握了一定的方法与技巧,而且对学习 Photoshop 兴趣很浓厚,有强烈的求知欲。在此基础上,考虑到乡镇初中每个班的学生在理解能力和动手操作能力方面都存在着一定的水平差异,上课以培养兴趣为主,注重打基础,渗透学习的方法,通过自主探究与伙伴协作的学习方式,培养学生的自学能力,促进各层次的学生进步。

### 三、教学目标

1. 知识与技能

(1)能熟练运用"匹配颜色…"命令调整图像的色彩与色调。
(2)能尝试使用"色相/饱和度"命令,探究调整图像色彩与色调的方法与技巧。
(3)知道 PS 中有很多不同的调整色彩与色调的命令,并能做初步的尝试与对比。

2. 过程与方法

(1)通过学案自主学习,掌握正确的学习方法和养成良好的学习习惯。
(2)通过自主探究学习使用"匹配颜色…"、"色相/饱和度"命令,学会观察与调整图片的色彩搭配,了解与对比 PS 中的多种色彩调整功能,对如何合理选用 PS 调整菜单中的各种调整命令去解决生活中的实际问题有所认识,做到触类旁通。

3. 情感态度与价值观

(1)观察与感受身边美景,激发学生对美的追求。
(2)感受 PS 的强大魅力,提升审美能力。
(3)提升学生主动探索、创新意识。

### 四、重点、难点分析

1. 教学重点

(1)"匹配颜色…"命令的熟练运用。
(2)"色相/饱和度"命令的探究。

## 2. 教学难点

（1）对不同的图片和不同的要求，能合理选择合适的调整命令进行处理。

（2）对 PS 中调整菜单中多个调整命令的大胆尝试与对比，学会归纳总结。

（3）激发学生的学习兴趣、掌握学习使用调整菜单命令的方法。

## 五、教学设计思想与理念

以"三为主，五环节"的校本教学模式展开教学。即以学生为主体，教师为主导，练习为主线。以导入新课—明确目标—新课导学—小结评价—检测评估等五个环节展开教学。其中评价与检测贯穿在新课导学之中，灵活实施。教学中以体验、感悟和激趣为主。以情感导入法和图片导入法导入新知识，展示 PS 无穷魅力，激发学生学习热情的同时进行德育渗透，培养学生审美能力。以学案指引，培养学生自学能力，让学生当小老师，讲演、总结，锻炼学生各方面的能力。以丰富的素材、开放式的创作激发学生创新意识。让评价贯穿于整个教学过程中，关注学生学习情况，对学生的学习效果适时鼓励与点评。

## 六、教学策略选择与设计

### 1. 教学方法

（1）创设情境法：创设美好的学习情境与氛围，激发学生学习热情，发挥学生主观能动性。

（2）任务驱动法：以任务为主线、以学生为主体，以任务驱动的方式激发学生学习积极性。

（3）先学后教法：学生先自主探究，然后请学生当小老师演示讲解，教师从旁指导以及补充，使全体学生掌握正确的技能。

（4）分层教学法：设置阶梯任务，引导学生结合自身实际完成适合自己的探究实践任务，让各层次的学生学有所得，增强信心。

### 2. 学习指导

本节课教师主要对学生进行以下的学法指导：

（1）鼓励学生自主探索与合作交流。给学生创设探究情景，让学生主动探索学习，交流互助解决学习问题。

（2）指导学生在学习过程中学会体会和归纳总结。通过一系列的探究实践活动，让学生体会"分析—实践—发现—总结—拓展"的学习方法。

## 七、教学媒体

多媒体网络计算机室、投影仪、投影幕。

## 八、教学资源

教师制作本节课课件、学生用的素材、学生学案。

## 九、课时安排

1个课时（45分钟）。

十、教学过程

表1 教学过程

| 环节设计 | 教师活动设计 | 学生活动设计 | 设计意图 |
| --- | --- | --- | --- |
| 创设情景导入新课 | （1）播放南海松岗南国桃园的美丽风光。<br>【导】秀丽恬静的南国桃园，风光宜人，大家在感受大自然美好风景的同时不得不赞叹大自然的美妙，大自然色彩的神奇。<br>（2）展示清晨时的风景瞬间穿越变成黄昏时的景色、季节的瞬间变化等一些有强烈对比的图片。<br>【导】现实世界多姿多彩，今天只要同学们用心学习PS软件中调整色彩与色调的命令，你会发现我们的色彩世界会变得更加丰富更加美妙 | （1）欣赏美丽风景，赞叹。<br>（2）观看图片的变化与对比，感受PS软件的强大魅力 | 激趣引学，让学生在领略南国桃园美好风光的同时激发学生对美好的追求。通过图片色彩效果的瞬间变化来激发学生学习的欲望 |
| 明确目标 | 学习目标展示。<br>（1）能熟练运用"匹配颜色…"命令调整图像的色彩与色调。<br>（2）知道PS中有很多用于调整图像色彩色调的命令。能尝试使用"色相/饱和度"命令探究调整图像色彩与色调的方法与技巧 | 阅读、思考，对这节课的学习任务有个清晰的定位，有个明确的目标 | 明确学习目标，指明学习方向。清楚今天学习的重点及难点所在 |
| 新课导学探究交流 | 1."匹配颜色"命令的运用<br>（1）探究学习①：通过自学"学案"或者课本，让"清晨中的球场"瞬间变成"黄昏中的球场"。<br>（2）完成快的同学当小老师指点帮助他人。<br>（3）作品要求上交。<br>（4）请做得又快又好的同学讲解演示 | （1）学生认真了解学习任务。<br>（2）学生自主学习，动手实践操作。<br>（3）同学之间互助交流。按要求上交作品。<br>（4）学生上讲台当小老师讲演 | 设置基础的探究任务，以学案引导，锻炼学生的自主学习能力，培养学生互助合作精神。让学生讲演，使学生不仅要动脑动手，还要动口 |
| 小结评价 | 2.师生点评与小结<br>（1）展示学生作品，适当给出评价与鼓励。<br>（2）展示"匹配颜色…"命令窗口。<br>提问："匹配颜色"命令的特点？使用过程中你所遇到的问题，解决的方法？（让学生总结出该命令操作的方法与心得，突破重点） | （1）互相欣赏，点评。<br>（2）学生思考，小声议论，举手回答。<br>（3）聆听，感悟 | 适时点评、归纳总结，使知识内化，突破重点。让学生掌握学习方法，养成思考总结的好习惯。 |
| 比赛竞争巩固提升 | 3.创意园地（比一比）<br>（1）任选一组素材（分别是"金色的鹭鸟天堂"、"海底畅游"），看看哪个小组的同学最先完成效果图并上交作品（先完成的同学要指点帮助后进的同学，同时引导学生去探究实现同一效果的更多方法，提示学生了解调整菜单下其他的命令）。<br>（2）展示作品，鼓舞激励 | （1）学生兴致勃勃地做出作品并上交。<br>（2）做得快的学生指点后进的学生。<br>（3）学生互评 | 在比赛中巩固所学知识，让各层次的学生各有所得。不局限于书本的素材，让学生在运用"匹配颜色…"命令时有更多"惊喜"，做到举一反三 |

续表

| 环节设计 | 教师活动设计 | 学生活动设计 | 设计意图 |
| --- | --- | --- | --- |
| 拓展提高 | 4. 了解更加多的图像色彩调整命令<br>（1）我的色彩地带 DIY——展示若干能吸引学生眼球的图片，对比经过 PS 处理前后的效果。<br>【导】PS 软件中的调整菜单命令能创作出各种独特的、梦幻的、极具个性的效果，只要同学们用心去学，肯定也能创作出独具特色的图片。<br>（2）探究学习②：通过自学"学案"和阅读课本，了解"色相/饱和度"命令。<br>①请您先打开"美丽校园"图片。打开"图像"—"调整"—"色相/饱和度"命令。<br>②请阅读老师给出的相关的知识链接。（色相、饱和度、明度以及计算机中的色轮图等的介绍）。<br>③我的色彩地带我做主——创意园地。挑战 A："多彩的校园"。调整出所给图片的三种不同色彩效果，让我们美丽的校园更多姿多彩。<br>挑战 B："季节穿梭"。试用多种方法把校园春天的景色加工成其他季节的景色（提示可以考虑调整"菜单"下的其他命令）。<br>④作品保存并上交 | （1）观看欣赏，赞叹，跃跃欲试。<br>（2）以学案为指引，认真了解学习任务。阅读、自学、思考。<br>（3）了解一些书本之外的相关知识。<br>（4）打开素材，自选任务动手实践。学生自发地互助与交流。<br>（5）对同一图片创作不同的色彩效果，学生对该命令进行深入的尝试与探究。<br>（6）按要求上交作品 | 用学生感兴趣的事物进一步激发求知欲，让课堂气氛高潮迭起。让学生乐此不疲。<br>设置进阶任务，让各层次学生不断挑战自我，不断提升。依旧采用先学后教的方式，充分放手让学生去尝试。素材超越课本，激发学生创新意识，让学生体验用 PS 去处理生活中的图片，找到学习的乐趣，教会学生学以致用 |
| 点评激励归纳小结 | 5. 师生点评与小结<br>（1）展示学生作品，适当给出评价与鼓励。<br>（2）展示"色相/饱和度"命令窗口。<br>提问："色相/饱和度"命令的特点？（"编辑"框下拉选项有何秘密，你尝试了吗？）<br>你有什么学习心得？<br>你觉得"匹配颜色…"命令和"色相/饱和度"命令哪个功能更加强大？<br>（让学生总结出该命令操作的方法与心得，突破重难点）。<br>（3）表扬做得好且能尝试调整菜单中其他调整命令的同学，激励同学们学习要"举一反三，触类旁通" | （1）互相欣赏，互相评价。<br>（2）学生思考，小声议论，举手回答。<br>（3）聆听，感悟。 | 教会学生学会归纳、对比、总结，使知识内化。在归纳总结中进一步突破重点及难点，掌握学习 PS 的方法。引导学生勇于尝试调整菜单中其他命令，培养良好的学习习惯 |

续表

| 环节设计 | 教学过程 | | |
|---|---|---|---|
| | 教师活动设计 | 学生活动设计 | 设计意图 |
| 检测评估 | 6.检测评估<br>【导】刚才同学们都做得非常好，表现很出色，下面又到了考考大家的时候了。请大家完成以下练习和自我评估表。<br>（1）下列操作不能调整图片的色彩或色调的是（　）<br>　A、去色　　B、匹配颜色<br>　C、反相　　D、色阶　　　E、自由变换<br>（2）Photoshop的"图像"→"调整"菜单项的命令，不能实现对图片的（　）做出修改。<br>　A、颜色　B、大小　C、亮度　D、对比度 | （1）完成练习；<br>（2）对答案；<br>（3）对自己的学习情况做评估 | 检测评估环节能让学生养成思考、回顾、总结与反思的习惯，同时亦能指引学生了解到在调整菜单中还有很多其他的命令等待他们去探究 |
| 结束语 | Photoshop让色彩世界变得更精彩，这个世界因为有你而变得更美。只要用心，我们会将世界描绘得更美 | 受到激励与鼓舞 | 增强学生自信心，加深师生感情，让本课划上一个完美的句号 |

## 十一、板书

### 第五课　秀丽恬静的南国桃园
——图像色彩与色调的调整（一）

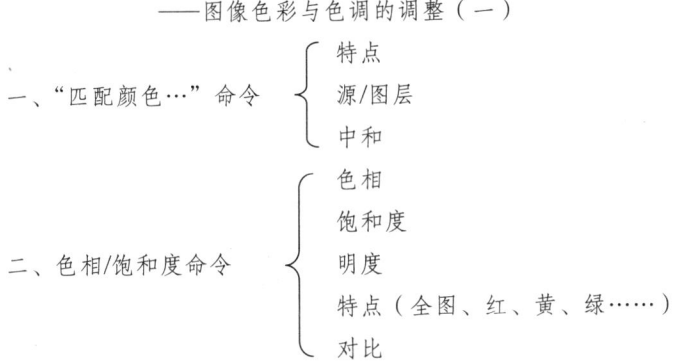

## 十二、教学评价

表2　学习评估表

| 评估项目 | 评价等级 | | |
|---|---|---|---|
| | A | B | C |
| 匹配颜色命令的掌握 | | | |
| 调整图片的色相/饱和度的尝试 | | | |
| 对图像色彩的理解与调整 | | | |
| 图像调整菜单其他命令的尝试 | | | |

十三、教学反思

（1）本课在设计时以激发学生兴趣为主，因此在新课导入、新知导入以及练习设计上花了一些心思。例如在设计新课导入时搜集了很多南国桃园的美丽风景图片，制作成一个图片展让学生欣赏；在每一个新知识点的引入时也精心设计了导入，例如展示各种经过 PS 处理前后的图片，彰显 PS 的无穷魅力，不断地激发学生的学习兴趣。学生的学习积极性高，整节课学习热情高涨，这是本课的一个成功之处。在练习设计上，任务设置分层次，分别是基础练习——"黄昏的球场"；巩固练习——"金色的鹭鸟天堂"或"海底畅游"；拓展练习——"多彩的校园"；提高练习——"季节穿梭"等，以此激发学生的创作欲望，让不同层次的学生学有所得，建立学习的自信心。

（2）先学后教以及适时评价与总结取得良好的效果。让学生根据学案自学，在第一个基础任务完成后，立刻展示作品，评价激励，及时对知识进行归纳、总结，在学习"色相/饱和度"命令时，学生普遍能主动地尝试与点击命令对话框上的各个选项去调整自己的图像并观察结果的变化。

（3）在小节中学生的表达不是很流畅，会做但是不会"说"。以后也要多给机会让学生"说"，让学会正确表达。学生模仿力强但创新不足，体现在大部分的作品基本按照书本或者学案的样例去做。没有主动去探索尝试命令对话框中的其他一些选项给图片能带来的不同的效果，以后在这个方面还要加强引导。

案例来源：

广东省佛山市南海区西樵镇西樵中学　　罗惠敏

案例评析：

"图像色彩与色调的调整"是属于对图片处理的教学内容之一，主要运用的图片处理软件是 Photoshop。通过学习本课之后，学生们能够掌握调整图像色彩的各种方法，掌握图像调整菜单的各种命令。

本文运用的教学方法主要有创设情境法、任务驱动法、先学后教法、分层教学法，多种教学方法因课程、学生、教师自身特点而相应变化，量体裁衣，灵活使用。

本文最大的亮点在于以"三为主，五环节"的校本教学模式展开教学。即以学生为主体，教师为主导，练习为主线。以导入新课—明确目标—新课导学—小结评价—检测评估等五个环节展开教学。

信息技术校本课程开发是教师根据学校实际情况和周边环境条件，充分发挥校内、外的有利资源，基于信息技术学科的特点，自主开发出的多样性的、比较适合本校的、有利于满足学生和教师需要、提高学生信息技术素养、促进学生个性化发展的课程。

本教案中，作者没有提到自己学校开发的信息技术校本课程，而是为我们提供了一种基于校本课程之上的校本教学模式。该教师播放南海松岗南国桃园的美丽风光来创设情境，之后设置基础的探究任务，以学案引导，锻炼学生的自主学习能力，培养学生互助合作精神。让学生讲演，使学生不仅要动脑动手，还要动口。在练习设计上，任务设置分层次，分别是基础练习——"黄昏的球场"；巩固练习——"金色的鹭鸟天堂"或"海底畅游"；拓展练习——"多彩的校园"；提高练习——"季节穿梭"等，以此激发学生的创作欲望，让不同层次的学生学有所得，建立学习的自信心。整个教学流程均围绕该校的"三为主，五环节"的校本教学模式展开教学，富有地方特色。

新一轮的国家基础教育课程改革为学校开发和建设适合地方发展特色的信息技术校本课程，全面提升学生的信息素养。我们应该围绕提升学生信息素养的信息技术教育主线，走教学实践和校本教研相结合之路，努力探讨信息技术学科教学的新路子，促进信息技术教学的发展，共同创造信息技术教育的美好未来。

## 优秀案例二

### "熊猫练功记——Photoshop 图层的应用"教学设计

一、教材分析

图层的应用是人民教育出版社七年级《信息技术》下册第四课的内容，本课是在学会使用基本绘图工具制作、加工图像的基础上，利用图层表现出更加丰富的图像效果。因此，图层的应用是 Photoshop 教学中承上启下的教学内容，有重要的地位和作用。教材以制作"禁止停车"标志为例，介绍了图像加工的详细步骤，虽然每位学生都能按照书上的步骤完成任务，但是学生并不理解为什么要这样操作。因此，我创设了有趣的故事情境"熊猫练功记"，用学生喜爱的功夫熊猫串联三个学习任务，通过故事情节的开展，逐步进行图层的操作，充分激发学生的学习兴趣，促进学生深入理解并综合应用知识。

二、学生分析

七年级的学生具备自学能力和探究学习能力，已经认识了 PS 工作界面，会使用基本绘图工具处理图像。但是，学生水平参差不齐，在学习过程中，学生容易弄错图层的位置关系，也容易把一幅图像的各个部分放在同一图层上，从而使图像的编辑变得复杂。因此，必须帮助学生掌握图层的基本知识，学会使用图层进行图像处理。

三、教学目标

1. 知识与技能

（1）了解图层的概念。

（2）理解上方图层与下方图层之间的关系。

（3）掌握新建、重命名、复制、删除、调整图层顺序、更改图层样式等图层的基本操作。

2. 过程与方法

（1）通过图层操作实现熊猫练功的故事，让学生了解图层的含义，理解图层的作用。

（2）在教师的指导下，学生能够根据实际需求，灵活运用图层创作指定故事情节的图像。

3. 情感态度与价值观

（1）激发学生对 Photoshop 图像处理的兴趣。

（2）培养学生良好的自主学习习惯和解决问题的意识。

（3）鼓励学生发挥想象力，创设有故事情节的图像，体验成功的喜悦。

### 四、教学重点及难点

1. 重点

（1）图层的含义。

（2）新建、重命名、复制、删除等图层的基本操作。

2. 难点

根据实际需求调整图层顺序，更改图层样式，把多个图层重叠起来显示。

### 五、教学方法

采用任务驱动教学法，关注问题的提出与解决，学生自主学习、探究合作，逐一突破重点及难点。教师在课前制作《图层的应用》教学微视频，学生在百度网盘中下载自学，对图层有一个整体上的了解。课堂中教师用"熊猫练功记"的情境导入新课，对比熊猫可移动的图像和熊猫移动后画面缺了一块的图像，让学生探究两种图层面板的区别。接着，教师展示一个不成功的图像"熊猫教授金猴功夫"，把解决问题的机会留给学生，学生发现图像中存在的问题，动手修改图像，进而引出新的知识点：图层叠加显示时的位置关系，学生对新知识的印象就更为深刻。接着，请学生演示制作文字图层的方法，教师辅助讲解，并在关键操作处设问。以分享成功秘籍的方式总结制作步骤、强化重难点。实践任务由易到难：任务一是探究图层样式，任务二是采用半成品进行基础知识的实践，任务三是制作电影海报，这是开放性的拓展任务，让掌握了操作方法的学生创造性的应用知识。

### 六、教学流程图

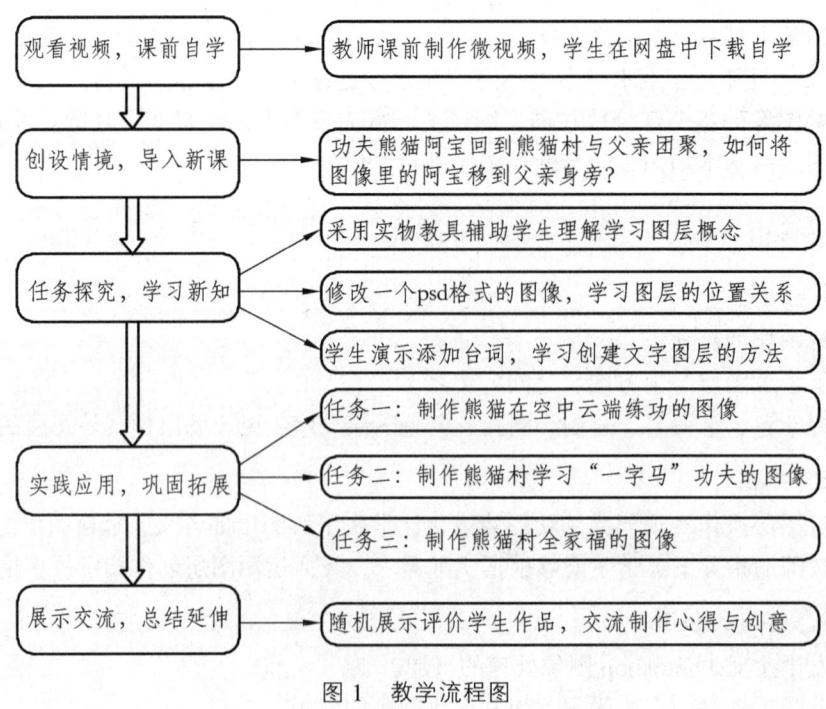

图1 教学流程图

七、教学过程

表 1  教学过程

| 教学环节 | 教师活动 | 学生活动 | 设计意图 |
|---|---|---|---|
| 创设情境 导入新课 | 教师播放《功夫熊猫3》动画电影片段（时长1分37秒）。<br>教师导语：功夫熊猫阿宝回到故乡四川，与父亲团聚。雾气掩映下的青城山，是生气勃勃的熊猫村<br><br>教师设问：请同学们用 Photoshop 打开名为"青城山.jpg"的图像（见图2），阿宝想走到父亲的身旁，思考并尝试一下，有什么方法可以将图中的阿宝移过去？ <br><br>图 2<br><br>教师提示：虽然同学们移动了阿宝，但是画面缺了一块（见图3），这是为什么？如何才能让画面完好无损？ <br><br>图 3 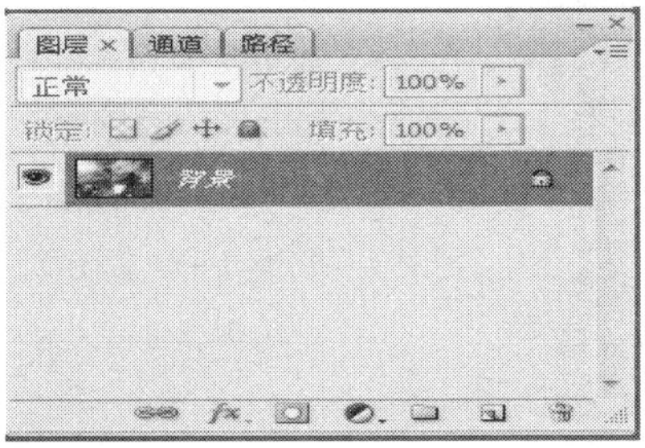<br><br>图 4<br><br>观察格式为.jpg的图像图层面板，同学们发现这个图像有几个图层 | 学生观看功夫熊猫电影片段，感受阿宝与父亲温馨重聚的情景<br><br>学生思考并尝试，利用磁性套索工具选出阿宝，将其移动到父亲身旁，但图像缺少了一块<br><br><br><br>学生回答：阿宝被"剪下来"，画面上就会出现一个洞<br><br><br><br>学生回答：只有一个图层 | 以简短的动画电影片段创设情境，以问题的形式激发学生思考，让学生对本课要学习的知识产生好奇心与求知欲 |

- 67 -

续表

| 教学环节 | 教师活动 | 学生活动 | 设计意图 |
|---|---|---|---|
| 任务探究 学习新知 | 第一部分：图层的概念<br>教师导语：请同学们再打开名为"青城山.psd"的图像，移动阿宝。<br>教师提问：请同学们仔细观察"青城山.jpg"和"青城山.psd"两个图像图层面板的区别，你有什么发现？<br>教师总结：可以移动阿宝的这个图像"青城山.psd"由三个图层叠加构成，每个图层都能单独的进行编辑操作，各图层之间互相不影响<br><br>图 5<br><br>道具演示：（1）一张青城山的照片，要想移动阿宝，只能把阿宝从照片上剪下来。（2）一张青城山背景照片、一张透明塑料纸上贴阿宝、一张透明塑料纸上贴父亲，将三张图像依次叠加，显示效果是阿宝与父亲在青城山团聚。<br>教师总结：图层就像透明的塑料纸，从上层透过没有图像的部分，可以看到下层的内容。把多个图层叠加起来，可以组合成一幅图像 | 学生自己试验，发现这次移动阿宝后，图像完好无损。<br><br>学生观察、对比，发现两个图像从表面上看没有区别，但是"青城山.jpg"只有一个图层，"青城山.psd"有三个图层，"阿宝""父亲""背景"分别在不同的图层上。<br><br>学生认真观察道具演示，理解图层的概念 | 教师提示，学生发现两种图像文件的图层面板的不同之处。让学生了解图层的作用。<br><br>道具演示更加直观形象地展示出图层的概念 |
| | 第二部分：修改"熊猫教授金猴功夫.psd"图像<br>教师给学生发送一个"熊猫教授金猴功夫"（金猴位于大树后面，见图 6）。<br><br>图 6<br><br>教师设问：熊猫阿宝教授金猴功夫，可是金猴在大树后面，大树遮住了它的视线，怎样让金猴走到大树前面学习武功呢？ | 学生发现："熊猫教授金猴功夫.psd"的图层面板上，金猴所在的图层位于大树所在的图层下方，因此大树遮住了金猴，学生在 Photoshop 软件的图层面板中手动修改 | 教师和学生一起分析图层面板上各个图层的位置关系是否合理，强化概念 |

续表

| 教学环节 | 教师活动 | 学生活动 | 设计意图 |
|---|---|---|---|
| | 请一位修改好图像文件的学生上台演示并且说明操作思路。<br>教师设问：怎样调整金猴所在图层的顺序？<br>教师带领学生一起小结：调整图层的顺序，首先选中要调整的图层，然后拖动该图层到相应的位置<br><br>第三部分：学生演示创建文字图层的方法<br>教师导语：熊猫阿宝在教授功夫举着励志名言鼓励大家奋发向上。例如这句："你们真正的力量来源于做最好的自己"（You real strength comes from being the best you can be）<br><br>图7<br><br>1. 请一位同学在讲台上演示创建文字图层的方法（教师在一旁帮助这位同学讲解操作步骤）：<br>（1）先把熊猫举空白卷轴图片拖入到背景图层中，如图7所示。<br>（2）再选定 T 工具，新建一个文字图层，输入文本，调整文本字体、字号及颜色等。<br>教师设问：怎样调整文字图层的大小与旋转角度？<br>2. 再请一位同学上台调整文字图层的大小与旋转角度（教师在一旁解释这位同学的操作步骤）<br><br>图8 | 学生回顾新建图层的方法，在背景上创建文字图层。<br><br>学生联想到与调整普通图层的大小与旋转角度类似：尝试选中要调整的文字图层，在编辑菜单下，选中"自由变换"，将鼠标放在出现的调节框的空心点进行调节，鼠标成为双箭头时，调整文字图层的大小；鼠标成为弯曲双箭头时，调整文字图层的角度 | 学生了解文字图层的概念，再来尝试制作"功夫熊猫举励志名言"的图像，用理论知识指导制作过程 |

续表

| 教学环节 | 教师活动 | 学生活动 | 设计意图 |
|---|---|---|---|
| 实践应用 巩固拓展 | 教师布置三个难度逐级递增的课堂任务：<br>任务一：制作《云端练功夫》图像 <br><br>图9<br><br>教师提示：这个任务用到了白云图层与练功图层两个图层混合样式选项效果。 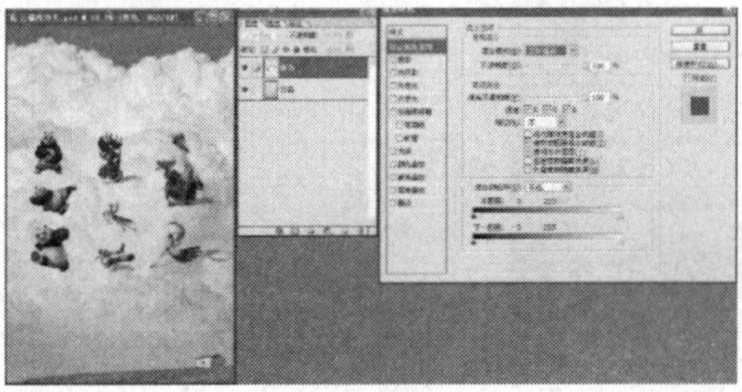<br><br>图10<br><br>任务二：制作《熊猫展示"一字马"功夫》图像 <br><br>图11 成品图 <br><br>图12 | 学生探究，发现图层样式的混合选项有多种。先完成三个任务的同学去教会个别有困难的学生。图层混合样式有多种，学生逐个尝试每种样式发现：当背景图层为白色时，"正片叠底"可以实现两个图层的完美融合。 | 任务一是基础任务，每个学生都能完成。任务二和任务三作为延伸任务，让学生自己去探索尝试，深刻理解常见的图层操作技能。三个任务生动有趣，通过这种由浅入深的过渡，提高了学生的学以致用能力 |

| 教学环节 | 教师活动 | 学生活动 | 设计意图 |
|---|---|---|---|
| | 这个任务富有挑战性，在基础操作上加大了一些难度。<br>教师提供的素材文件里只有一个熊猫一字马图层，学生新建其他图层并添加内容。<br>教师提示：当图像的图层较多时，养成良好的习惯，根据实际需要更改各个图层的名称，便于后期修改。<br>教师强调重要知识点：根据实际需要，设置背景图层的不透明度，图像将呈现出不同的效果。<br>任务三：制作《熊猫村的全家福》图像<br>这是一个有趣的任务，给学生提供六个动画形象，激发学生的想象力和创造力，制作一张全家福图像。<br>教师提示：（1）用磁性套索工具选取某个对象的轮廓；（2）点击各个图层前面的眼睛，可以显示或者隐藏该图层，便于修改图像；（3）尝试使用"历史记录面板"查看、撤销、删除所做的每一步操作。 | 学生思考完成各项操作所需要的技能，并通过实践，完成任务 | |
| 展示交流 总结延伸 | 教师选择有代表性的学生作品（不一定是最好的作品）进行展示，表扬有创意的动画作品，再挑选两个未成功完成的作品，让同学们一起想办法修改完善。<br>课堂小结板书设计：<br>（1）图层。<br>（2）图层样式。<br>（3）图层的基本操作：新建、重命名、删除、隐藏/显示、调整顺序、设置不透明度。<br>教师启发学生延伸思考：我们用文本工具创建了文字图层，字体为字库里的常规字体，如何在Photoshop里制作丰富多彩的艺术字 | 同学互评作品，填写学习过程自我评价表 | 课堂小结的板书便于学生把握本节课的知识脉络。学生在制作动画过程中出现的共性问题予以解答 |

## 八、教学评价设计

1. 过程性评价

对课堂上学生自主探究的热情和发言的积极性进行及时评价，及时给予肯定，鼓励学生探究学习并根据实际情况对学生进行引导和帮助。

2. 结果性评价

教师选择有代表性的作品给予点评，对学生的共性问题进行集中解答。

3. 学生自评

教师用问卷网在线编辑了《Photoshop图层的应用》学习反馈及自我评价表，分享链接地址给学生，让学生对照本节课自己的学习过程填写提交，帮助学生有意识地自我评价，教师也可以了解学生掌握知识的情况。

九、教学反思

回顾课堂上师生的表现，总结如下：

1. 成功之处

（1）基于微视频的翻转课堂，课外学习与课中学习相结合。用网盘存放微视频和教学素材，分享链接给学生，学生可以借助微视频自学。教师也准备了拓展性的微视频，掌握知识快的学生完成任务后，可以观看微视频学习新的内容，体现了"学生为主，教师为辅"的理念。

（2）学生课前的固有思维是：移动图像的一部分，图像的完整性不会遭到破坏。但实际却与学生想的不同，新旧知识之间产生认知冲突，产生了探究学习的欲望。

（3）整节课用学生喜爱的熊猫练功的形象串联，学生的思维活跃，积极与老师互动，自主练习任务完成得较好，大胆尝试新的方法：有的同学用魔棒工具选取素材图片中的熊猫形象；有的同学用磁性套索工具选取需要的动画形象；还有的同学直接用画笔工具绘制和创作艺术字。课后学生相互之间继续讨论冰雪艺术字效果的实现方法，并且主动与教师交流想法。

2. 不足之处

（1）由于课堂时间有限，仍有学生的有故事情节的图像创意设想没来得及实现，有意犹未尽的遗憾。

（2）虽然教师给学生提供了有故事情境的图片，便于学生创作有故事情节图像。但是学生缺少时间亲手绘制动画形象，学生的创造力没有得到最大的发挥。

（3）微视频存放在百度网盘里，虽然学生获取资源方便，但是教师无法像网络教学平台那样监控学生的学习情况。

（4）Photoshop 中图层的概念是可以与 PPT、Flash 中涉及的图层概念做类比学习，本节课缺少这一环节。

案例来源：

新疆乌鲁木齐市第八中学　宋迪

案例评析：

"熊猫练功记——Photoshop 图层的应用"的教学内容是 Photoshop 学习中非常重要的一课，因为任何图形图像的操作都离不开对图层的使用，要想成为 PS 高手必须熟练掌握对图层的运用和操作。前两课，学生已经学习了 Photoshop 基本知识和简单工具的使用，这为过渡到本课的学习起到了铺垫的作用。图层的知识点较多，结合七年级学生的认知结构，教师应该对教材内容进行相应的调整，该教案教师做到了这一点，教材以制作"禁止停车"标志为例，介绍了图像加工的详细步骤。但是该教师没有一步一步按照教材中的内容进行教学，而是创设了有趣的故事情境"熊猫练功记"，用学生喜爱的功夫熊猫串连三个学习任务，通过故事情节的开展，逐步进行图层的操作，充分激发学生的学习兴趣，促进学生深入理解并综合应用知识。

本文运用了一个较新的教学模式，翻转课堂教学模式，完全体现"以学生为主体，以教师为主导"的教学理念。翻转课堂译自"Flipped Classroom"或"Inverted Classroom"，也可译为"颠倒课堂"，是指重新调整课堂内外的时间，将学习的决定权从教师转移给学生。传统的教学模式是教师在课堂上讲课，布置家庭作业，让学生回家练习。与传统的课堂教学模式不同，在"翻转课堂式教学模式"下，学生在家完成知识的学习，而课堂变成了教师与学生之间和学生与学生之间互动的场所，包括答疑解惑、知识的运用等，从而达到更好的教育效果。在课后，学生自主规划学习内容、学习节奏、风格和呈现知识的方式，教师则采用讲授法和协作法来满足学生的需要和促成他们的个性化学习，其目标是为了让学生通过实践获得更真实的学习。在本教案中，该教师通过用网盘存放微视频和教学素材，分享链接给学生，学生可以借助微视频自学。学生在家自学基础知识后，在课堂中进行实践操作，遇到疑惑可以及时询问教师，做到及时反馈。此外，该教师还准备了拓展性的微视频，掌握知识快的学生完成任务后，可以观看微视频学习新的内容，真正实现学生的自主学习，重新建构学习流程。从整节课的效果看，学生的积极性较高，学习兴致高涨，教师能够及时帮助有困难的学生，课堂互动更加有趣、有意义，知识的掌握更快捷且知识应用能力更强。

翻转课堂是互联网+教育下众多教师采用的教学模式，但并不是每一位教师都能取得十分明显的成效。据许多实施翻转课堂成功的教师强调，教师开展翻转课堂前一定要转换观念，秉承学生才是课堂主体，而教师只是课堂辅导者的理念。其次，微视频的制作质量要高，课前要求学生观看微视频，高质量的微视频能够成功引起学生的学习兴趣，学生主动学习，那么翻转课堂也就成功了一半。最后，教学评价在翻转课堂中也相当重要，及时有效的教学评价是指导翻转课堂不断改进的有效措施，只有正确评价教学才能改进教学。

# 4 声 音

**【课程标准】**

（1）能了解多种声音采集的方法。
（2）能根据需要使用简单工具软件对声音做基本的剪接与合成等处理。
（3）了解简单工具软件中降噪、环绕等音效处理功能。

## 优秀案例一

### "声音的编辑——学做个性闹铃"教学设计

一、教材分析

本节课是江苏科学技术出版社《初中（七年级）信息技术》第6章《音视频获取与处理》的第1节《声音的获取与处理》中的"声音的编辑"内容，属于第一节的第二课时。在第一课时中学生会学习声音的获取，并初步掌握用GoldWave录音、保存、播放等操作。本节课将在之前的基础上，要求学生掌握对音频片段的正确选择、剪裁、连接、混音等基本编辑方法，学会添加常见的特殊效果，如回声、变声等，以增强声音的表现力，并能用所学方法自由创作个性声音作品。

二、学生分析

初一的学生是处于青春期的具有独立个性的个体，喜欢自由，个性张扬。这部分内容对于他们来说是新奇的、有趣的、实用的，本节课选择的"学做个性闹铃"这个主题，能够让学生自由创作个性作品，非常符合这个年龄段学生的兴趣爱好，能够调动他们的学习积极性。

三、学习目标

1. 知识与技能目标

（1）能正确选择需要编辑的音频片段；

（2）掌握音频片段的剪裁、删除、连接、混音等基本操作；

（3）学会为声音添加一些特殊效果，如回声、音调改变等。

2. 过程与方法目标

（1）通过分组探究练习和集体探究练习，初步掌握对音频片段的基本编辑方法；

（2）通过个性闹铃创作，学会独立思考，能根据需要选择合适的声音素材进行声音作品的加工制作，掌握制作声音作品的一般思路和方法。

3. 情感态度与价值观目标

（1）逐步养成自主探究、合作学习的习惯和能力；

（2）在声音作品制作中，感受到声音在信息表达上的特点与优势，体验到创作的乐趣；

（3）产生进一步学习与创作的欲望，将所学的知识和技能应用于学习生活中，真正做到学以致用。

四、教学重点与难点

1. 教学重点

音频片段的剪裁、删除、连接、混音等基本操作；

添加回声、改变音调等特殊效果。

2. 教学难点

根据需要选择合适的声音素材进行声音作品的加工创作。

五、教学环境分析

在微机教室上课，每人一台计算机和一个耳麦。教师利用极域教学管理软件进行教学。

六、教学策略方法

教师用一个贴近学生生活的主题贯穿新知识点的教学，采用任务驱动教学法，让学生自主探究、分组竞赛，参照学习指导自主完成课堂练习，在练习过程中不断学习掌握新知识点；教师适当提示与点拨，及时反馈点评学生练习；通过加星的方式鼓励组间竞争，调动学习积极性。

七、教学过程

表 1　教学过程

| 教学环节 | 教师活动 | 学生活动 | 意图及效果 |
|---|---|---|---|
| 创设情境 激趣导入 | 【PPT展示】:"猜猜他是谁"<br>播放课前准备的班级某学生的录音（改变了音调），请大家辨认是谁的声音。<br>教师问：为什么你们都听不出来是谁的声音？<br>【PPT展示讲解】：刚才的声音是改变了音调的，所以大家不容易听出来是谁的。在日常应用中，我们经常需要对获取到的声音进行删除、剪裁、连接、混音以及添加特效等编辑，来增强声音信息的表现力。大家想不想为自己做一个个性闹铃？<br>引入新课——声音的编辑。今天我们就通过"学做个性闹铃"来学习常见的声音编辑方法 | 听声音，辨认声音，产生学习兴趣。<br><br>学生回答：声音变了；编辑过了；……<br><br>听讲，明确学习目标 | 课前先录制一段班级某学生的声音，内容为叫另外一个学生起床，然后将声音改变音调，请大家辨认，课堂气氛一下子被调动起来了，导入效果很好 |
| 分组探究 学习新知 | 带领学生简单复习GoldWave的使用，用GoldWave打开三种闹铃声播放，请学生说说三种铃声的选材及其制作方法（ppt展示，请学生连线）。<br>下面我们就分组探究这三种铃声的制作方法。布置任务：第一组：剪裁一段音频作闹铃（或删除多余的音频），命名为"闹铃1"；第二组：连接两段音频作闹铃，命名为"闹铃2"；第三组：混音，将两段音频进行混合，命名为"闹铃3"。<br>介绍素材、学习指导及竞赛规则：以小组为单位竞赛，自主探究、组内互助，完成每组指定的任务，并推荐一位同学上台演示，每提交一个练习加一颗星，上台演示成功加两颗星。<br>每组选一位同学演示，其他组认真听讲。老师补充，强调对声音片段的选择、播放以及背景声音大小的调整。<br>要求各组完成其他组的练习。<br>老师巡视指导，并统计每组练习提交情况，反馈每组星数 | 回顾GoldWave的使用，分析铃声选材及其制作方法。<br><br><br>明确要求，根据学习指导，完成分组探究练习，组内互助，争取每个同学都能完成并提交练习。<br><br>每组推选一位成员上台演示。<br><br>完成其他组的练习并提交 | 为了帮助学生复习GoldWave的基本操作，所以用GoldWave打开声音文件进行播放。<br><br>通过自主探究，学习新知；通过组内合作，组间竞赛的方式，激发了学生的学习积极性与合作竞争意识；通过上台演示给学生展示表达的机会，并代替老师传授了新知。充分体现了以学生为主体 |

续表

| 教学环节 | 教师活动 | 学生活动 | 意图及效果 |
|---|---|---|---|
| 集体探究<br>添加特效 | 经过刚才的学习，老师也编辑了一段铃声（播放），但我感觉这段声音有点平淡，作为闹铃效果可能不太理想。所以我又给这段声音添加了一些效果（播放），请大家辨别猜测，后者添加了哪些效果？<br>教师补充：添加了回声、改变音调、部分混音等效果。简单提示如何添加特殊音效，要求学生给原始声音添加特效（可参照学习指导），制作自己喜欢的效果，并探究回声、音调中各参数的含义，命名为"闹铃4"。<br>老师巡视指导。<br>查看学生提交的练习，发现个别学生没有进行声音片段的选择，给全部声音加上特效并混音；还有个别学生是先全部混音再添加特效等。<br>反馈：播放这两段声音给大家听，首先肯定学生学会了相关操作，效果具有一定创意。同时说明，一般情况下，我们可以给不同的声音片段加上合适的音效，这样可以使声音更具表现力。<br>请一个学生按照老师的要求给大家演示，并回答老师的提问（各参数的含义）。<br>给大家2分钟时间完善练习，并提交。老师反馈提交情况和每组星数 | 学生猜测：回声、讲话变快了、声音变调了、加了背景音乐……<br>听讲，明确添加的特殊效果，并根据老师的提示或参照学习指导完成练习。<br><br>欣赏同学作品，说一说作品的制作方法。<br><br>一个学生上台演示，其他同学观看，并思考老师提问 | 通过对比，让学生分析添加的效果，并通过自主探究掌握特效的添加操作。<br>在展示学生练习时，即使学生没有按照老师的要求去完成，但仍然是先肯定学生的创意，同时加强指导，防止操作中的随意性。并通过学生演示和教师提问，加深对知识点的理解 |
| 个性创作 | 播放几个个性闹铃，并及时总结闹铃的常见制作方法。<br>布置任务：要求学生根据所给素材，应用今天所学的知识为自己或同学制作一段个性闹铃，文件命名为自己的姓名。可录制简短声音，注意控制好时间。<br>巡视指导。<br>查看每组提交情况。<br>欣赏点评：每组选择一个优秀作品播放，请作者介绍作品，其他同学点评。<br>及时享用劳动成果：老师将一个学生制作好的铃声导入到手机，并播放。<br>统计每组星数，表扬优秀小组，鼓励其他组下次努力 | 学生欣赏个性闹铃，并及时巩固小结。<br>明确任务，创作个性闹铃（分层：前面练习没有完成的同学继续完成前面的基础练习）。<br><br>欣赏评价他人作品。<br><br>及时体验劳动成果 | 播放明星叫你起床的铃声，一是活跃课堂气氛，二是让学生总结常见的铃声制作方法。<br>通过个性闹铃创作，让学生巩固所学，发挥创意，学以致用。通过展示优秀作品，让学生学会欣赏，体验成功。通过将铃声导入到手机播放，让学生立刻体验到技术的实用性，及时体验劳动成果 |

续表

| 教学环节 | 教师活动 | 学生活动 | 意图及效果 |
|---|---|---|---|
| 课堂小结 | 帮助学生一起总结今天所学的知识。通过今天的学习,大家都学会了声音的基本编辑方法,当我们需要在诗朗诵或一段对话中配上一段音乐,或者当我们需要在某个活动中表演一段歌曲串烧时,我相信,对于其中的声音的剪辑编辑大家都不成问题。希望大家课后多加实践,了解 GoldWave 的其他功能,如:淡入淡出、降噪、多普勒等,真正做到学以致用 | 总结今天学到的知识,了解声音编辑的多方面应用,产生进一步学习和实践的欲望 | 小结并拓展延伸,希望学生学以致用 |

## 八、教学反思

本节课经过了两次实践与修改。

第一次是一次区级研讨课,取得了较好的教学效果,得到了听课教师们的肯定。课后进行了网络评课,部分评论截图如下(见图1):

Re:网络评课 声音的编辑--学做起床闹铃

本节课的设计比较新颖,以学做起床闹铃做为本节课的主题,贴近学生的生活,较好的激发了学生的学习兴趣。本节掌握音音编辑的方法,并能利用本节课所学进行个性化创作,教学效果较好。如果最后提供的创作素材能稍少一些,品可能会更多一些。

Re:网络评课 声音的编辑--学做起床闹铃

教师通过学生的录音创设情境导入新课,激发学生的学习兴趣。通过分组探究的形式进行竞赛,有效地激发学生的积效的操作,然后进行个性化的创作。整节课的思路清晰,完整流畅,重点难点突出,学生达成率较高。

Re:网络评课 声音的编辑--学做起床闹铃

本节课通过分组探究练习和集体探究练习,使学生初步掌握了对音频片段的基本编辑方法,通过个性闹铃的创作,使学作品的加工制作,掌握了制作声音作品的一般思路和方法,能用所学方法自由创作个性声音作品。
整节课的课程设置和安排上,能够激发学生的学习主动性,通过探究练习,使学生逐步形成自主探究、合作学习的习惯习中,真正做到学以致用。

这节课的引入是从学生自己录制的声音闹铃开始,请学生辨认声音从而感受goldwave的编辑效果,学生反应积极,兴趣浓厚。然后通过分组练习的方式,体验了不同编辑效果,在对基本编辑掌握的情况下,通过集体探究以及个性创作的方式,让学生及时巩固知识,并施展发挥,最后以作业展示的方式进行评价和交流。整节课环节相扣,重点突出,师生互动都非常好。如果能够在课堂结束的时候,展示一些简短的手机铃声,启发学生思考如何创作个性铃声,是否能将本课所学内容更向实际生活应用拓展,敬请参考:)

教学目标明确,由教师直接引入本堂课内容-音乐编辑,并且引入主题方法巧妙,充分激发学生的学习兴趣。
闹床铃声的制作对于学生来说十分有趣,而且选定的编辑内容短小简练。
教学过程紧凑。前期对于goldwave的学习很完整,学生充分掌握了该软件的操作,所以整堂课教师讲授、指导较少,充分让学生自主完成任务和探究学习,展示了信息技术课程操作为主,学生为主,任务为主的特点。
课堂组织优秀,教师语言简洁明快。
课堂效果很好。

题材的选择贴近学生的生活,课堂的引入播放学生事前的录音能激发学生的兴趣。分组练习的过程激发了学生自主探究的积极性。教学的重点和难点把握恰当。在展示学生作品环节,能够对每个人的作品进行客观的评价,及时反馈。若是课堂内容能再进一步充实可能效果更好。建议给学生创作作品的素材不宜过多,否则学生可能会花费较多的时间在选择和比较上。

图1 评论截图

从大家的评价和我自己的体会,反思如下:

值得肯定之处：题材的选择贴近学生的生活，学生很感兴趣，从而调动了学习积极性。教学思路清晰，任务布置具有层次性。整节课首先通过"猜猜我是谁"中搞笑的声音效果引入，营造了轻松愉悦的课堂气氛；通过分组练习与竞赛，充分体现学生自主学习，激发了学生的团队意识和求胜的欲望，从而保证所有学生都能更好的完成任务。在对基本编辑方法掌握的情况下，接下来让学生给声音添加特殊效果，让声音更具表现力。最后让学生自由创作，制作个性作品。整节课环环相扣，重难点把握得当，师生互动好，评价及时客观。同时，学习指导简洁明了，能够有效地帮助学生完成任务。

　　不足之处：部分学生对声音片段的选择不熟练；在个性闹铃创作环节中给学生的素材相对比较多，容易让学生流连于一个个声音的试听，而影响了实际完成作业的时间；有的学生作业提交不够及时，导致教师不能全面反馈学生情况，需要教师强调及时提交作业。

　　经历第一次上课评课反思之后，这个课题又参加了区网络团队教研竞赛，改进之处有：首先将"起床闹铃"改成"个性闹铃"；对声音片段的选择加强了指导；在个性闹铃创作环节中精选素材，节约了学生试听时间；强调及时提交作业；并选择将学生制作的铃声当场演示导入到手机中，立即享受劳动成果，让学生体验到成就感；在课堂小结部分老师将声音的编辑应用进行了拓展，开拓了学生的思路，了解更多应用；将原来在黑板上记分数改成奖励磁铁星星的形式，淡化分数意识，主要体现竞争与合作意识。此课题最后获得了区网络团队教研竞赛一等奖。

　　案例来源：

　　江苏省南京市南京师范大学附属中学仙林学校初中部　　张海燕

　　案例评析：

　　"声音的编辑——学做个性闹铃"的教学内容属于多媒体加工与应用方面的教学内容，安排在教材的中下部分，一般是学期中过后开始学习，在教学该内容之前对声音的获取，GoldWave 录音、保存、播放等操作进行掌握，那么，在教学过程中，声音的编辑其实就是对声音进行一些简单的编辑。由此可见，该教学内容的操作性比较强，对于操作性比较强的课程内容，教师应该尽量给学生提供自主练习的机会，在练习过程中适当加入合作学习，让学生在合作学习过程中把握操作技能，培养团队精神。

　　本文主要运用了任务驱动为主、自主合作探究为辅的教学方法。

　　"自主、合作、探究"是新课标倡导的学习方式。传统教师传授、学生接受的"填鸭式"教学方式已经不适应现代的学生学习了。我们需要转变传统观念，转变传统角色，把课堂还给学生，学生才是课堂的主人，教师是引导者。自主合作探究教学模式是指学生在教师的启发和帮助下，以学生为主体，充分发挥小组学习、全班学习群体的作用，在合作中学习，丰富知识积累，培养学生主动探索、团队协作、勇于创新的精神。

　　在本教案中，教师通过创设贴近生活的实例"闹铃"引发学生思考，之后让学生进行分组，并通过设置与情景相关的任务：自己创作"闹铃"，让学生进行思考与创作，完全把主动权交到学生手上，让学生自主探究之后完成任务，然后小组之间沟通与交流，并对作品进行修改与更正，最后进行作品的互评。整个教学流程清晰，方法得当，学生学习热情持续高涨，完成了自己的"个性闹铃"创作，增强学生的自我效能感。在这一过程中，既培养自主思考、自主探索能力，又强化小组之间的合作，达到预设的教学目标。

自主合作探究的教学模式是一种开放式的教学模式，它强调学生才是课堂的中心者，是课堂的话语者，因此需要教师的高度引导，要不容易形成学生学习无目的，课堂散漫等情况。基于此，教师必须管理好课堂的秩序，做好教学设计。具体来说，教师可以注意以下几个问题：

（1）保证自主学习的时间，自主学习是学生创作作品，完成个人知识建构的过程，教师应该要保证学生自主学习的时间。

（2）培养自学能力。著名的教育家苏霍姆林斯基说过："教给学生借助自己有的知识去获取知识，这是最高的教学技巧所在。"可见，自主学习最关键的是对学生自学能力的培养。自学能力的培养是个逐渐的过程，

（3）教给自主学习方法，培养自主学习的习惯。任何教学方式，都要有一个习惯的过程。学生只有养成了良好的学习习惯，才能真正地做到主动地学习。教学中，要教给学生正确的学习方法。

总之，在教学中，教师要大胆实践，勇于创新，调动学生自主参与学习的愿望，激发学生合作探究的精神，培养良好的学习习惯，使每位学生学会自主、学会合作、学会探究，使之成为有创新意识的一代新人。

## 优秀案例二

### "大'话'西游——声音的获取与加工"教学设计

一、教材分析

本节课是江苏科学技术出版社出版的九年义务教育三年制初级中学教科书《初中信息技术（上册）》第 7 单元音视频获取与编辑第 1 节声音的获取与加工的教学内容。这部分内容安排在初一下学期最后来讲解，与第 2 节视频的获取与加工结合在一起，目的是为初二上学期将要学习的第 9 单元《制作多媒体作品》中获取声音、视频素材做铺垫，要求学生通过本节课的学习能了解声音文件的获取途径与方法，能正确选择适合的声音文件格式，并初步掌握声音文件的播放、转换和编辑，培养版权意识。

二、学情分析

教授对象是初一学生，不少学生在小学阶段都已经学习过信息技术课程，有良好的操作基础，这部分内容对于学生来说是新奇的、有趣的、实用的，动手操作部分比较多，比较能够激发学生的学习主动性。

三、教学目标

1．知识与技能

（1）了解音频文件的类型及获取方法。

（2）学会使用 GoldWave 软件进行简单的音频编辑（删除空白多余、混合、特殊音效）。

2．过程与方法

本节课通过给动画片《大闹天宫》片段分角色配音为主题，分析声音作品的一般制作过

程与方法。同时通过任务分析—实践操作—知识小结的过程，强化和升华知识点，使学生主动构建起加工音频文件的一般思路和方法。

3．情感态度与价值观

（1）调动学生学习积极性，培养学生根据实际需要主动运用多媒体处理工具加工和表达信息；

（2）关注声音文件的版权问题，尊重知识产权。

4．行为与创新

以学生通过给动画片片段配音为主线充分调动学生学习的积极性和主动性，将学生提交的作品展示并投票，实现学生作品之间的互评而不是教师唱"独角戏"式的单一评价。

## 四、课时安排

安排 1 课时。

## 五、教学重点与难点

1．教学重点

（1）音频文件加工的流程。

（2）GoldWave 的基本功能。

2．教学难点

（1）根据任务利用软件做有效的剪辑。

（2）掌握音频修饰的重点，使得所掌握的技巧为主题服务。

## 六、教学方法与手段

教学方法：采用任务驱动、自主探究、合作学习为主，教师指导为辅的教学法。

教学手段：采用多媒体辅助教学。

## 七、课前准备

网络多功能教室、学习网站。

## 八、教学过程

表 1　教学过程

| 过程及内容 | 教学要点及教师活动 | 学生活动 | 设计意图 |
| --- | --- | --- | --- |
| 引入课题 | 教师操作：播放一段《大闹天宫》动画片片段(事先将其中的配音和背景音乐去掉)。<br>教师问：同学们知道这段动画片的名称是什么吗？大家有没有发现这段动画片有什么缺陷呢？<br>故意设疑，引出今天要学习的内容——声音的获取与加工 | 学生欣赏视频，并积极回答老师的问题，明确本节课学习目标 | 设计缺陷，激发学生想象力和学习兴趣引出本节课学习主题 |

续表

| 过程及内容 | 教学要点及教师活动 | 学生活动 | 设计意图 |
|---|---|---|---|
| 探索问题解决方法 | 教师问:今天我们的学习任务就是给动画片片段"配音配乐",如果是你的话完成这个任务会分哪几步完成呢?<br>教师小结:分析声音的一般处理过程:获取素材—声音处理—成品 | 学生积极回答自己的想法,听老师小结声音的一般处理过程 | 先让学生自己说,学生有自己的想法,但不规范也不完整,需要老师引导 |
| 解决问题一 | 教师问:我们今天要完成的任务是配音和配乐,我们需要准备哪些声音素材呢?(人声、背景音乐)你会通过哪些方法得到这两种素材?<br>小结:获取素材(声音文件的获取方法与途径)。<br>(1)网上下载;<br>(2)直接录制;<br>(3)从CD上录取;<br>(4)从视频中录取 | 积极思考并回答 | 了解获取声音文件素材的几种常用途径 |
| 布置任务 | 给动画片片段制作相配的配音及背景音乐,播放原声给学生做基本的参考,有所创新 | 学生明确任务 | 给出原声做参考,让学生不会盲目去配音 |
| 任务一 | 学生分组,使用GoldWave软件分角色录制30秒声音 | 学生分角色录音 | 让学生掌握软件录音方法 |
| 解决问题二 | 将一个小组的录音文件上传为例,分析一下文件的格式。<br>教师提问:<br>(1)GoldWave默认保存的声音文件是什么格式的?<br>(2)几种常用的声音文件格式是什么?<br>(3)这个小组录制的声音有哪些问题呢?(空白、多余) | 学生积极思考并回答 | 以一个实例讲解文件的格式,并将学生普遍出现的问题集中讲解,过渡到下个任务——声音的处理 |
| 任务二 | 将录制好的声音做适当编辑(删除空白、多余) | 学生将录制声音文件做适当编辑处理 | 掌握声音的删除操作 |
| 任务三 | 将编辑好的人声与背景音乐混音 | 学生制作混音 | 掌握两个声音文件混合成一个文件的操作方法 |
| 提高任务 | 给制作好的音频加上特效(如回声、变场、淡入淡出等) | 部分学生参考学件制作 | 分层次教学,学有余力的同学可以参考学件掌握音频特效的制作方法 |

续表

| 过程及内容 | 教学要点及教师活动 | 学生活动 | 设计意图 |
|---|---|---|---|
| 作业提交 | 八个小组各自将本组作品通过学习网站提交,讲解文件格式的转换方法(如何转换成.mp3格式) | 学生提交作品,对作品进行文件格式转换 | 提交网站设置只能提交mp3格式,让学生掌握通过软件进行文件格式转换操作 |
| 学生评价 | 全班同学对提交作品进行投票,最终选出最优秀作品 | 学生投票 | 充分调动学生积极性,学生间做互评 |
| 小结 | (1)小结声音一般制作过程;<br>(2)加强学生版权意识 | | 加强学生版权意识 |

九、教学反思

本节课是苏科版《初中信息技术(上册)》第7单元内容,我在教学设计时主要从学生兴趣入手,通过给《大闹天宫》动画片配音配乐为主线,充分调动学生的学习积极性,让学生了解声音处理的一般过程,学会使用 GoldWave 软件进行声音的采集、有效剪辑和混音操作方法,中间穿插基础知识:声音的获取途径和方法、常用声音文件格式、利用软件对声音文件进行格式转换。任务设计上注重学生的不同层次,让学生最大程度得到动手的机会。最后学生通过学习网站将小组作品提交,全班同学通过学习网站给每个小组作品进行试听、投票实现了学生间的互评,然后老师点评并小结本节课内容,最后加强学生作品版权意识,整节课学生兴趣比较浓厚,达到了预期的效果。但也存在一些不足,这部分内容在教学大纲上是安排的2课时,我在设计时为了保证完整性,压缩到了1课时,所以整节课内容容量比较大,每个任务都是以竞赛形式限制每个小组的制作时间,学生操作的时间不是很充裕,又加上分组,有小部分学生没有积极参与到小组合作中去,没有得到操作机会。学生在自主学习上也受到时间的限制,没有充分达到自主学习的目的。

案例来源:

互联网 作者不详

案例评析:

"声音的获取与加工"的教学内容主要涉及总结声音信息的获取途径,能根据自身需要或环境限制选择最合适获取方式;对声音的文件格式有所了解,能够有效保存管理声音信息文件;探究声音信息的采集、格式转换及加工、发布等流程。这就是相应的教学目标:信息的识别与获取、存储与管理、加工与表达和发布与交流等具体目标。

本文主要运用了任务驱动、自主探究、合作学习为主,教师指导为辅的教学法。任务驱动教学法主张教师将教学内容隐含在一个或几个有代表性的任务中,已完成任务作为教学活动的中心;学生在完成任务的动机驱动下,通过对任务进行分析、讨论,明确大体涉及哪些知识,需要解决哪些问题,并找出哪些是旧知识,哪些是新知识,在老师的帮助下,通过对学习资源的主动应用,在自主探究和互动协作的学习过程中,找出完成任务的方法,最后通过任务的完成实现意义的建构。任务教学法的任务设计要区分层次,有的放矢,因为不同学生的学习心理和他们在学习过程中的认知规律不同,知识掌握也不同,所以任务设计要有层次,要循序渐进。

在本教案中,教师先后设计四个学习任务。第一个是使用 GoldWave 软件录制声音,接着是对声音进行编辑,之后是编辑好的声音与背景音乐混合,最后一个是提高任务,给制作好的音频加上特效。任务设计由简单到复杂,层层递进,遵循学科教学的教育原理,符合学生的心理认知规律,让每一个同学融入课堂教学,很好地照顾到学生之间的差异,留给学生一定的探索和自我开拓的空间,培养学生解决问题和自主学习的能力。

近年来,任务驱动教学法因能很好地应用于实验性、实践性与操作性的教学内容而受到一线教师的重视和广泛应用。据有关机构调查发现,信息技术学科教师普遍认为在教学中运用了该教学法,但是学生的学习仍然处在较低层次,以机械记忆和模仿操作为主,缺乏创造性、探索性。这种状况的产生与教师设计的任务有直接的关系。高质量的学习任务是真正实现"任务驱动",提高学生能力的前提,要想设计出高质量的学习任务最好能够做到以下几点:首先,任务的设计要以真实的社会情境为基础,以学生实际情况为依据,既蕴涵了学生应该获得的能力训练,又包含特定的学科知识;其次,任务要求要明确且具有可操作性。对于信息类课程的知识与技能,学生只有在具体的实践操作中才能真正理解和掌握,所以在设计任务时,要求需要明确,易于操作;最后,设计的任务还应该便于评价,易于检查、考核,这样有利于教师了解学生的学习状态和效果,及时进行反馈,改进薄弱环节。

# 5 动 画

【课程标准】

(1)能通过编辑图层和关键帧制作逐帧动画、运动补间动画和形状补间动画,表达创意。
(2)会制作引导线动画和遮罩动画。
(3)能够说出逐帧动画、运动补间动画、形状补间动画、引导线动画和遮罩动画等多种动画形式的异同。
(4)能根据情节与内容需要,运用逐帧动画、运动补间动画和形状补间动画制作出简单的动画作品。

## 优秀案例一

### "走进 Flash"的教学设计

一、教学内容分析

"走进 Flash"节选自浙教版信息技术八年级下册第一单元第二课,在第一课中,学生已经了解了动画的基本原理和动画技术的发展过程,认识了常用的动画制作软件,初步了解了

Flash 软件。本课是正式接触 flash 软件的第一课，本课的教学主要内容是让学生熟悉 Flash 窗口的界面组成，认识 Flash 文档属性，理解时间轴、关键帧、空白关键帧、帧和库的概念，并学会相关操作，完成逐帧动画的制作，这些都是后续制作动画所必备的知识。本课虽是接触 Flash 第一课，知识点却不少，需要教师在教学设计时巧妙地将零散的知识点像线索一样串联起来。如何将软件学习的第一课上的既扎实又富有乐趣，值得深究。

二、学习对象分析

本次授课对象是初二年级的学生，这一阶段的学生正处于皮亚杰认知发展理论的形式运算阶段，已具备了假设-演绎思维、抽象思维和推理思维，具有一定的理解能力和分析能力，且对计算机的学习存在浓厚的兴趣。Flash 软件是他们新接触的软件，较为陌生，但他们绝不缺少获取信息，知识迁移的能力。通过前面内容的学习，了解了动画的原理和发展史，对自己动手制作动画是充满期待的。在这样的情绪下，如果一打开软件，教师是按部就班地开始罗列界面的组成与各部分的功能，学生的热情会被大打折扣，希望尝试新的方式来让学生自然过渡到新软件的学习，并依然保持积极性。

三、教学目标

1. 知识与技能

（1）认识 Flash 软件的基本界面，学会设置 Flash 文档属性。
（2）理解时间轴、库、舞台与帧（普通帧、关键帧与空白关键帧）等概念。
（3）学会逐帧动画的制作步骤，掌握测试影片的方法，并能保存作品。

2. 过程与方法

通过学生自主尝试、师生演示交流、范例引导等方法，在关键帧上插入不同状态的图片的过程中，学会制作逐帧动画一般过程。

3. 情感态度价值观

在作品创作中感受逐帧动画的魅力；通过欣赏不同逐帧动画的作品，体会动画的多变与精彩，提升对动画制作的学习兴趣。

四、教学重点与难点

教学重点：逐帧动画的制作。

解决措施：先是学生借助书本自主探究逐帧动画的制作过程，然后是学生的成功案例演示与教师的关键步骤的再次强调，最后任务小结的时候，给出制作逐帧动画的一般流程。

教学难点：时间轴、库与关键帧的概念。

解决措施：表演中，一般需要剧本，把时间轴比喻成剧本。把库比喻成后台，是演员等待上场的地方。对于帧，有三种不同种类的帧，引导学生观察帧的不同形态，并区分三种帧的功能。

五、整体思路

本节课采用"线索引导"的方式串联整节课。通过只露出关键部分的图片，让学生猜猜哪个是 Flash 界面，进而提问"露出的部分称为什么？"过渡到利用学件认识 Flash 软件的界面环节。通过学件中隐藏的问题来依次解决本课的重要概念，例如时间轴、帧、库等。预留一个暂时不解的问题"什么库？"，引出任务一，学生通过自主尝试，在完成任务一的同时也感受到了库的作用。延续任务一，完成一个逐帧动画，在这一任务环节结束的时候，再次强调三种不同帧的概念与作用，扎实基础。最后通过更多素材来巩固逐帧动画的制作。

本节课教法以问题引导、任务驱动、讨论法为主，辅以讲授法、演示法等。学法以自主探究学习为主，辅以交流、讨论。

六、教学过程

1. 情境导入，激发兴趣

展示几个有趣的 gif 动画，点明这些动画均是由 Flash 制作而成。此时学生处于"只闻其名，不见其人"的状态，教师给出四个软件界面的图，但是都遮去大半部分，只露出一小部分（见图1），让学生找出哪张图是 Flash 的界面。学生能够通过排除法，顺利找到 D 是 Flash 界面。

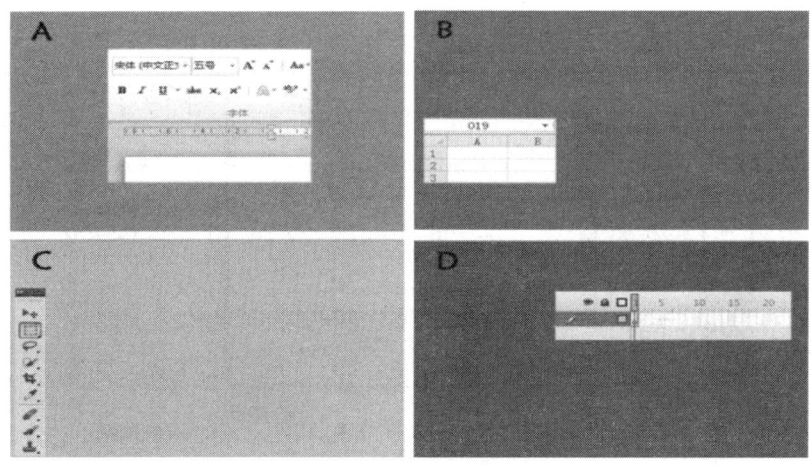

图1 软件界面图

教师：同学们真厉害，蒙着脸的 Flash 都被你们发现了，今天我们就揭开它的面纱，一起来认识它。

设计意图：展示有趣的 gif 图片，可以激发学生对 Flash 软件学习的浓厚兴趣，找出图1中的 Flash 界面，能够让学生回忆之前学过的软件特征，分析辨别出正确答案，同时也认识到新软件的独特。这一显露的独特部分也是下一环节的重要线索。

2. 界面介绍，挖掘问题

教师：刚才的四幅图展示的都是各个软件最具特色的一部分。那么，Flash 界面显露的部分叫什么名称？

学生通过教师制作好的"界面介绍.swf"学件（见图2）来认识软件的界面组成。要求将底部六个标签通过鼠标拖动的方式，放到正确的红框区域内（放错区域，标签自动回原位）。

在界面中，还隐藏着一些隐形的开关，需要学生通过鼠标去搜寻界面中隐藏的问题（见图3），一共设置了五个问题，分别放在不同的区域，只有鼠标经过相应区域时问题才会显现。要求将所有问题找到并记录，在书本的帮助下尝试获取问题的答案。

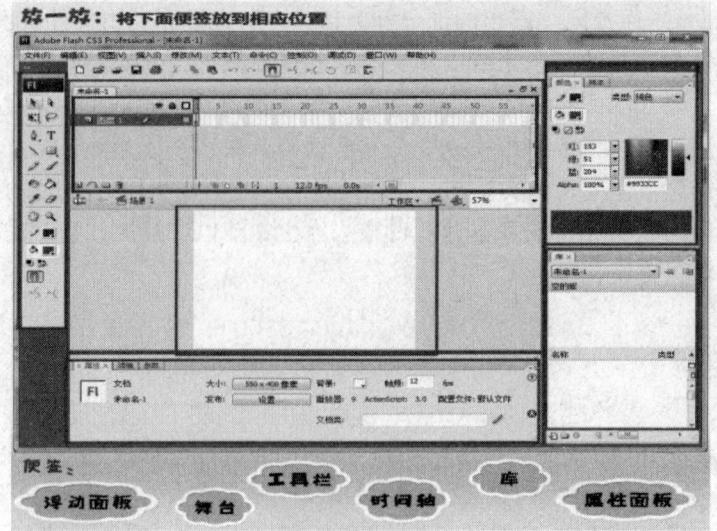

图 2　界面组成

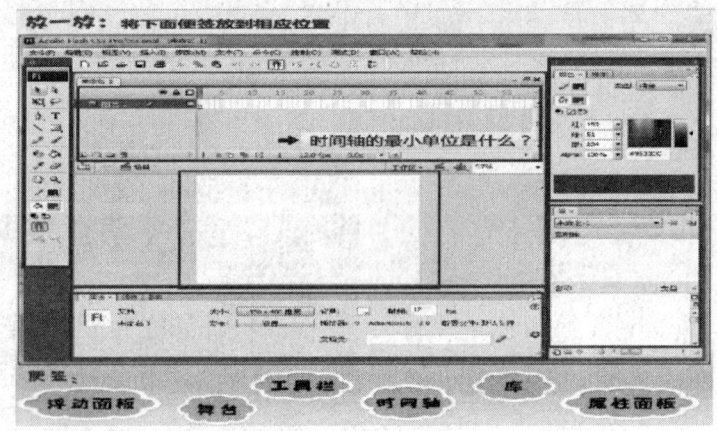

图 3　隐形开关界面

问题汇总：
（1）时间轴是什么？
（2）时间轴的最小单位是什么？
（3）舞台让你联想到什么？
（4）属性面板可以设置哪些属性？
（5）库是什么？

设计意图：抛出的问题，Flash 界面露出的部分叫什么，让学生产生了疑惑，顺理成章过渡到软件界面的介绍。软件界面介绍是认识软件的第一步，这里并未采用教师逐个讲解区域功能的方式，而是通过一个学件，学生能够自主地去记忆。并且预留了五个重要的问题，这些问题则是下一个环节的线索。

3. 解决问题，夯实基础

依次解决罗列的问题，采取让学生回答的方式。

Q1：什么是时间轴？

主要用于组织和控制动画中图层和帧的内容，使之随着时间的推移而发生变化。

两个关键词：图层和帧。图层比较好理解，类同于 Photoshop 中的图层概念，可以放置动画元素。帧，是一个新概念，它是时间轴上最小的单位。

教师在软件中实际操作，帮助学生理解帧。时间轴上的一小格就是一帧。并选中任一一帧让学生说说这是哪一帧。

Q2：舞台让你联想到什么？

学生：表演、演出、演员等。

教师：一个完整的表演，需要有演员、舞台和剧本。一个动画也一样，需要有演员，舞台和剧本。在 flash 中演员指的就是素材，舞台就是素材的活动范围，剧本就等同于时间轴。时间轴的定义中说到随着时间的推移而发生着变化，剧本也就是随着一帧一帧内容的变化，故事情节发生了变化。

Q3：文档属性面板可以设置哪些属性？

学生：舞台尺寸大小、背景色和帧频。

教师：最后一个问题，库是什么？我们暂时先不解决，通过完成下面这个任务同学们就能知道了。

设计意图：将一些关键的知识点，放在问题中，设计成是由学生发现的，那么他们解决问题的兴趣与注意力会更高。最后一个问题，便是引出下一环节的线索，进入软件操作阶段。

4. 任务递进，制作逐帧

（1）教师布置操作任务 1：

新建一个 Flash 文档（ActionScript2.0）。

① 设置舞台尺寸为 400×300 像素；② 设置舞台背景色为黄色；③ 将"任务"文件夹中的"花一"图片导入到库，再放到舞台中央。（参考书本 P9）。

学生演示后，再讲解上一环节遗留的问题：什么是库。库：用来存放素材的地方，可比喻成"后台"。在库中的素材，就相当于等待上舞台表演的演员。

（2）教师布置操作任务 2：

① 试着导入更多小花的图片到库中；② 在第二帧、第三帧至第六帧放入不同形态的小花，制作会摇摆的小花；③ 生成并播放影片：Ctrl 键+回车键。

学生演示后，发现问题：小花摇摆时位置在变化，如何让小花固定。学生尝试解决此问题。

观看逐帧动画的播放后，引出逐帧动画的概念。教师板书三种帧的区别（见图 4）。并小结制作逐帧动画的一般流程（见图 5）。

设计意图：此环节设置了两个分步任务，将制作逐帧动画这一重难点分解开来，通过各种途径来强化与记忆，循序渐进地完成。

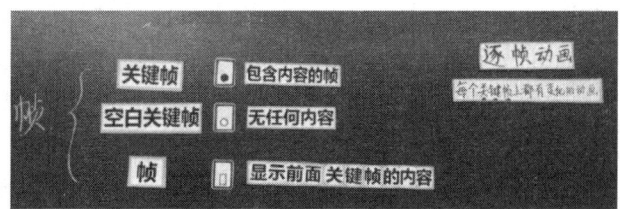

图 4  三种帧的区别

图 5　制作逐帧动画的流程

5. 巩固新知，拓展提升

教师布置操作任务 3：

建一个 Flash 文档（ActionScript2.0），文档属性默认；②从教师提供的素材中任意选择，制作一个逐帧动画；③将 Flash 文件保存，并重命名。素材如图 6 所示。

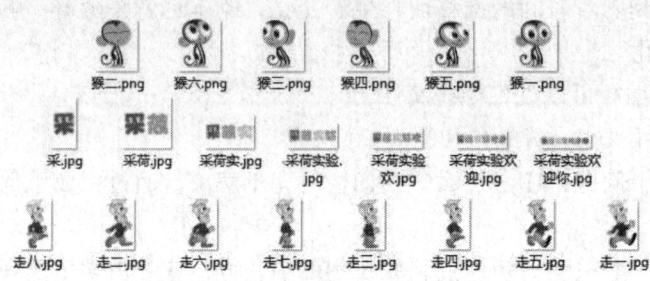

图 6　逐帧动画素材

提升：发挥创意，完善作品，使你的剧本与众不同。

设计意图：给学生提供更多有趣的素材进行创作。前一环节，掌握扎实的同学，在这一部分一定可以轻松完成逐帧动画，教师提供更多有趣的素材，学生能够激发出更多的创造力，掌握程度好的学生也许会用到一些工具或者是增加了新的图层放置不同的素材，这些教师都可以进行事先的预设，在保证本节课重难点掌握的情况下，可以适当引出这是接下来课中会学到的，起到承上启下的作用。

6. 分享交流，课堂小结

展示不同素材呈现的作品，教师与学生进行交流，分享经验。最后引导学生从知识和情感两方面来说一说本节课的收获。

设计意图：在学生制作的过程中，教师就要关注到各层次学生所达到的水平，在最后作品展示环节，尽可能地展示不同层次的作品，学生之间能够互相学习与借鉴。

七、反思与感悟

本课是八年级下册第一单元第二课"走进 Flash"，是 Flash 软件学习的第二课，内容虽多，但不难。前一课是起始课，是了解动画的发展与原理，是激趣。但是要上这一课不可能一点铺垫都没有就开始软件的操作，激趣也是不能少的。这一课的知识点有软件界面的介绍、时间轴、库、帧、帧频的理解和逐帧动画的制作等，如此多而重要的知识点该如何串联起来呢？这是我思考的问题。通常，新的软件界面介绍，都是老师带着学生一个区域一个区域去记忆，虽然易操作，却效果欠佳，在主观上学生并不是很乐意去记忆这些名称。如果能做一个学件出来，帮助学生去记忆岂不是很有意思。新的软件总是有神秘感的，八年级学生已经学习了很多软件，例如 Word、Excel、Photoshop 等等，如果将软件界面露出一部分让学生猜猜哪个是 Flash，然后 Flash 露出的部分我设定为本节课的重要内容时间轴，那么就能顺理成章地过渡到软件界面介绍的学习中。随着设计的深入，学件中我又放置了一些隐藏问题，让学生自己去发现本节课要解决的问题，这也是主动学习的体现。这些自己找到的问题，一定会更具有解决的动力。

一直认为技能课上，任务的设计是最重要的。任务设计要有层次，也要有"陷阱"。那么学生在实践过程中，入了"陷阱"，然后试着跳出"陷阱"，经过这样的尝试后学生获得的成就感才是最真实的。本节课的任务就是制作逐帧动画，比较明确。通过试讲一点一点地修改任务设置的细节，要让学生先自己去探索，有了感触之后，教师再来归纳总结，才是自然的。一些重要的知识点在恰当的时候抛出来，学生才能更好地理解原理。所以第一个练习任务把知识点讲清楚之后，那么第二个实战演练的任务，给出可以选择的多个素材，学生完成起来就非常顺利了。

我之前上课，很少板书，觉得 PPT 都可以呈现。但是这次上课前的准备，我也尝试了制作板书，花了两小时制作了板书，虽然觉得花时间，但是收获的效果还是很值得的。重要的知识点，教师通过板书一点一点地贴上黑板，学生的注意力也从计算机屏幕转移到黑板，可以感受到这一块知识点的重要性，是突破难点的可行手段。并且贴在黑板上的板书一直存在，不管是在学生操作过程中还是最后的课堂小结的时候，学生都能很快地关注到。

纵观整节课，课堂效果良好，学生兴趣浓厚，我想正是我在这节课中完成了"引导者"这一角色。对于课堂教学设计的任何一个环节或者细节，都必须仔细推敲、思考、设计的。例如我每个环节埋下的一些线索一样，正因为有这些小细节存在，才能使整节课的思路清晰，节奏明朗。

案例来源：

浙江省杭州市杭州采荷实验学校　　李瑶

案例评析：

"走进 flash"教学内容是属于初中"信息加工与表达"主题中的多媒体信息的加工部分。对于动画制作软件 flash，课程大纲规定本课程总的教学目标是使学生了解有关 FLASH 的相关知识，掌握 FLASH 动画和 FLASH 矢量图形的特点及 FLASH 动画与其他动画的区别，掌握应用 FLASH 的基本工具的使用和 Action Script 语言的运用及技巧，具备应用其他多媒体工具软件与 FLASH 相结合创作中大型动画作品的能力。为学生从事开发大型动画作品、继续学习专业知识和提高职业技能打下基础。

在本教案中，"走进 flash"是属于学生初步认识 flash 的第一课，教师想要让同学们对 flash 产生浓厚的学习兴趣，那么教学内容不能过于枯燥无味，应该想办法使得原本比较平淡的动画软件介绍课上得精彩一些。该教师很好的认识到这是接触 Flash 第一课，虽然知识点不少，但是教学设计时巧妙地将零散的知识点像线索一样串联起来，很好地解决了如何将软件学习的第一课上的既扎实又富有乐趣的问题，这是很多教师应该学习与借鉴的地方。

"问题引导教学"旨在以问题为起点激发学习者思考问题和解决问题的意识，以问题的解决为终点让学习者在有意义的问题情境中通过自主、探究、合作的学习方式来解决真实性问题，从而培养学习者的批判性思维和创造性思维以及问题解决的技巧和能力。在新课程标准下，教师要正确理解和应用"问题引导教学"的新教学模式，这是提高教学效果、贯彻新课程改革理念的重中之重。

"问题引导教学"是一种以问题为导向的教学模式，它强调既注重教师的教学方式也注重学习者的学习方式。在本案例中，李老师的"问题引导教学"主要是强调在课前对教学中的问题提出与解决进行完整设计，将软件界面露出一部分让学生猜猜哪个是 Flash，随着问题设计的深入，学件中她又放置了一些隐藏问题，让学生自己去发现本节课要解决的问题。在整个"问题引导教学"过程中主要是强调通过学习者的自主、探究、合作的学习方式来解决真实性问题，并且学习问题背后的科学知识，以培养学习者的问题意识、批判性思维和创造性思维技巧以及解决问题的实践能力。

本教案最大的亮点即是采用"线索引导"的方式串联整节课。通过认真分析该教案，我们发现，整个教学设计遵循这样一个设计流程：设计问题—挖掘问题—自我指导学习—任务布置—利用新知识解决问题—合作交流—学习过程的反思与评价，以问题线索进行设计这整个教学流程。其中，整个教学设计过程中皆是以学习者为中心，教师作为引导者，其中有三个环节特别突出学生的积极性，那就是任务布置、学生利用新知识解决问题和学生之间的合作交流，而在整个教学过程中，学习过程的反思与评价贯穿于始终。

除此之外，本教案还有另一个可圈可点的地方，那就是整个教学流程循序渐进，任务布置由简单到复杂，有层次。这与我们新课改下的教学原则不谋而合。循序渐进教学原则即是指教学要按照学科的逻辑系统和学生认识发展的循序进行，使学生系统地掌握基础知识和基本技能，形成严密的逻辑思维能力。在教学过程中主要有以下要求：（1）按教材的系统性进行教学；（2）抓住主要矛盾，解决好重点与难点的教学；（3）由浅入深，由易到难，由简到繁。在本教案中，从一开始教师由问题引出 Flash 的界面介绍，之后进行相关的概念界定，再进行简单的任务设置。在学生完成任务一之后设置与此对应的任务二，任务二环节结束的时候，再次强调三种不同帧的概念与作用，扎实基础，最后通过更多素材来巩固逐帧动画的制作。

# 优秀案例二

## "神奇的遮罩动画"教学设计

### 一、教学背景分析

寓教于乐的教学方式总是能得到学生的喜爱，因此在导入时我使用了自己制作的 Flash 小游戏《过目不忘》，让学生主动参与进来，极大地调动了学生的积极性，并通过小游戏成功引课。在新授环节，因为遮罩动画较为抽象，为了便于学生对遮罩动画的理解，我将遮罩动画形象化，通过具体的图片让学生对遮罩动画有了一个形象化的认识。在授课过程中我选择由静至动，先通过演示让学生了解遮罩产生的原理，再进一步深入，引导学生思考静态的遮罩效果怎样成为动态的遮罩动画，并鼓励学生根据导学案大胆探索勇敢尝试，结合小组探讨研究，最终分享成果，由此突破重难点并提升动手能力。在任务的设置上根据学生的特点和动手能力，任务分层，力争让每一位学生都有收获、得到肯定。

### 二、教学内容分析

本节课是清华大学出版社《初中信息技术》八年级上册的教学内容，重点是 Flash 的"遮罩动画制作"，主要是让学生了解遮罩动画的原理并学会制作遮罩动画的基本方法，重点在于学生对遮罩动画的原理理解以及制作简单的遮罩效果动画，进一步提升学生动画制作技能水平。让学生在掌握"补间动画"的基础上能够创作出更多的 Flash 动画作品，并提高学生进一步探究学习 Flash 动画的兴趣，使其学有所用，从而提升学生动画制作技能水平。

三、学情分析

本课教学对象为八年级学生。经过前面的学习，学生已经学会了制作简单 Flash 动画，如逐帧动画、补间动画、引导层动画等，对 Flash 动画制作有一定的基础，并产生了浓厚的学习兴趣，渴望掌握更深的操作技能。本课通过学习 Flash 遮罩动画的制作原理及基本应用，培养学生深入学习 Flash 的兴趣以及动手探究实践的学习能力。

八年级学生乐于动手，并具备一定的自学能力，本课学生通过实践、探究，掌握 Flash 遮罩动画的制作原理和方法，激发学生的创造力，培养学生的自主学习能力和探究学习能力。并在设置学生活动中注意采用分层教学，关注个体发展，组织学生根据自身的实际情况完成适合自己的实践探究活动，任务分层，引导学生运用所学，举一反三，主动探究问题。通过分层设置练习，让每位同学都能收获成功的喜悦。

四、教学目标

1. 知识与技能

（1）理解遮罩动画中遮罩的含义及原理。
（2）知道遮罩动画的构成。
（3）掌握遮罩动画的制作方法并会制作遮罩动画。

2. 过程与方法

通过小游戏《过目不忘》激发学生学习兴趣引出本课学习内容，以图的形式讲解遮罩动画的概念和构成，引导学生分析制作遮罩动画，采用案例、情境、启发式教学；由浅入深、循序渐进的引导帮助学生突破本节课的教学重难点，针对不同起点的学生，给出不同的要求，分层教学，并学会举一反三灵活应用。

3. 情感态度价值观

感受动画制作的奇妙，培养学生的合作、探究精神，自我激励，体验成功，在不断尝试中激发兴趣，培养学生创新精神和应变能力。

五、教学重点与难点

教学重点：遮罩动画的原理及制作方法。
教学难点：理解遮罩层和被遮罩层之间的关系。

六、教学方法及策略

以教师为主导、学生为主体、游戏探究为主线的教学原则。根据学科特点，结合学生实际，采用多媒体教室进行教学，创设直观性与探索性相结合的教学情境。通过游戏导入、实例演示、引导探究、小组合作、任务驱动、分层教学相结合的方法进行教学，逐一突破重难点，完成本课教学任务。

七、课前准备

环境：多媒体网络教室，互动电视，极域多媒体教学软件；
资源：小游戏《过目不忘》、教学课件、遮罩动画实例、导学案、微课。

八、计划课时

1课时（45分钟）。

九、教学流程图

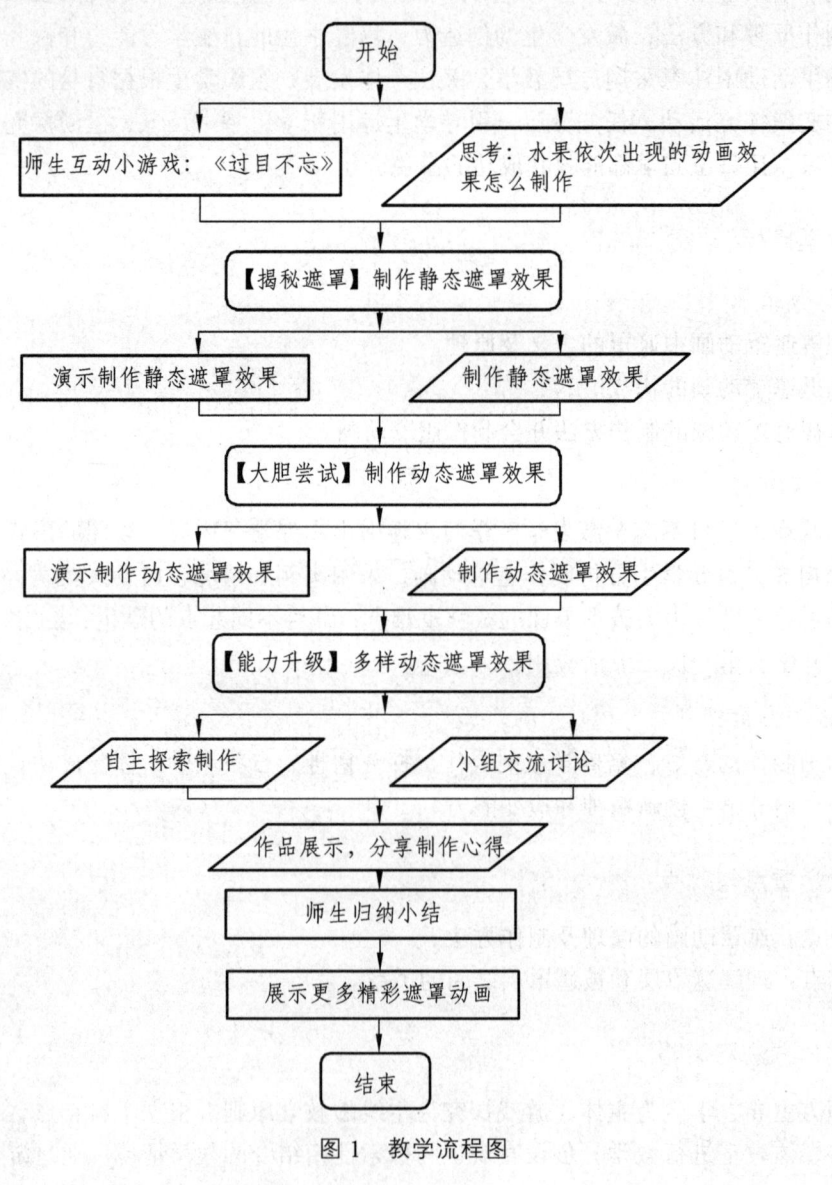

图1 教学流程图

十、教学过程

表1 教学过程

| 教学环节与时间分配 | 教师行为 | 学生行为 | 设计意图 |
|---|---|---|---|
| 游戏激趣导入 4分钟 | 请全体学生参与玩游戏《过目不忘》第一关，如图2所示。 <br><br>图2<br><br>请一个学生上台参与玩游戏《过目不忘》第二关，如图3所示。 <br><br>图3<br><br>请学生分享游戏心得<br>**总结**：游戏有方法，学习也要有正确方法。 | 根据老师说出的水果名称回答此水果所在位置。<br><br>一个学生上台参与玩游戏，根据老师说出的水果名称回答此水果所在位置，其他同学在台下观看并一起来玩 | 活跃气氛，让学生都参与进来，调动积极性，寓教于乐 |
| 遮罩原理大揭秘 10分钟 | 教师问：在小游戏中有一个水果依次出现的动画让我们再来回顾一下！<br>播放动画效果<br>教师问：这个动画怎么制作出来的呢？<br>出示素材图，如图4所示。 <br><br>图4<br><br>教师引导：如果能有一种动画效果可以按照指定的区域显示，其他区域不显示就好了！如先显示第一个水果，再显示第二个水果，再显示第三个水果，再显示第四个水果。<br>遮罩动画就可以实现这种效果。<br>出示课题——遮罩动画。 | 学生思考回答。 | 通过提问让学生主动思考，由问题引课。 |

续表

| 教学环节与时间分配 | 教师行为 | 学生行为 | 设计意图 |
|---|---|---|---|
| | （1）介绍遮罩动画。<br>遮罩动画由遮罩层和被遮罩层构成，上面图层是遮罩层，下面图层是被遮罩层。<br>这两个图层中只有相重叠的地方才会被显示，如图5所示。 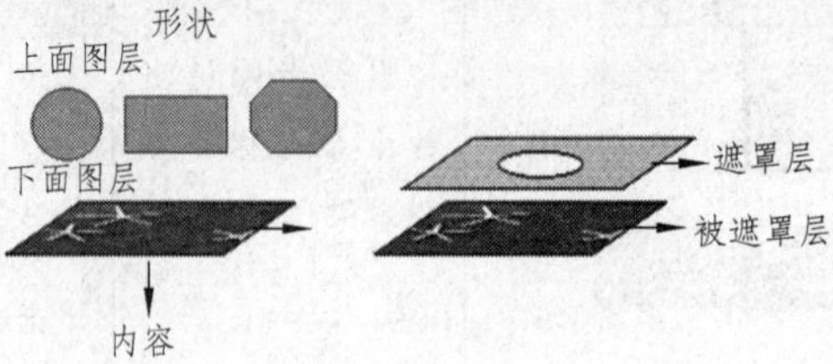<br><br>图5<br><br>因此，遮罩层决定了最终的显示区域，如图6所示。 <br><br>图6<br><br>而被遮罩层决定最终显示的内容。<br>问：在本例中，被遮罩层和遮罩层应放置什么？<br>引导回答：<br>遮罩层放置矩形。<br>被遮罩层放置水果图片。<br>（2）演示操作：制作静态遮罩效果。<br>①修改文档大小，更改背景颜色；<br>②在图层1导入水果图片到舞台；<br>将图层1重命名为：图片。<br>③插入一个新图层，命名为：形状。<br>使用矩形工具绘制一个矩形。<br>注意：矩形盖住要显示出来的水果。<br>④将"形状"图层设置为遮罩层。<br>（3）学生练习：制作水果静态遮罩效果。<br>打开桌面"练习文件"文件夹，找到"任务一：制作小游戏"文件夹，使用其中的图片制作果蔬猜猜看界面，如遇问题可参阅其中的《制作遮罩效果》微课视频文件 | 学生认真学习遮罩动画构成。<br><br><br><br><br><br>学生思考回答<br><br>学生观看教师操作。<br><br>学习遮罩效果的制作。<br><br><br><br>学生练习学习制作遮罩效果 | 遮罩动画比较抽象，通过图片将遮罩动画形象化，利于学生理解。<br><br><br>学生主动思考回答，明确概念。<br><br>由教师演示操作，突破重难点，提高课效。<br><br>由理论到实践，让学生在动手操作中学习遮罩效果制作过程，加深理解遮罩动画原理 |

| 教学环节与时间分配 | 教师行为 | 学生行为 | 设计意图 |
| --- | --- | --- | --- |
| 大胆尝试制作遮罩动画<br>12分钟 | （1）引导学生分析动画效果。<br>教师问：怎样让遮罩效果动起来？依次出现水果图案？遮罩层可以制作动画效果吗？制作哪种动画效果呢？<br>引导回答：遮罩层制作逐帧动画。<br>布置任务：制作水果遮罩动画。<br>（学生自主探索，小组合作）。<br>（2）学生上台演示制作方法<br>①将"图片"图层解锁，在40帧处插入帧；<br>②在"形状"图层第10、20、30、40帧处分别插入关键帧；<br>将矩形分别拖至第2、3、4个水果图案处。<br>③将"形状"图层设置为遮罩层 | 学生根据学案，自主探索，小组协作。<br><br>学生分享制作过程 | 培养学生积极思考，自主探究解决问题的能力。<br><br>通过学生演示操作，强调制作步骤。 |
| 技能升级<br>10分钟 | 完善作品，任务分层。<br>技能一：<br>完成遮罩动画并想一想水果动画还能做成其他遮罩效果吗？大胆发挥想象力去制作吧！<br>技能二：<br>请给小游戏加上漂亮的背景，可以把作者也加上哦！<br>技能三：<br>想一想被遮罩层可以制作动画效果吗？试着制作遮罩文字效果，如图7所示 <br>图7 | 学生自主探索；<br>小组讨论；<br>学案参考 | 任务分层，引导学生运用所学，举一反三，主动探究问题。<br>通过分层设置练习，让每位同学都能收获成功的喜悦 |
| 互学交流评价反馈<br>5分钟 | 学生作品展示、学生互评、教师点评；<br>拓展任务的反馈小结 | 学习客观地评价自己和他人的作品 | 通过展示作品，促使学生体验成功感，互相学习，给予学生进一步完善作品的启发 |
| 小结遮罩动画<br>4分钟 | 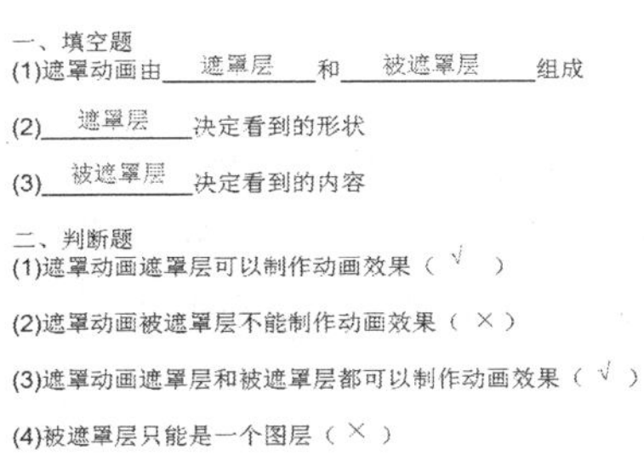 测试小结：<br>一、填空题<br>(1)遮罩动画由 遮罩层 和 被遮罩层 组成<br>(2) 遮罩层 决定看到的形状<br>(3) 被遮罩层 决定看到的内容<br>二、判断题<br>(1)遮罩动画遮罩层可以制作动画效果（√）<br>(2)遮罩动画被遮罩层不能制作动画效果（×）<br>(3)遮罩动画遮罩层和被遮罩层都可以制作动画效果（√）<br>(4)被遮罩层只能是一个图层（×）<br>图8<br>遮罩动画还可以制作出很多的动画效果 | 思考问题；<br>回答问题。<br><br>观看学习；<br>思考制作多种遮罩动画的方法 | 知识梳理；<br>强调重点；<br><br>拓宽思路；<br>巩固新知 |

| 教学环节与时间分配 | 教师行为 | 学生行为 | 设计意图 |
|---|---|---|---|
| | （播放动画效果） <br><br>涂色 　　　　望远镜<br><br>探照灯效果 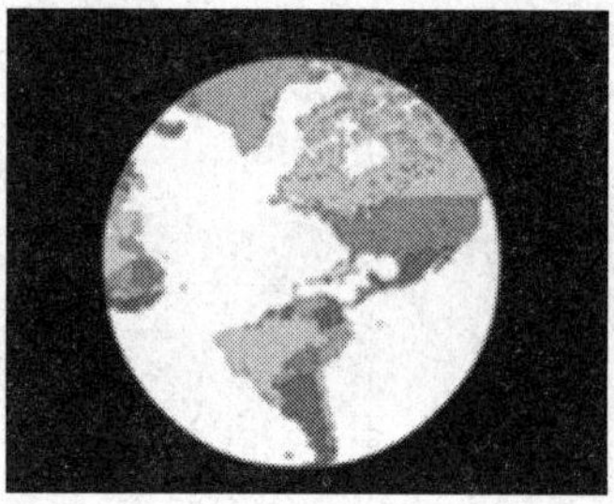<br><br>地球自转<br><br>图 9 | | |

十一、课后反思

本节课从学生实际的学习效果、学习兴趣和完成的遮罩动画作品的质量与创意来看，学生掌握情况很好，达到预期的目标，反思成功之处主要有几下几点：

1. 游戏导入，寓教于乐

小游戏《过目不忘》极大地调动了学生的积极性，让学生注意力快速进入到课堂中，在轻松愉悦的状态下开始一节课的学习。

2. 将抽象变形象，提升课效

遮罩动画一直是学生学习 Flash 动画的一个难点，究其原因是因为遮罩动画比较抽象，遮罩层和被遮罩层之间的关系及遮罩的原理不易理解，针对这一问题我采用图片的方式，将抽象变形象，直观地使学生对遮罩动画构成以及遮罩原理有了清晰的理解，为下一步的教学打下坚实的基础。

3. 将课堂还给学生，鼓励探索

在教学中采用提问、小组合作、自主探究等多种方式相结合，让学生自主讨论、分析，大胆阐述自己的观点，主动探究寻找解决问题的方法，发挥学生的主体作用以及学生之间的相互协作学习能力。

4. 分层教学

注重个体差异，知识由浅至深逐层深入，练习任务分层，让每个学生都体验到成功的喜悦。

不足之处：

小组合作不太理想，有的组组员之间协作上还有所欠缺，需要进一步调整小组成员，加强合作意识让学生学会合作共同进步。

案例来源：

新疆乌鲁木齐市实验学校 张 炜

案例评析：

"神奇的遮罩动画"的教学内容主要是属于二年级信息技术教材"信息的加工与表达"中动画制作——Flash软件的范畴，本内容是对Flash"创建补间动画"的延伸，本节中的遮罩动画与前一讲的引导动画非常类似，在技术层面属于高级运用，图层运用较多，制作相对复杂，遮罩动画可以把逐帧动画、渐变动画、补件动画、引导动画引导串联起来，对前面的知识点有所复制，同时也对后面影片制作内容的学习打下基础，通过遮罩动画可以培养学生的观察能力、协作能力、创造力、想象力和良好的信息素养。

本教案的亮点部分主要在于运用了游戏教学法与分层教学法。所谓"游戏教学法"，就是以游戏的形式教学，使学生在轻松的氛围中、在欢快的活动中，甚至在激烈的竞争中，不知不觉地学到教材上的内容，或者学到必须掌握的课外知识的教学方法。简单地说，游戏教学法就是将"游戏"与"教学"两者巧妙地结合在一起，从而引起学生学习兴趣的教学方法。由于游戏教学法贯彻了"寓教于乐"的教育原则，具有极大的优越性，所以提倡教师使用这种教学方法。"寓教于乐"不仅是一种先进的和人性化的教育理念，而且也是教师致力的一个方向。它的基本要求，是对"教"和"乐"的严格界定——教，必须是各科教材中的内容，不能脱离原有的教育材料，尤其是其中的重点难点内容；乐，必须有比较成熟的游戏法则，有很强的竞赛性和极大的趣味性，在一定的前提下，给学生较大的发挥主观能动性的空间。因此，游戏内容的选择必须与教材紧密联系，在设计游戏时，要充分考虑教学目的和要求，注重教学效果，要以教学内容为中心，根据教学内容考虑游戏的内容和形式。在本教案中，该教师运用小游戏《过目不忘》导入，激发了学生学习的兴趣，活跃了课堂教学氛围，让学生在快乐的游戏中主动学习，所以知识也会被快乐而积极地吸收，并被灵活地运用。

游戏教学法能为学生提供较轻松愉悦的学习氛围，引发学生主动参与、竞争合作、创新发展的热情，但是在具体运用过程中要注意把握好几个方面：首先，游戏要与教学内容相匹配，不能是偏离教学内容的游戏。其次，在课堂教学过程中，教师一定要把握好游戏的尺度。不能过度依赖于游戏，要引导学生通过游戏掌握知识，而不是单纯玩游戏。最后，要及时给予小结评价。除了正确引导学生进行游戏的练习，开展适宜的游戏的竞赛外，游戏结束时，还应给予准确的评价：评出胜负，表扬先进，指出不足，及时改正错误。这些工作也可由学生整体评议，但不管如何，应做到准确、公正、客观、全面，工作做得好坏，将直接影响学生的情绪和游戏的效果。

# 6 视 频

> 【课程标准】
>
> （1）了解多种视频采集的方法。
> （2）能根据表达主题，借助简单的工具软件，通过视频剪辑、添加文字标题、特效和背景音乐等方式合成视频短片表达创意。

## 优秀案例一

### "视频的获取与加工"教学设计

#### 一、教材分析

本节内容是苏科版《信息技术》教材上册第七章第二节内容，介绍了视频获取的方式、视频的类型与播放以及视频的编辑等，分别对应《纲要》中信息的识别与获取、存储与管理、加工与表达、发布与交流 4 个部分。在教材的第 5 章《体验多媒体技术》中，涉及的部分多媒体设备和多媒体作品，涵盖了视频的内容，为本节的内容做了知识准备。同时，第七章第一节课"声音的获取与加工"中已经接触了基于时间线的工具，相关知识可以迁移到本节中来。而本节内容中涉及的有关视频图像的原理和加工编辑又为下册教材中的动画制作、多媒体作品以及网站的制作做了铺垫。

#### 二、学情分析

本节内容的授课对象为初一学生。这个年龄段的学生对新鲜事物有着强烈的兴趣和好奇心，乐于动手实践。在平时的学习生活中已经较多地接触到视频的相关内容，对此并不陌生。同时，经过近一年的学习，掌握了计算机的一些基本操作，能在教师的引导下进行合作学习和探究学习。

#### 三、教学环境

多媒体机房、广播教学软件、相关应用软件、网络系统。

#### 四、设计理念

信息技术课的教学应该摆脱"软件说明"式的传统的教学模式，应以提高学生的信息素养和应用能力为最终目的，引导学生将"技术"灵活应用于实际。因此，本节课的设计，以"飞扬的青春"为主题，以制作成长纪录片为主线，让学生在课前利用各种工具（手机、摄像机等）收集生活、学习的视频文件，并准备图片和音频素材，在课堂上通过加工、编辑，制作成自己的成长记录并予以交流。设置层层递进的任务，化空洞的讲解为真实的体验，从学生的兴趣点切入，关注学生高层次思维的发展。

课时安排：1课时。

五、学习目标及方法

1. 知识与能力

（1）了解视频文件的获取途径与方法；

（2）了解视频文件的常用格式；

（3）掌握简单的视频编辑方法。

2. 教学重点

（1）视频采集与加工的流程和方法；

（2）使用MovieMaker编辑视频的基本方法。

3. 教学难点

（1）MovieMaker中片头与片头重叠的区别及制作；

（2）MovieMaker文件的保存。

4. 教学方法

体验学习、讨论学习、知识迁移法、比较法、任务驱动、自主探究学习等方法。

六、教学过程

1. 导入

教师：播放一段视频"飞扬的青春"，布置主题活动，一起动手来制作记录自己成长点滴的纪录片。学生：观看视频，积极构思。

设计意图：从学生感兴趣的话题切入，展现学生的真实生活和学习，激发学生的兴趣，同时引出主题。

2. 视频的获取

教师：课前老师布置大家准备了一些反映学习生活的视频素材，请大家都来说说是通过哪些手段或方式获得的？

学生：积极分享获取的方式：手机、相机、摄像机拍摄；DVD视频截取等。

教师：引导学生总结获取视频的途径：

（1）采集模拟视频。

（2）从VCD、DVD截取。

（3）采集屏幕动态信息。

（4）数码设备摄录。

（5）网上下载。

设计意图：将获取视频的环节放在课前，可以节省课堂时间，同时让学生都能够参与进来，做学习的主人。

3. 视频的类型

教师：请大家观察各人获取的视频格式，看看你的格式与其他同学的格式一样吗？

学生：回答自己获取的视频格式。

教师：引导学生归纳常用视频的格式：wmv、mpg、avi、flv 等。

设计意图：学生通过自己体验过得来的经验要比老师直接告诉他们的经验更加印象深刻。

4．视频的编辑

教师：介绍 MovieMaker 的窗口界面以及视频制作流程（捕获视频、编辑视频、完成视频）。

学生：观察并听讲。

教师：布置基本任务一：导入视频和图片素材并且拖拽到时间线上。

学生：学生完成任务一，部分学生发现自己的视频无法导入，提出疑问？

设计意图：培养学生自主探究能力。

教师：我们用不同的方式获得的视频文件格式是多种多样的，但是要为我们所用，还要转换为编辑软件所能兼容的格式。介绍常见的视频格式转换软件——格式工厂。

设计意图：这里预先设置了一个问题陷阱，从而自然地引出格式转换的需求，有了需求再想办法解决问题。

教师提问：

（1）如何调整剪辑视频文件在时间线上的位置？

（2）如何调整剪辑视频文件在时间线上显示的长短？

教师：适当的引导。

学生：通过讨论，尝试，探究发现解决问题的方法。

设计意图：引导学生尝试探究，培养学生自主探究并解决问题的能力。

学生：演示探究成果。

设计意图：让学生来教学生，充分调动了学生的积极性和课堂主体意识，学生也能够体验到分享成功的喜悦。

教师布置基本任务二：为影片添加片头和片尾。

学生：完成任务二。

教师提问：片头叠加和片头有何区别？

学生：学生尝试操作"在电影开头添加片头"和"在时间线中的选定剪辑之前/之上/之后添加片头"，并观察有什么不同之处。

教师：让学生试着说说自己探究得来的结论，老师加以引导

学生：听讲并思考。

设计意图：这一知识点虽然难，但是学生有能力通过自己的探究得出结论，老师只需要引导学生去发现问题，并指引解决问题的途径。

5．视频的保存

教师：请同学们将视频保存，并比较保存项目和生成视频有什么区别。

学生：保存。

设计意图：这个环节学生一定会出现两种结果，用以往的学习经验保存的就保存成了项目，注意观察并听讲的同学就生成了视频，产生冲突之后，老师再加以引导学生便可以轻松地了解两者的区别。

**6. 提高任务**

教师：（1）布置提高任务一：为影片添加背景音乐或旁白。

（2）布置提高任务二：为影片添加视频效果和过渡效果。学有余力的学生尝试完成。

设计意图：（1）让学有余力的孩子得到了提高，拓宽了视野。

（2）添加的背景音乐和旁白是前一节课"声音的获取与加工"的学习内容，既做到了前后教学内容的自然衔接又让学生体会到每一个知识点的环环相扣。让学生觉得能够学以致用，从而也增强了学生学必有用的意识，提高了学生学习信息技术的原动力。

**7. 总结评价**

学生将作品上传到服务器，师生共同评价作品。

设计意图：利用网络环境给学生展现了更为丰富的评价方式，本环节让学生将视频统一上传，除了实现了自评、师评外还可以进行学生互评，使得每个学生都能够看到自己的优缺点，从而也学会了客观地去评价他人，通过评价别人的作品来完善自我、提高自我。

**案例来源：**

江苏省南京市第一中学初中部　周国琴

**案例评析：**

"视频的获取与加工"教学内容属于初中信息技术课程中的多媒体应用与加工部分的内容。本节内容是在音频的获取与加工的基础之上进行的，学生在此之前接触了基于时间线的工具，也掌握了响应剪切编辑等概念，于是我们在进行本节教学内容是要联系之前学习的声音的获取与加工，把其相关知识迁移到本节中来。而本节内容中涉及的有关视频图像的原理和加工编辑又为下册教材中的动画制作、多媒体作品以及网站的制作做了铺垫。

本教案运用了多种教学方法，如体验学习、合作学习法、知识迁移法、比较法、任务驱动法、自主探究学习法等。

素质教育背景下，教师要以学生为本的教学理念，关注每一个学生的存在，鼓励每一个学生都敢于发言，这样让学生亲历过程，不但有助于学生情感体验，更能培养学生自信心。在素质教育理念下，体验式学习受到许多教师们的青睐，很多教师开始尝试用体验式学习进行课堂教学，特别是应用与数学教学。因为数学的学习比较深奥与晦涩，学生有的时候较难理解，通过体验式学习，自己亲身感知，有助于学生理解与建构自己的知识结构。

所谓体验，就是个体主动亲历或虚拟地亲历某件事并获得相应认识和情感的直接经验的活动。在"信息技术"领域的教学中，教师要关注学生的体验，让学生在丰富的信息体验和信息技术想象过程中逐步建立起知识观念。在本教案中，教师让学生在上课之前收集好反映学习生活的视频素材，这就是让学生体验到了视频的收集过程以及生活中视频是如何获取的，这样直接体验的过程不但可以节省课堂时间，还能同时让学生都能够参与进来，做学习的主人，教学的效果也是比直接讲授来得明显。

在该教案中，教师以"飞扬的青春"为主题，以制作成长纪录片为主线设计本节课，课前要求学生收集反应自己学习生活的视频，之后在老师的指导下，对自己收集的视频再进行编制，并与同学谈论与交流，修改自己的小视频，再进行评比。整个设计过程循序渐进，知识之间紧密联系，既能突出重点又能抓住关键，从整体出发，将局部知识融入各个教学步骤之中，最后达成对整个知识体系的构建。整个过程以实验操作为主，老师起到引导者的作用。

课程标准要求实践操作类知识，要淡化技术的操作，侧重学生信息素养的培养，紧跟时代步伐，与《纲要》中"要立足于学生信息素养的养成，着眼学生的终身发展"紧密联系。因此，在进行多媒体应用与加工的教学内容设计时，要注重学生信息的识别与获取、存储、加工与表达、发布与交流等方面的能力。

## 优秀案例二

### "视频的获取与加工"教学设计

一、教学目标

1. 基本目标

（1）知识与技能。

① 了解视频图像的形成原理及视频文件的获取途径与方法（详）；

② 了解视频文件的格式（略）；

③ 学会使用会声会影软件进行简单的视频编辑（截取、拼接、字幕、配音、镜头效果）。

（2）过程与方法。

本节课通过短片渲染、知识问答、引出问题、任务解析、探究解决方法等手段来架构对视频文件处理的一般认知，同时通过分析—实践—总结等环节，强化和升华知识点，使学生主动建构起加工视频文件的一般思路与方法。

（3）情感态度与价值观。

① 通过欣赏《众志成城，抗击冰雪》《生命的奇迹》短片，体验视频独特魅力，感受自然的美好，爱与感动；

② 关注视频的版权问题，尊重知识产权。

2. 发展目标

能根据实际需要主动运用多媒体处理工具加工和表达信息。

二、教学重点

（1）理解视频图像形成的原理。

（2）加工视频文件的一般流程与方法。

（3）认识会声会影界面的组成及其功能间的关联。

三、教学难点

（1）能根据任务要求运用多媒体处理软件对现有素材进行有效载入、拼接与剪辑。

（2）掌握视频修饰的重点：突出主题。运用文字、声音、图像的加载最终目标均是服务于主题，解决实际问题。

## 四、教学资源

视频资源、课件、学案等。

## 五、教学过程

表 1  教学过程

| 过程 | 教学要点及教师活动 | 学生活动 | 选择媒体与设计意图 | 时间 |
|---|---|---|---|---|
| 引入主题 | 课前播放视频短片《众志成城,抗击冰雪》。<br>宣布课堂任务主题制作一分钟短片《植物的一生》引入教学内容《视频的获取与加工》。<br>出选择题:什么是视频图像？获取方法是什么 | 按序进机房,欣赏。<br>思考,答题。 | 广播视频,体验视频魅力,引入课题 | 3 |
| 探索问题解决方法 | 有了主题,教师也收集了相关素材,存放在"D:\资源文件夹"中,下一步如何DIY一个视频短片呢？<br>(1)通过网络链接简单介绍视频编辑的常用软件。<br>(2)启动会声会影,共同认识一下其主界面的组成。<br>(3)以"为生物老师制作植物的一生短片"为例,分析媒体的加载、拼接、截取 | 随教师引导学习,形成自己的认识并思考回答问题 | 分析问题<br>引起学生对软件之间的共通性的关注,认识使用新软件的方法 | 7 |
| 解决问题一 | 布置任务一:<br>要求:<br>(1)加载短片:萌芽、生长、开花;<br>(2)按植物的生长规律拼接短片;<br>(3)截取多余片段,使自己的作品不超过1分钟。<br>同座位同学可以互相帮助。<br>巡视,个别指导,收集普遍问题。<br>布置学有余力的同学自主探究:修饰短片。 | 实践1:探究加载、合成与剪辑合成短片:植物的一生。<br>学有余力的同学继续探究短片修饰问题 | 进一步提高学生多媒体信息加工处理能力。 | 8 |
| 解决问题二 | 反馈普通问题的解决方法(拼接顺序改变等)。<br>广播老师作品《生命的奇迹》引出新主题:修饰。请同学作口头指导老师,探究短片修饰的方法:<br>(1)加入文字(讲解标题时间长度的编辑); | 反思,领悟。<br>学习与思考,形成自我认识。 | 通过教师引导,学生在探究实践活动中,培养学生学习信息技术的基本能力与方法。 | 11 |

续表

| 过程 | 教学要点及教师活动 | 学生活动 | 选择媒体与设计意图 | 时间 |
|---|---|---|---|---|
| 解决问题二 | （2）加载音乐（略讲，步骤与1类似）；<br>（3）转场效果。<br>其他效果留给学生自主探究。<br>布置任务二：修饰自己的视频作品。<br>基本要求：<br>（1）加入标题；<br>（2）加载背景音乐；<br>（3）添加转场效果；<br>（4）给镜头加滤镜效果（提高任务，不做要求）。<br>巡视，及时发现学生操作时出现的问题或自我探索的亮点 | 实践2：探究视频修饰。<br>（1）加入标题；<br>（2）加载背景音乐；<br>（3）添加转场效果；<br>（4）给镜头加滤镜效果（高层次学生探究） | 充分挖掘学习的主动性 | |
| 解决问题三 | 反馈普遍性问题的解决方法。<br>我们的作品怎么保存下来以便于下次修改，或者发布成视频文件用一般的播放软件就可以播放与他人分享呢？<br>解析任务三：（1）保存项目文件。<br>（2）发布视频文件（确定的格式，媒介）。<br>注意分析两种文件的格式与用途的差异 | 反思，领悟<br>实践3：保存与发布。<br>（1）保存项目文件；<br>（2）发布视频文件；<br>（3）提交作品 | 培养良好的信息存储的习惯 | 9 |
| 评价与小结 | （1）对学生提交的作品进行评价与分享。<br>（2）提问，教师能不能把你们的作品随意地发布到网上呀？<br>不能，基于对知识产权保护，必须征得作者的许可。<br>板书串接本节课的知识要点，架构视频处理的一般认知。<br>要求：学生自我评价 | 分享回答<br>建构起加工视频文件的一般思路与方法。<br>评价，上交评价表 | 进一步增强认识，认同他人的优点。增强尊重他人及版权意识。<br><br>学会善于总结，提升教学效果 | 7 |

六、课后实践探究

如何利用视频编辑软件为自己设计一个电子相册。

七、总结评价

依照教学设计的环节上完课，学生响应度与达成率均很高，让人欣慰。

为了追求认知与技能的完整性，我设计了许多的知识与技能目标。为了追求一节课的圆满，我设计的教学环节犹如以10倍的快进速度放映视频般紧密。为了追求达成率，我力求思路清晰，讲解精准。如果下次仍给我这个教学命题，限我在一个课时内完成，我想我还得这么做。至少，我实现了让学生在一节课的时间内系统地认知了视频的一般知识，知道可以通过什么途径去寻求解决问题的方法，并体验了根据主题需要加工出一个相对完整的视频文件的惊喜与自豪。但这一教学设计缺陷也相当明显，有待改进：

（1）学生学习的层次性照顾不足。

"师傅领进门，修行在个人"。教师的作用是一个组织者与引领者。因学习者学习能力存在差异，教师有义务根据不同学习者的学习能力，为其辟出合适的学习途径。设计中若不体现差异，是对部分学生学习能力的扼杀，是对创造性的束缚。因此，本节课若预先设计部分拓展任务的帮助文件，以备学习能力强的同学可以自主探究更高一个层次的问题，将能更好地挖掘其学习的潜能。教师缺失了这方面的设计，是因为目前的帮助文件一般采用屏幕录像方式生成，操作思路清晰、直观。缺点是文件所占空间大，打开花费时间。对于本节课的寸时寸金，教师主动放弃了这一设计。同时没有花时间去研究解决这一问题的更有效途径，算是一个重要缺憾。

（2）学生自主探索的空间被严重压缩，体验的成就感因教师交代的面面俱到而降低。反思我本节课的教学，我深感歉疚。我深深地知道"成长不能代替，学习需要主动"。为了追求教学圆满，为了实现预定教学目标，我预计了学生可能遇到的问题，严密地对知识进行了梳理与点拨，使学生在完成任务的过程中顺风顺水，没有问题。没有问题的教学应该算是不成功的教学。为了追求教学形式上的漂亮，我忽视了学习的客观规律。

如果要让这一问题得到更好的解决，本节内容可拆分为两个课时。第一课时让学生有充分的时间去感受视频，体验视频所传达的独特魅力：美与感动，同时在任务的驱动下去主动寻求知识支撑，发现问题，探究解决问题的方法。第二课时根据主题任务，合成加工一部有主题意义的视频短片，使学生在自主体验中让知识与技能得到有效消化，形成一种信息的获取、选择、加工、存储能力。并且在作品的分享中获得认同感与快乐。

案例来源：

教客网 肖冬青

案例评析：

"视频的获取与加工"的教学内容比较多，学习任务比较重，教师需要对教学内容进行详细分析，既要明确视频图像的形成原理及视频文件的获取途径与方法，又要介绍视频文件的格式和各种视频播放软件，交代如何运用视频编辑软件进行简单的视频编辑。该教师在教材安排上完全符合《纲要》中的要求，让学生学完本节课后掌握正确选择视频文件的获取途径，认识视频文件的格式，掌握下载和保存视频文件的方法；基本掌握视频文件的转换和编辑方法；熟练掌握选择使用播放软件播放各种视频文件；了解将视频发布的一般方法。

本教案主要采用了创设情境、问题引导、实践探究的教学方法。教师在课前运用《众志成城，抗击冰雪》的微视频创设了与生活息息相关的教学情境，调动了学生的积极性，激发学生学习视频制作的动机，同时还能感受视频中的爱的支援与鼓励，促进学生形成正确的价值观。在知识讲解部分，教师采用了问题引导的方式，抛出问题，然后引导学生利用网络寻求帮助，启发学生要拓宽解决问题的渠道，树立多方面思考来解决问题。

自主探究学习，是当今新课程教学理念大力倡导的一种新型学习模式。它体现了以教师为主导，学生为主体的教学理念，充分调动起学习者的主观能动性，学习者通过自主探究完成对知识的意识建构。当今社会发展迅速，学科领域知识更新过快，学生需要掌握的知识可谓浩瀚无边。学习者要在如此庞大的知识海洋中前行，只能通过提升自我不断地获取。而教师讲授的知识远远达不到学习者需要掌握知识的量。因此，对每一位教师和学生来说，就必须改变传统的"教师讲多少，学生学多少"的模式。

在本教案中，教师提出问题，让学生探究加载、合成与剪辑合成短片：植物的一生。

学有余力的同学则继续探究短片修饰问题等，用实践探究的方法来引导学生探究视频制作方法。由学生自己先做，发现问题时，教师再引导学生解决问题，学生不仅完成学习任务又提升自我学习能力，而教师也能取得了良好的教学效果。

本节课的教学目标重点教师定位于让学生学会主动发现问题，分析问题，探究解决问题的途径与方法，以及在问题解决过程中挖掘勇于创新的精神，在分享创作成果时的成就感及快乐体验。作为一名信息技术教师，要善于挖掘跟学生实际学习和生活都紧密相关的问题，并创造条件让学生通过实践探究，找出解决问题的方法。大胆放手，有利于充分发挥学生主体性，锻炼他们独立思考的能力，培养学生的创造性思维，提高课堂的教学效率。

# 7 综 合

【课程标准】

（1）通过对多媒体信息的观摩和体验，理解多媒体的优势和主要应用领域，感悟多媒体的社会价值。

（2）围绕某个主题，使用媒体集成工具，综合运用多种媒体信息，设计、制作、发表或发布多媒体作品，能够根据任务的要求评价多媒体作品的表达效果。

（3）通过实践比较图像加工软件、动画制作软件、视频编辑软件、多媒体集成软件中有关图层的概念，理解其技术思想。

（4）通过体验不同的多媒体集成软件，比较不同集成软件的异同。

（5）会利用互联网及各类常用工具的协同功能与他人配合完成任务。

（6）能寻找、安装并会使用常用的自由软件工具，如汉字输入工具、在线或本地翻译工具、即时通信工具、下载工具、音视频播放工具等。

## 优秀案例一

### "多媒体作品制作流程"教学设计

一、教材分析

"多媒体作品制作流程"是江苏科学技术出版社初中教材第九单元的亮点，在老版本教材中没有这部分内容。对前一节多媒体知识的一般了解和后一节实际创作起着承上启下的作用，关键在于让学生树立规划意识，树立凡事预则立不预则废的理念，摒弃过去在教学中重技术应用而轻思想方法提炼的理念。本节的重点内容是多媒体作品的规划与设计，要求学生掌握作品的结构设计、内容设计、版面设计和风格设计等。教材一般按照流程顺序通过作品分析来讲解各个要点，学生容易造成被动分析。本课调整思路，让学生先进行评价，通过作品对比说出各个评析要点，进而归纳为制作中需要注意的"五环节"，概括出流程，进而体会出前期重点环节。以设计校园文化展示活动为主题让学生由体会变成实践，根据任务规划出符合需求的方案，进一步熟悉制作流程，掌握多媒体制作的方法。

二、学情分析

学生普遍不重视规划设计，对在动手制作作品前详细设计方案感到很不适应。多媒体作品制作流程虽然学生不了解不熟悉，但对别人的作品还是能够进行简单评价的。对于自己的评价可能只能说出只言片语，老师要进行鼓励，引导分析，合理归纳。但在具体设计环节中，学生考虑不会很周全，需要教师进行提炼，提供多渠道的帮助支持。

三、教学目标

1．知识与技能

（1）了解多媒体作品的制作流程。

（2）掌握多媒体作品的规划与设计方法。

2．过程与方法

（1）通过对示例多媒体作品的分析，探究出多媒体作品制作各个环节要点。

（2）掌握设计多媒体作品的一般方法。

3．情感态度与价值观

（1）经历多媒体作品的规划与设计的过程，形成进行专业化创作的愿望。

（2）合理客观的进行多媒体作品评价。

4．行为与创新

（1）能对自己选择的主题作品进行合理规划设计。

（2）养成从需求出发，合理规划、操作的习惯。

四、课时安排

安排1课时。

五、教学重点与难点

1．教学重点

（1）多媒体作品的流程。

（2）多媒体作品的规划与设计。

2. 教学难点

（1）规划设计的先行理念。

（2）对多媒体作品进行规划与设计。

六、教学方法与教学手段

教学方法：游戏法、讨论法、自主探究。

教学手段：对比体验优秀和失败作品，提炼关键词，引导分析。

七、教学准备

学习网站；互动游戏；关键词板。

八、教学流程

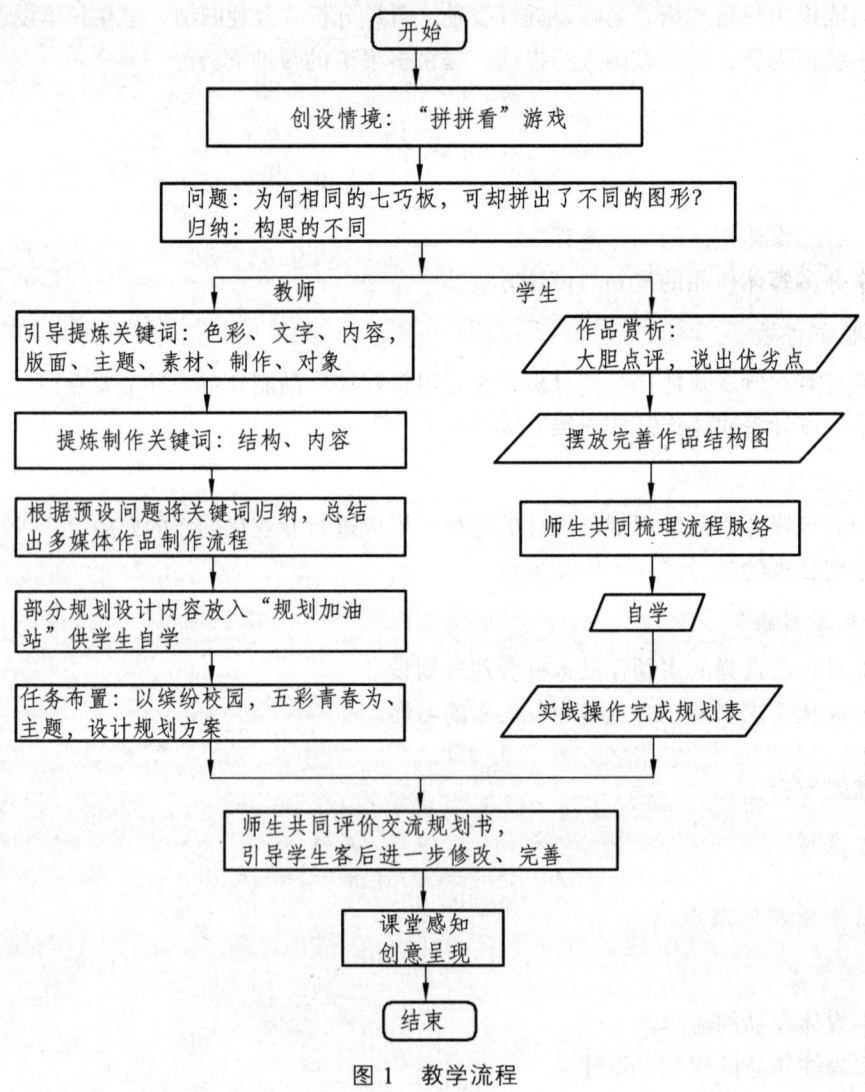

图 1　教学流程

## 九、教学过程

表1 教学过程

| 教学流程 | 教师行为 | 学生行为 | 设计意图 |
|---|---|---|---|
| 游戏导入 | 【拼拼看】<br>让学生进行拼图，说出表达的图形含义。 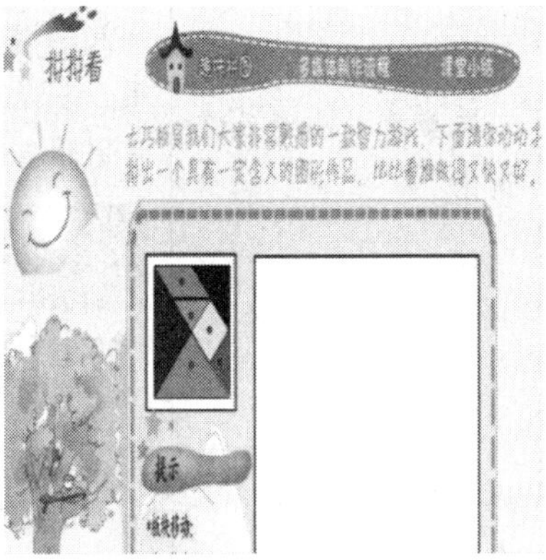<br><br>图2<br><br>展示部分学生作品，提问：<br>（1）为何大家使用的是相同的七巧板，可却拼出了不同的图形？<br>（2）生活学习中除了图形这一种媒体形式加工表达意思，还有哪些形式可以表达信息呢？<br>归纳：在生活学习中不仅仅单靠图形这一种媒体形式加工表达意思，往往还需要融合文字、图像、声音、视频、动画等多种媒体素材，使其有计划有目的地组织在一起，为表达某一主题服务，这个过程同样需要构思设计（规划设计），例如多媒体作品的制作。那么接下来就让我们进入今天的学习主题 <br><br>图3 | 激发兴趣；快乐拼图。<br><br><br>由于大家的构思不同<br><br>文字、视频、声音、图像、动画 | 通过图形加工后表达作品，引申到由多种媒体元素有机结合表达某一主题的多媒体创作也需要进行构思设计。<br><br>点出"构思"关键词 <br><br>构思<br><br>图4 |

续表

| 教学流程 | 教师行为 | 学生行为 | 设计意图 |
| --- | --- | --- | --- |
| 多媒体作品制作环节要点分析 | 【作品赏析】<br>　　创作源于借鉴，上学期我校开展了优秀多媒体作品评比活动，同学们纷纷积极参与，征集了许多作品，今天老师带来了其中两个，就请大家来当次小评委，欣赏之后请发表你的看法。 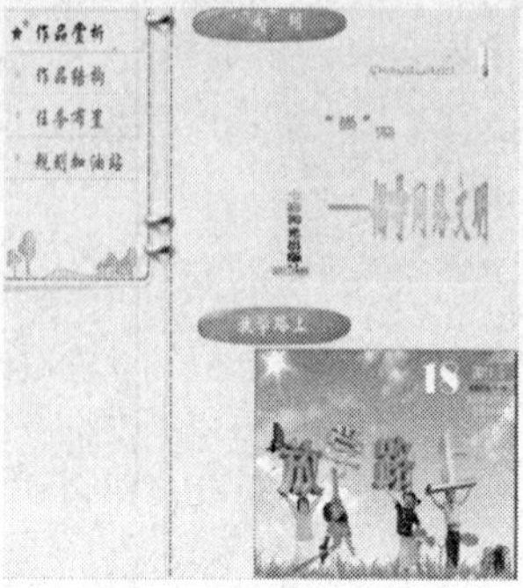<br><br>图 5<br><br>　　在讨论中提炼关键词（不分先后）（对问题进行启发引导）：色彩、文字、内容、版面、主题、素材、制作<br>　　预设问题：放学路上这一作品如果是你做的，请你带到幼儿园去给小朋友们展示合适吗？<br>　　那就要进行改动以符合受众对象。提炼关键词：对象 | 同座位一小组欣赏讨论。<br><br>交流讨论；<br>发表评价观点。<br><br><br>不合适，说出如何改进。 | 发挥教师引导作用，从学生评析中概括出作品制作要点。 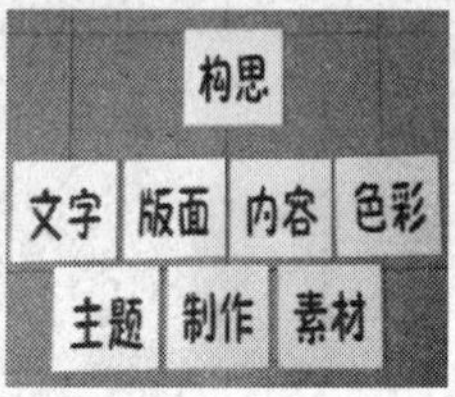<br><br>图 6 <br><br>图 7 |
| | 【作品结构】<br>　　下面看看"放学路上"作品有哪些栏目？前后之间各页面有何关系？下面就由大家帮老师继续完成这个作品的框架图。<br>　　这个作品的框架图，让我们能直观清晰地看到这个作品的结构，更好地展现内容。<br>　　提炼关键词：结构、内容 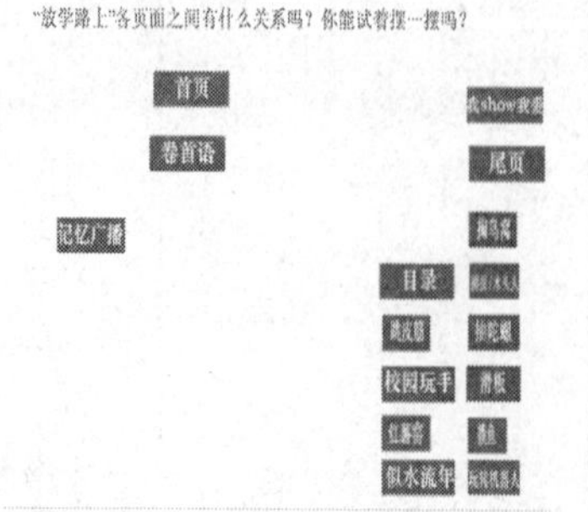<br><br>图 8 | 学生尝试摆放"放学路上"结构板块展示完整结构图 | 学会分析作品内容之间的结构层级关系，为进一步规划结构图演练半成品。<br>强化规划设计中的结构内容设计 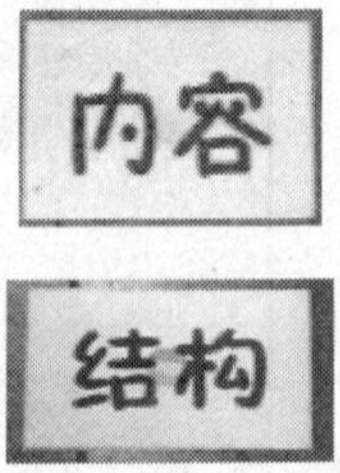<br><br>图 9 |

续表

| 教学流程 | 教师行为 | 学生行为 | 设计意图 |
|---|---|---|---|
| 作品提升（作品流程提炼总结） | 【归纳流程】<br>　　根据预设问题将关键词归纳，总结出多媒体作品制作流程（那么作品创作最开始应该考虑什么呢？有了需求分析，就开始实际制作了吗？下面就要去实施实际操作，找素材合理加工，将素材集成，最终发布成果，作品仅仅给自己看吗？不是的，一个完美的作品是不断经历评价改进过程的，对于一个作品的好坏是可以通过自评和互评来提升作品品质的）。 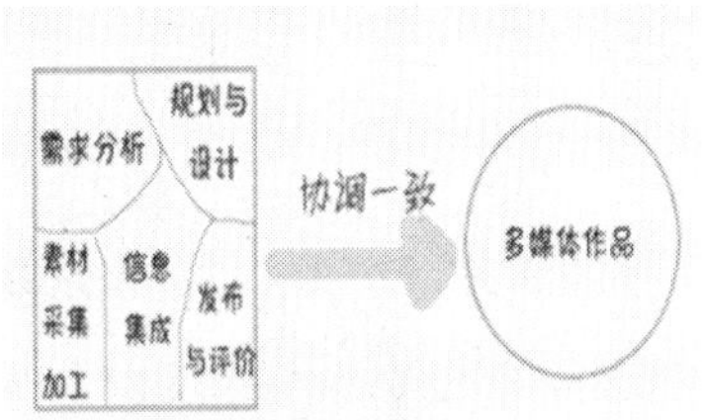<br><br>图 10<br><br>　　这五个环节如果能协调一致，就好比板块的组合，就能完整做出一个作品。<br>　　哪些环节是制作的实际行动，那实际行动要靠什么来指引？<br>　　思想——需求分析和规划设计。那么刚才老师和同学们的评点中提到了规划设计环节中的很多细节，例如色彩搭配，图文排版，如何能做得更好，老师提供了一些参考指导，请大家自学学件。<br>【规划加油站】<br>　　版面设计　风格设计　加工工具（自主学习） 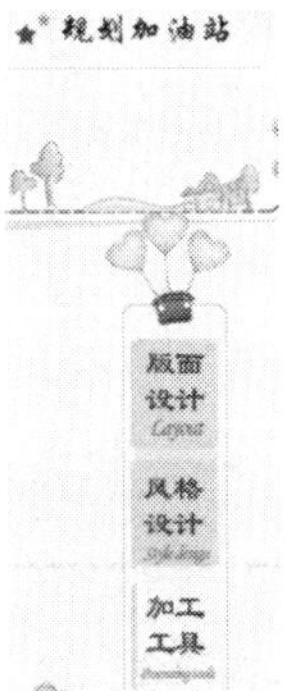<br><br>图 11 | 学生思考；<br>梳理流程脉络。<br><br><br><br><br>自主学习，完成教师提供的规划设计方案表 | 总结过程，梳理脉络，强调需求分析和规划设计是行动的指导<br><br><br><br>通过学习参考进一步强化规划设计中对于版面、风格设计，工具选择的指导，为实践做准备。 |

续表

| 教学流程 | 教师行为 | 学生行为 | 设计意图 |
|---|---|---|---|
| 任务实践 | 【任务布置】<br>光说不练纸上谈兵可不行,请你结合刚才的所听所看所想,以我们丰富多彩的校园文化生活为主题,创作一个多媒体作品,规划出一套设计方案。<br>作品展示交流 | 下载方案表,填写。<br><br>交流互评 | 情感渲染"珍视青春记录年华",让学生争做规划之星,将理论应用于实践 |
| 课堂小结 | 【课堂感知】<br>今天这节课我们通过作品赏析了解了多媒体作品制作的一般流程,体会了创作之前要站在规划设计这样统领全局的高度,其中最先要找准需求分析,以此来指导后续的实际实施 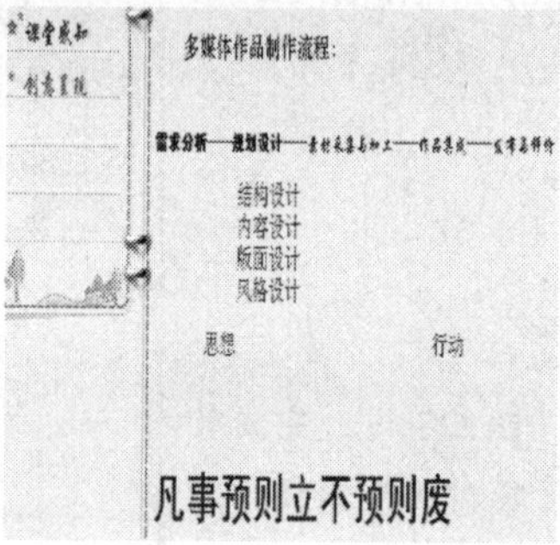<br>图 12 | 参与总结 | 梳理知识点 |
| 拓展延伸(此环节视时间机动) | 【创意呈现】<br>规划与设计不仅要涉及形式和内容,还需要我们有所创意,老师带来了一个作品就请大家放轻看看别人的创意呈现,以此能更好对我们的作品进行规划设计 <br>图 13 | 欣赏感悟 | 体会如何有创意的规划设计,提升素养 |

十、教学反思

本课应为制作多媒体作品第二节课,由于是借校开设的市级公开课,课前了解到学生第一节并没有上，对多媒体作品了解应该只停留在以前的一些记忆，学生不可能一下子说出各个流程环节是什么，如果教师用范例来讲解有哪些环节，每个环节需要注意什么，学生也只是被动地接受，顶多再通过活动来模仿。于是将评价提前，让学生自己感悟评价设计要点，也就是我们制作中要注意的问题，恰恰是制作的细节，再提炼出各个环节从而让他们有感而发、印象深刻。本节课重点放在制作流程的体会及规划设计环节，因此设计了认知七巧板的拼图规划设计环节和ppt作品赏析来分解建构流程要素，通过学生积极主动地参与，从认知角度出发，而不是被动地参与。教师引导，提供建议。我们制作任何作品都是如此，如果能先认知，而后提升感知，再应用，学生会自觉树立全局规划概念，知道自己要做什么、如何做。从课堂效果来看，课程设计很好地体现了这个理念。

　　本节课虽然涉及了五个制作环节，但要面面俱到，在一节课中做详细讲解分析并进行实践是不可能的，在教学设计中重点放在了规划设计上。本课有所偏重，将结构、内容设计放在首位，其他修饰设计让学生通过课件网站自学。将理性概念较强的部分通过实际演练明白为何需要结构设计，版面、色调、文字等的修饰由于比较容易理解感性认知，学生完全可以自学，这样有的放矢，学生不必盲目跟从老师的指挥棒，不一定优秀的作品就非要是那些条条框框的设计风格，也可有让其有自由发挥的空间。

　　从课堂教学效果来看，前期的拼图构思，作品分析环节到实战演练，都自然流畅地进行了下来，尤其五大环节的归纳，学生都能通过自己找作品不足之处来体会制作要点，进而在老师的引领下归纳制作环节，并在自己的作品规划设计中付诸实践。学生的作品规划设计本想以小组合作形式开展讨论、交流，填写方案，但考虑到后期制作一个完整的ppt作品还是能独立完成的，所以还是决定学生独立设计，对于选题选取贴近学生校园生活记录青春的主题，限定了校园生活的4个节日，其实可以放开思维，或做好引导，让其自选主题。规划表中也将栏目框架予以提供，方便学生选取操作。从时间把握上，后续学生规划环节时间留的应该长一点，互相交流显得不充裕。

十一、规划设计方案表

表2　规划设计方案表

| 多媒体作品规划与设计方案 ||| 可复制使用的图标 |
|---|---|---|---|
| 机号 | | | |
| 需求分析 | 主题 | | 首页 |
| | 创作目的 | | |
| | 多媒体作品名称 | | 栏目 |
| | 使用对象（浏览者） | | |
| 规划与设计 | 结构框架图 | 图14 | 尾页<br>LOG<br>导航栏<br>图15 |

续表

| | | 首页 | 其他栏目 | |
|---|---|---|---|---|
| | 版面大致布局 | | | |
| | 主色调 | | | |
| 素材的集成与加工 | 案例形式 | □文本 □图片 □声音 □动画 □视频 | | |
| | 获取素材的途径 | | | |
| 你准备使用哪种集成工具制作作品? | | | | |
| 一个多媒体作品的创作哪一步最重要? | ○需求分析<br>○规划设计<br>○素材集成加工<br>○信息集成<br>○发布评价 | | | |

案例来源：

江苏省南京市第三高级中学　徐萱

案例评析：

"多媒体作品制作流程"的教学内容属于初中信息技术课程信息的加工与表达模块，本节内容是多媒体作品制作的起始步骤，为之后"多媒体的发布"奠定基础，要求学习者学完这节课程内容之后掌握多媒体制作一般流程，独立使用媒体集成工具，综合运用多种媒体信息，设计、制作多媒体作品。

素质教育随着新课改的实施逐步推进，培养学生的信息素养是素质教育的基础内容，而信息技术课堂就是培养与提高学生信息素养的主要阵地。因此，信息技术课堂应该改变以往"培训软件"教学模式，而应该以提高学生的信息素养作为最根本的出发点。在本教案中，教师关注学生的具体学习情况，调整思路，让学生先进行评价，通过作品对比说出各个评析要点，归纳出制作中需要注意的"五环节"，概括出流程，进而体会出前期重点环节，既培养学生的信息素养，还能增添学生对信息技术的兴趣。之后再以设计校园文化展示活动为主题让学生由体会变实践，根据任务规划出符合需求的方案，进一步熟悉制作流程，掌握多媒体制作流程的方法，让学生在具体操作过程中得到锻炼。

本教案采取的教学方法主要是游戏法、讨论法、自主探究法。游戏教学法是结合"游戏"与"教学"为一体的全新的寓教于乐的一种教学方法，已越来越受到人们的关注。游戏教学法在信息技术课程中的应用，为学生创设了一种自由、自愿、自足、平等、合作、投入的虚拟学习环境，学生在做游戏的过程中潜意识地学习了课程知识，又将课程所学知识应用于游戏中的各个闯关活动。这种"寓教于乐"的教学活动已成为信息技术时代教学改革的重要举措。

但是游戏教学法并不是如此的完美，比如：如果游戏的设计过于强调娱乐性则会引起不良的效果，容易导致学生注意力的分散，教师不能把握教学进度，游戏的竞争机制或鼓励机制容易使学生在娱乐中迷失自我。因此，教育游戏的设计需要老师们精心的设计。在设计教育游戏时，教师们可以采取以下措施：

（1）结合信息技术课的特点。游戏设计时要渗透信息技术的知识内容，让学生在玩游戏的过程中实现课程目标。只有实现教育性和游戏性的有机统一和整合，才能设计出符合教学需求的教学游戏。

（2）把握学生的心理特征。教育游戏设计应该考虑不同年龄阶段的学生有不同的认知特征、情感态度和操作技能。

（3）符合学生的生活经验。建构主要强调学生在一定的环境下主动对知识意义的建构，因此，教育游戏的内容和情景设计要尽可能地反映社会生活和学习的不同方面，使学生在游戏中能够掌握生活常识，增加生活体验，开阔视野，提高分析问题、解决问题的能力，发展多元智能。

信息技术课是一门实践性很强、极富创造性、具有明显的时代发展性特点的课程。单纯的"以教为本"的教学方法，会让信息技术课堂缺少生机。爱玩是学生的天性，信息技术课上对学生爱玩计算机游戏的行为宜"疏"不宜"堵"。将游戏作为一种教育资源，挖掘游戏中的教育功能，让学生在玩中学，寓教于乐，可以丰富学习内容和方法，提高学生的学习兴趣。

# 优秀案例二

## "制作多媒体作品"教学设计

一、教学目标

1. 知识目标与技能目标

（1）掌握多媒体文稿的设计方法和创作过程。
（2）了解 PowerPoint 的工作界面。
（3）掌握标题的制作方法。
（4）掌握文字和图像的整合方法。
（5）掌握为作品设置背景的方法。
（6）掌握设置动画效果的方法。

2. 过程与方法目标

通过学生尝试操作，培养学生独立动手操作完成任务的能力，也培养他们良好的审美能力，激发学生的学习兴趣。

3. 情感态度价值观目标

通过本课内容，激发学生对计算机学习与应用的浓厚兴趣；在同学之间的交流合作中，培养学生互相帮助、团结协作的良好品质。

二、教学重点与难点

1. 教学重点

（1）PowerPoint 2003 工作界面中提供的三种视图方法。

（2）PowerPoint 2003 中文字和图像的处理方法。

（3）作品设置背景的方法。

（4）设置动画效果的方法。

2. 教学难点

设置动画效果的方法。

三、教学环境

微机教室、方正怡科电子教室以及多媒体课件。

四、教学策略

主题：由原来的"制作多媒体幻灯片"变为以苏轼的"水调歌头"主题，主要借助苏轼的"水调歌头"以此来吸引学生的学习注意力，把原来的教学目标融于此主题活动中。

内容：原来教材教学内容十分沉重和枯燥，把原来对学生的实际操作的要求，转变为只要完成一张幻灯片"插入图像和艺术字后的效果"即可，其余内容也比较简单，让学生课下自学。

五、教法、学法

1. 教师教法

（1）情境导入法。

（2）任务驱动法。

2. 学生学法

（1）自我探究。

（2）合作交流、互帮互助。

学生的层次水平必然有高低，水平好的同学必然比水平低的同学做得快做得好，教师可以合理安排这部分同学的剩余时间，让这部分同学帮助操作较慢的同学，可以收到多方面的效果。

六、教学过程

根据学生的特征，为了突破教学重点与难点，确定了以下的教学环节。

1. 第一环节：欣赏演示文稿，导入新课

（1）引言：今天这节课教师首先播放演示文稿"水调歌头"，在播放过程中请同学注意：在这组演示文稿中运用了 PowerPoint 的哪些功能？有什么新的知识？

（2）同学们看到了在幻灯片中动态地呈现了图片、艺术字、文本框等对象，也就是采用了动画放映效果。这样能突出演示重点，使放映更生动有趣。这时引出课题"制作多媒体作品"，其中标题也可以为"水调歌头""嫦娥奔月""嫦娥飞天"等。然后让学生两个人为一组完成学习任务：幻灯片"插入图像和艺术字后的效果"。

教学方法：让学生首先打开桌面"学生用素材"文件夹并根据"智力闯关.ppt"的提示来

进行自我探索。

教师巡视指导。对发现的问题及时解决，对表现比较好的及时给予肯定表扬。

2. 第二个环节：重点性传授——设置幻灯片的图文动画效果

方法：由于这个问题是本节难点，所以老师通过多媒体演示操作，边演示边说操作步骤，课件展示操作步骤。

任务1：把演示文稿《水调歌头》中第二张幻灯片的标题设成百叶窗效果；左侧的文本框中的文字设成"向下插入"效果；右侧图片设成"飞入"效果，如何操作？

操作步骤：

（1）再次打开桌面"学生用素材"文件夹中的幻灯片"智力闯关.ppt"。学生按照指引进行练习，完成作品，与课本图1-3-9类似。

方法：首先以4个学生为一组，请每个同学来认真理解"智力闯关"中第二张幻灯片的指引，然后进行练习，并让做得比较好的学生帮助同组的其他学生。

（2）为成功的作品添加背景。

如何把做好的空白幻灯片添加底色？

（提示：在工具栏中单击"设计（S）→右侧幻灯片设计"，任意单击选中，查看效果）

（3）为作品设置动画效果。

认真根据"智力闯关"中第三张幻灯片的指引，然后认真练习，并让做得比较好的学生帮助同组的其他学生。最后让同组的学生评选出本组最优秀的作品。

（4）不同组的学生优秀作品进行交流展示，将设计较好的学生作品通过网络教室演示系统展示给大家看，然后师生共同点评，"这幅作品设计得好吗？""哪里比较好？""哪里不够理想""你出出主意，怎样修改能更完美一些？"通过这类问题调动学生积极参与，从中提高学生的鉴赏与审美能力，培养学生相互帮助，取长补短的良好品质，也让被展示的同学产生成功的感觉。最后评选出本节课中的作品，一等奖1名，二等奖2名，三等奖3名，鼓励奖若干名。

3. 第三个环节：课堂小结

（1）让学生明白本节课的学习内容。

（2）知道制作设置图文动画效果的方法。

用一句话去祝福"嫦娥奔月"的艰辛历程——祝贺"嫦娥一号"卫星撞击月球获得圆满成功。教师同时在线广播视频"新华网北京时间3月1日16时13分10秒，嫦娥一号卫星在北京航天飞行控制中心科技人员的精确控制下，准确落于月球东经52.36度、南纬1.50度的预定撞击点。在撞击过程中，嫦娥一号卫星携带的CCD相机传回实时图像，图像清晰。至此，在经历了长达494天的飞行后，静谧、遥远的月球土地终于成为这位中国首个"月球使者"的生命最后归宿。而随着此次"受控撞月"的准确实施，中国探月一期工程也宣布完美落幕。"

七、设计理念

在设计这节课的时候，着重体现以下几个思想：

（1）学科整合的问题。本课整合了美术、信息技术和思想品德三大学科，同时注意了信息技术教育知识的内部整合。

（2）讲练结合。单就内容而言，对八年级学生来说是非常感兴趣的东西，因此在课堂上只需坚持精讲多练的原则。重难点知识精讲。

（3）改变学生的学习方式。学生变被动学习为主动愉快的学习，并且通过多种学习方式（如自主学习、协作学习、自我创新等），获取信息，掌握操作。

（4）情景与任务驱动的融合。在每一个任务抛出的时候，都创设了许多适当的情景，以此让学生不知不觉在情景中积极主动地接受任务。

（5）本节课最大的特点是让学生在学习制作动画效果的同时更增长了他们的爱国情操，让他们了解我国"飞天梦想"登月工程第一阶段，"嫦娥一号"卫星成功撞击月球，进一步增强民族自豪感！

八、教学反思

1. 成功之处

（1）教学过程贯穿了新课改理念，始终以学生为主体，教师为主导。

（2）采用启发式讲解借助导学案较好地帮助学习实现自主学习，设计作品多种多样。

2. 不足之处

学生差异很大，个别学生打字速度较慢，设计目标不明确。

案例来源：

南阳市卧龙区实验学校　方青虎

案例评析：

"制作多媒体作品"的教学内容融入了文字、图像、视频、声音等多种媒体的运用，课堂教学的信息容量大，教学内容繁重。本节的教学重点在于利用合适的多媒体工具处理信息，并以恰当的方式呈现主题表达创意，难点是如何选择恰当的形式组织和表达多媒体信息，并通过技术手段实现理想的效果。为突破重点与难点，该教师采取通过作品对比、小组合作与自主探究等方式来引导学生进行学习，体现了新课标倡导的信息技术课不能再是以前的"软件培训课"，而是要以培养学生的信息素养为出发点，具体到本节课，则是教师更多地关注学生分析、规划、设计能力的培养、小组合作学习能力的培养。

在教学方法的运用上，该教师主要运用了情景式教学、启发式教学、任务驱动法等教学方法。所谓启发式教学是指教师在教学过程中根据教学任务和学习的客观规律，从学生的实际出发，采用多种方式，以启发学生的思维为核心，调动学生的学习主动性和积极性，促使他们生动活泼地学习的一种教学指导思想。启发式教学在教学中的表现，非常广泛，非常细微，非常灵活。既可以是问题式启发，还能是任务式启发，当然，还包括其他类型的启发方法。

在本教案中，该教师根据学生的任务完成情况进行指导，抛出问题引导他们进行进一步的改进。在突破难点内容时，教师采用启发式讲解帮助学生进行自主学习，引导学生设计出多彩的设计作品。在作品评价时启发学生，将设计较好的学生作品通过网络教室演示系统展示给大家看，然后师生共同点评，"这幅作品设计得好吗？""哪里比较好？""哪里不够理想？""你出出主意，怎样修改能更完美一些？"通过这类问题启发学生学会正确评价别人的作品，反思自己的作品。而在启发式讲解的情况下，教师不是直接讲解操作步骤是什么，而是通过演示法，把具体的操作过程演示给学生看，引导学生思考操作原则。这样学生就会跟着教师一步步前进，共同思维，于是师生的思路合拍了，课堂一派沉思的气氛，教与学都兴味盎然。这种讲授之所以能引起学生的积极思维，是由于教师将自己内在的思维生动地升华了。

在信息技术教学中运用启发式教学，教师必须熟悉教材，理解教材的知识结构，前后逻辑关系，同时还要熟悉学生，了解学生的知识基础，学习特点。在结合两者的基础上，才能设计合适的启发式教学情境开展教学。

专题三

# 网络与信息交流

## 1 信息网络

> 【课程标准】
>
> （1）学会上网浏览信息，知道常用的知名儿童网站或学习相关网站，感悟因特网的独特魅力。
>
> （2）能进行文件共享，体验并初步认识基于互联网的资源共享的意义。

### 优秀案例一

#### "认识因特网"教学设计

一、基本说明

（1）教学内容所属模块：走进网络世界。

（2）年级：九年级。

（3）所用教材出版社：江苏教育出版社。

（4）所属章节：第四章第一节。

（5）学时数：1课时。

二、教学设计

教材采用江苏省九年义务教育三年制初级中学教科书《信息技术（初中）》。第四章"走进网络世界"从网络的基本概念和硬件基础层层深入到网络的实际运用。该节是本章的起始篇，主要涵盖了网络的定义、网络的基本构成，介绍了网络的基础硬件、网络的发生与发展以及接入因特网的方法。对于初中学生，在本节课只需形成对网络硬件最基本的认识，理解网络的定义即可，最终的落脚点应是对连接因特网的了解。在教学中结合校园网的组网使学生逐步构建网络物理结构的概念，结合日常生活中对网络的认识实现对网络概念的理解，并从校园网的接入方式迁移到目前家庭上网的两种常用方式，让书本上的网络走进生活，为学生上网做好最基本的指导和准备。

（一）教学目标

1. 知识与技能

了解网络的基本概念，理解网络的基本构成，了解个人计算机上 Internet 的硬件、软件条件，掌握计算机与网络的连接方法。

2. 过程与方法

通过校园网组网的跟踪，学习理解从感性过渡到理性、由点及面、由个别到一般的概念及方法。

3. 情感、态度与价值观

从学校上网过渡到家庭上网，使学生建立应用信息技术解决生活中实际问题的意识；在跟踪组网中加强学生探究的意识，提高探究的能力。

（二）教学重点、难点

重点：对网络定义的理解和初步连接上因特网。概念的理解可以有效打破专业的神秘感，使学生敢于思考、敢于实践；接入因特网是使用网络实现资源共享和在线通信的前提，在网络普及全球的今天，初中学生必须了解这一生活、学习中的常用工具。

难点：对网络定义的理解。网络的定义中有大量的专业用语，同时网络的结构虽是实体，但在学生看来，却是看不清、说不明的。怎样将这个隐性的内容显性化，将专业的内容通俗化，淡化学生对专业内容的畏惧感，教师在教学中借助了追踪校园网结构的方法，一步步加以突破。

（三）教学过程

1. 情景导入，初显目标

教师：网上流行着这样一句名言："如果你爱你的孩子，就让他上网去，因为那里是天堂；如果你恨你的孩子，那也让他上网去，因为那里是地狱。"相信在座的已经有不少人对这句话颇有感触。无论网络是怎样的一个世界，从今天开始，我们将一步步揭开它的神秘面纱，亲身去体会，真实去感受。

说到这，一定有同学会在心里说，老师，让我们上网去吧。可咱们不是哈利·波特，也不是哆啦 A 梦，我们上网得有一定的设备、具备一定的条件才行。

设计意图：导语设计运用了网上经久不衰的名言间接指出了网络的巨大作用和诱惑，为后面的网络道德教育埋下了伏笔，同时有效激发了学生的求知欲。运用学生喜爱的人物比拟，以制造诙谐幽默的学习氛围，同时让学生明确理想是需要脚踏实地、一步步去实现，从思想上树立一种踏实的作风，适时渗透德育。

2. 追踪校园网结构，理解网络基础信息

教师：同学们能结合你接触到的一点点网络的感性认识说说看，上网的基本设备和条件是什么吗？

学生：要有计算机……

设计意图：在本环节之初设置一个小小的讨论，让学生结合自身对网络的感性认识谈谈上网可能需要的基本条件。这一环节回答中提到的计算机这一硬件实体为后面出现双绞线、交换机等网络通信设备概念奠定了基础，同时让学生的思路能有小小的开启。

教师：计算机一定要有，网线也是必需的，还得通过一定的方式才能连接上因特网。

教师：我们机房里的机器只要双击桌面上的 IE 图标就可以上网了，它是怎样连上的，玄妙在哪里？

屏幕展示上述操作过程。

教师：我们一起来看主机背面，再近一点，可以看到机器上连着这样一根线。我们把它称之为网线，这类网线的名称是双绞线。

教师用屏幕显示该双绞线的解释，并展示该线实体。

教师：通过这样的网线和一些相关设备，这台机器最终可以连上因特网。

教师：这根网线一头接在计算机上，另一头接在这样的设备上（展示图片）。可以看出，这个设备有很多个端口，也就是说能接很多台计算机，这样的设备叫作交换机（显示交换机的解释）。

教师：这台机架上有几台交换机？

学生：三台。

教师：我们一楼机房中的 50 台计算机都连接在上面。（展示拍摄的跟踪过程）：该交换机上有同样的一根网线连接到三楼的交换机，三楼交换机通过光纤（介绍光纤的作用并解释其与双绞线的不同点）连接至学校另一栋楼里的网管中心。

教师：为什么使用光纤？（提示学生看概念。）

学生：因为楼间距离较远，超过了 100 m 的范围，从概念中我们知道光纤适合长距离传输，速度又快。

教师：其他教学楼采用类似的方式实现。将学校所有的计算机等网络终端、通信线缆、网络设备提炼出来，可以看出学校网络的整体结构（展示整个校园网的基本结构图）。各校都是大同小异，只是在楼层分布和机器数量上有所不同。刚才的计算机则是经历了这样的过程接入到网络。有了这样的物理连接，我们才能够让上网成为可能，实现资源共享和在线通信。

显示网络的定义，学生齐读。

教师：把这些计算机等通过通信线缆、处理设备连接起来的目的是什么？

学生：实现资源共享和在线通信。

教师：再看两个相关概念：局域网（展示局域网的定义）和广域网。像校园网这样的计算机网络系统，就可以称之为局域网，相对而言就是广域网。

教师：他们的区别主要在哪里？

学生：范围的大小。（教师提示学生看定义。）

教师：在我们局域网（又可以说是广域网中的一个点）中，有一台承接对外同时向内提供服务的机器，我们称之为服务器（展示定义）。

教师：有了这样几个定义的支撑我们最后来看看什么叫作因特网。（展示因特网的定义。）

设计意图：以计算机后连接的网线为起点，追踪到交换机再到学校中心机房，最后形成校园网的整体结构图。在跟踪过程中将出现的传输介质、设备逐步展示介绍给学生，让抽象的概念和显现的实体相结合，可以有效突破学生心理上的畏难情绪；同时这样由点及面、由部分到整体的介绍，对于这样一个庞大体系做了很好的肢解，达到了化整为零、各个击破的目的。

教师：网络的物理结构我们已经建立，常规的设备我们也有所了解了，我想请同学们做一次小参谋。

题目：有一所小学，学校主体结构是三栋楼，其中一号楼2、3层分别有一个机房，中心机房在2号楼，楼间距350 m，怎样组网比较合适？楼间用什么连接？选择并说明理由。

设计意图：该反馈环节看似简单，实际上是让学生再一次巩固了对网络的认识，同时加深了对传输介质等的理解。

教师：作完小参谋我们该给自己家作一回顾问了。不知道同学们是不是有这样的疑惑——学校里是这样连接上因特网的，那我们在家里怎么连接上去呢？

3. 简介家庭上网方式 建立应用初步

教师：目前家庭上网有两种主流方式——小区宽带接入和ADSL。现在新的小区在建房时就已经铺设好了线路，只要去开通就可以了。开通也就是让电信局将你网线的另一端接上去。（展示跟踪图片。）

有小区宽带的，在家里的墙上会有这样的一个配电箱。这是小区铺设到家的网线，将其接入到你的机器上，并做好简单的设置即可。如果家里几台计算机同时上网，可以买一个小的路由器或HUB中转，以实现"一拖几"的功能。

没有小区宽带的，现在使用较多的则是ADSL。它凭借的是电话线。（展示结构图。）在电话线进户前的第一个接点处接入分离器，一边接电话，一边接ADSL"猫"（解释Modem），从"猫"上接入一台或多台计算机。由此我们可以看出，ADSL上网的基本条件很简单，需要……（展示ADSL的理论信息。）教师：设备连接成功后，做相应设置即可上网，现在家庭中使用Windows XP和Windows 2003的操作系统居多。我们一起来看一下Windows XP用户安装ADSL拨号软件的过程。（展示设置的动态过程。）

设计意图：运用图文介绍目前家庭上网的两种主流方式——小区宽带接入和ADSL。更有真实感，贴近学生生活。本环节让网络这个概念从书本上、校园里自然走进了生活，让信息技术更真实、更实在地为生活服务。

4. 借助广告活动，走进生活中的网络

教师：看了家庭上网的两种主流方式，如果你家中正有上网的打算，不妨看看老师最新打探来的信息。

教师展示电信广告ADSL接入和小区宽带接入的优惠条件。（同时介绍宽带。）

教师：我想有了这些知识储备，如果同学们家里想上网，对于如何申请以及让电信人员给你安装不会再一脸茫然了吧？

教师：如果打算接宽带，你准备选择安装哪一种宽带？为什么？

学生：我家用ADSL，因为我们是老住宅，估计没有小区宽带。

学生：我家可以用小区宽带上网的，家里有和老师介绍的一样的配电箱，里面也有双绞线。

教师：用ADSL方式接入，你家里有计算机了，主板上集成网卡的，电信人员还会给你带什么来？

学生：分离器、ADSL"猫"。

教师：看几个小题目，别紧张，错了没关系。一起讨论共同提高！

教师出示题目（略），题目为会考中有关认识因特网的相关考试内容。

设计意图：延伸和拓展了第三环节，两则优惠条款取材于无锡电信，是真实信息，同时添加了宽带的概念，为学生敢于实践（如为自己家或亲戚家接入因特网提供帮助）提供了知识保障，建立了通道。最后设计的几个练习，一是巩固所学，二是融合了信息技术的会考内容，将考试内容放入开放的课堂中来检测，寻找素质教育和考试的契合点。

5. 体验网络，了解网络的发展

教师：对于这样一个触手可及、令人向往的网络，我们现在可以试试它的效果。

教师指导学生运用网络获取几条信息并展示：因特网的发展史、因特网在中国的发展、中国互联网络发展报告（由中国互联网络信息中心发布）。

设计意图：教师运用网络搜索因特网的发展史和我国因特网的四大著名网站，一是让学生从视觉上感受网络的效果，很自然地介绍到了教材中提及的两条信息；二是让学生真实体会到了网络资源的丰富和全面。

6. 课堂总结

教师：对于因特网，你们还想用它来做些什么？说说看。

学生：看新闻、传输文件、听音乐、收集学习资料、购物、游戏……

教师：有了今天的准备，上网的通道已经打开，相信我们在树立了应有的网络道德意识，掌握了甄别信息获取信息的基本技巧和方法后，网络对于我们将是天堂，它会为我们的学习和生活打开方便之门。下节课我们将走进因特网，学习上网的基本技术，体验网上冲浪的快乐。

设计意图：结束语的设计起到"课虽止，思未断"的效果，促进学生思维延伸。

案例来源：

江苏无锡市石塘湾中学　卢金燕老师

案例评析：

本案例的设计方式循循善诱，环环相扣，逻辑性很强，由因及果，一步一步地引导学生了解网络的基本概念，理解网络的基本构成，了解个人计算机上 Internet 的硬件、软件条件，掌握计算机与网络的连接方法。该节内容理论性强，概念抽象难于理解，是教材中的难点，也是教师在教学中易略去的地方。在本节课中教师能够利用身边的资源，根据认知规律将抽象的内容具体化，表象化，使概念和实体有机结合，有效突破了教学难点。思路清晰，应用的教学方法手段也很新颖，具有代表性。

知识迁移。知识迁移就是"一种学习对另一种学习的影响"。学习是一个连续过程，任何学习都是在学习者已经具有的知识经验和认知结构、已获得的动作技能、习得的态度等基础上进行的。这种原有的知识结构对新的学习的影响就形成了知识的迁移。要促进迁移的产生，首先要有教师的指导。本案例中，教师在利用日常生活中对网络的认识实现对网络概念的理解进行课程导入，并从校园网的接入方式迁移到目前家庭上网的两种常用方式。知识迁移是基于教师对学生原有的认知结构的了解和对知识网络的熟悉程度，选择适合的媒体资源让相似的知识更容易产生迁移。教师在课堂中加入知识总结和考试内容的练习反馈，积极寻找素质教育和考试的契合点，用开放的教学验证了素质教育和考试是不矛盾的统一体，从实践上为广大教师提供了一种有效的方法和途径。

基于问题的教学方式。问题教学法就是教材的知识点以问题的形式呈现在学生的面前，让学生在寻求，探索解决问题的思维活动中，掌握知识、发展智力、培养技能，进而培养学生自己发现问题解决问题的能力。本案例中，属于问题教学法的第一种方式，教师在新授过程中，提出问题并引导学生解决问题，同时向学生说明在该探索情境下的思维逻辑。例如：把这些计算机等通过通信线缆、处理设备连接起来的目的是什么？如果打算接宽带，你准备选择安装哪一种宽带？等等。基于问题的教学另外一种方式是教师有意地创设问题情境，组织学生的探索活动，让学生提出学习问题和解决这些问题。后者学生的主动性较强，教师是作为主导者，引导学生发现解决问题，本案例假如可稍做改进调整就更完整了，例如，可以让学生小组合作，设想接宽带会遇到什么问题，面对这样的问题，学生利用知识如何来解决，并在探索解决问题过程中掌握知识。"问题教学"为学生提供了一个交流、合作、探索、发展的平台，使学生在问题解决中感受到价值和魅力，在教学活动中以"问题"为线索，基于问题情境发现探索知识，掌握技能，学会思考、学会学习、学会创造，促进学生创造思维的发展。

教学策略单一，培养学生综合能力。本案例中，除了运用简单的习题教学策略辅助教学外，可以添加简单的实践训练培养学生多方面的能力，例如让学生动手感知光纤材料，双绞线等，小组完成简单的宽带安装，等等。也可添加一些比赛游戏，调动课堂氛围等。采用不同的教学方法有利于充分调动学生的各种感官积极参与教学活动，提高学习积极性；各种教学方法各有其适应性，又有其局限性，博采众长，综合运用才是成功教学之路。

本案例教学目标很明确，但是近几年的课程目标要求和很多实践研究中，发现知识与技能，过程与方法，情感态度价值观三者目标有些时候是相互联通的，有些目标达到的过程中可能都涉及三维目标，所以可以用简单的1，2，3罗列教学目标。本节课教师能够以问题的形式引导学生解决问题，环环相扣，抓住重难点，使学生建立应用信息技术解决生活中实际问题的意识，提高学生探究的能力，值得引荐。

## 优秀案例二

### "共享网络资源"教学设计

一、基本说明

（1）教学内容所属模块：信息网络。
（2）年级：七年级。
（3）所用教材出版社：浙江教育出版社。
（4）所属章节：上册第二课。
（5）学时数：1课时。

二、教学设计

1. 教学目标
（1）知识与技能。
① 了解网络、局域网、城域网、广域网概念与特点。

②学会在局域网设置和查找共享资源、共享打印机并打印文稿方法。
③掌握将自己资源给大家分享的方法。
（2）过程与方法。
①通过德育视频观看，学会分享资源。
②通过教师引导学生掌握局域网资源共享的方法。
（3）情感态度与价值观。
①通过分享网络资源，体会分享的快乐。
②通过设置共享文件夹，培养网络安全意识。

2. 重点与难点

重点：局域网概念；浏览、使用网络资源；设置共享文件夹。
难点：浏览、使用共享资源；设置共享文件夹。

3. 教学过程

活动1：学会分享。

上课前，老师先播放一个励志视频，尼克·胡哲的《人生没有上限》，你知道这人是谁？结局怎样？他为什么没有四肢却坚强的生活？他给我们那么多鼓励，在我们接受感动之余，同学们，有没有种想要把这种感动激励分享给更多朋友的冲动？2

活动2：设计共享方案。

学生看完没有四肢却能坚强生活的尼克·胡哲，会有想要分享这个视频的强烈愿望。由此引出分享共享的定义，并设置活动给学生参与：把老师机子里的视频共享到每一个同学们的计算机里。同学们发挥想象，能有几种方案，并根据计算机室的原有条件，敲定最终适合方案。

学生讨论活动：给学生五分钟分小组讨论方案，并选代表发言。教师归纳总结出4种方案：

（1）通过实质存储介质拷贝传给同学。
（2）通过因特网虚拟空间软件共享传给同学。
（3）通过局域网文件共享传给同学。
（4）通过上传视频到视频网站分享给同学。展开知识点，介绍4种方案时涉及的网络、网络分类、局域网、城域网、广域网五个知识点的定义和特点。老师讲授法介绍给学生，并结合本次计算机教室活动选定方案（3）为最终舒适方案。

活动3：自主探索设置共享方法。

学生探究活动：把学生分组，并给学生五分钟时间完成自主探究如何在局域网内设置共享文件的方法。不懂的同学可以查阅课本知识。老师小组巡视总结归纳学生探究过程中遇到困惑并展示在教室屏幕。

学生遇到两个困惑：

（1）如何确定是在同一局域网内。
（2）如何确认计算机在局域网的名称。

学生解决问题活动：探究时间结束后让学生自主解决困惑，老师总结演示。涉及知识点：

（1）IP地址的查看与设置方法。
（2）静态IP地址和动态IP地址定义。

（3）计算机名称的查看与设置方法。
（4）共享文件设置方法。

人人动手活动：根据学生老师演示总结，使同学掌握其方法，并给两分钟时间让每个同学都动手操作，尝试成功的快乐。

活动4：总结归纳共享问题。

活动与课本主题结合：向学生展示本课的主要任务，也就是第二课内容，实现内部资源共享——了解局域网这个主题，并拓展知识：同学们，除了文件共享，局域网内还可以实现怎么的其他资源共享呢？学生两分钟讨论，教师总结。引出新的知识点设备共享、因特网共享、程序共享等。

学习设备共享：给出学生设备共享定义。图片展示打印机和传真机，并实物展示出打印机给学生，让学生用三分钟先探究打印机共享的方法。教师在讲台演示打印机共享的方法，并给学生设置五分钟课堂小活动——"谁最棒!能让打印机先动起来"。让学生摸索如果利用共享打印机打印文稿。最后学生演示教师总结让学生掌握用共享打印机打印文稿。

学习共享上网：结合现在的网络宽带水平，主要讲授学生利用设备实现因特网共享，图片演示讲授无线路由器和有线路由器的优缺点。

活动5：知识回顾。

学习知识点归纳总结：利用练一练问答这个小活动，总结归纳这节课的知识点。共设计了四个问题：

（1）网络的概念是什么？
（2）网络按其分布范围来分可分为几类？
（3）局域网中是怎么样标识计算机的？
（4）局域网中的资源共享有几种类型是？有何作用和意义？

活动6：结束语。

今天很高兴能和同学们一起分享了让人励志的传奇视频《人生没有上限》，我希望同生们在今天后的学习乃至今后的工作中，无论遇到什么困难，只要你能想起今天老师同学们一起观看的视频，所面对的困难和挫折与视频相比，一切都不算什么了，我们要努力克服它，因为人生是没有上限的，是没有不可能的，同时，我也希望同学们记住：网络的一个重要的功能就是能分享资源，通过今天的学习我们学会了浏览局域网中的资源，学会了浏览和使用网络资源。分享别人的资源是快乐的，把自己的资源给别人分享同样是快乐的。希望同学们能在网络中获得更多的快乐。

案例来源：

21世纪教育网

案例评析：

案例主要采用讲授法、活动探究法。通过设置活动把老师机子里的视频共享到每一个同学们的计算机里。同学们发挥想象，能有几种方案，并根据计算机室的原有条件，敲定最终适合方案。纪元辉在《活动教学法在高中信息技术教学中的应用中》提到五种"活动促发展"思想，活动的设计具体、实际，强调展示自我，突出自我评价环节；以小组合作学习为主，合理搭配小组成员,角色的不断变化,使得同伴在学习中的作用得到淋漓尽致地体现;教学活动的设置贴近学生生活,有利于提高学生实际应用和自己动手解决问题的能力;采用自主学习系统和交流合作学习平台等教学管理软件平台,进行实时的交流互动,以及课堂效果的评价,丰富了课堂形式;问卷调查新颖实用,评价方式多样。在本案例中体现了前三点,可以增加后面两点,例如,课后增加问卷调查反馈,利用教学管理软件平台,当然这对学校的硬软件环境的建设要求较高。

自主合作探究学习方式,就是导引学生的自主学习以促使学生进行主动的知识建构的教学模式。本案例通过创设活动探究,设置"学会分享"—"设计共享方案"—"自主探索设置共享方法"—"总结归纳共享问题"—"知识回顾"五个环节,教师引导学生小组合作进行自主学习,探究如何在局域网内设置共享文件的方法。教师在整个过程起到组织和抛砖引玉的作用,引导学生归纳知识点。最后设置四个问题,带领学生巩固知识,并提高学生网络安全意识。

课堂导入。本案例通过励志视频引出问题,"有没有种想要把这种感动激励分享给更多朋友的冲动?"教师引导学生树立正确价值观的同时让学生学会分享,恰到好处。对于本节课导入环节的设计,也可从在生活中工作中遇到数据处理共享等问题进行引入,让学生形成用信息工具资源解决问题的习惯,提高信息素养。情境创设中需要注意几个方面问题,第一,情境的创设应为完成教学目标服务。要让学生在情境中探索,并在情境的激励诱导下,师生共同努力解决问题,从而达到发展的目的。情境创设应该能让学生学会搜集、处理和发布信息。所以教学情境的创设要与教学目标紧密相连。第二,创设教学情境,强调按照真实的生活情境来改造教学,使学生对情境所涉及的人和事产生移情作用,产生沉浸于学习的效果。第三,要注重联系学生的现实生活,在学生鲜活的日常生活环境中发现、挖掘学习情境的资源。第四,要挖掘和利用学生的经验。信息技术教学情境的创设一定要尊重生活实际,符合客观规律,不要人为地编造与生活不相符的书本内容。

教学目标设计。随着近几年对教学目标的课堂实践研究,发现知识与技能,过程与方法,情感态度价值观之间是相融的关系,有些目标达到的过程可能涉及三维目标。总之,本节课教师能够运用自主合作探究的学习方法,引导学生掌握浏览、使用共享资源的方式和设置共享文件夹的方法,清楚的抓住重难点,值得引荐。

## 2 信息获取

【课程标准】

(1)掌握常用浏览器的操作,能够浏览网络信息,能够借鉴文件管理的方法管理收藏夹。
(2)学会通过超文本阅读提取信息并能理解超文本的作用。
(3)体验几个常用的搜索引擎,能够使用搜索引擎查找信息。
(4)尊重知识产权,能复制、下载并合理使用网页中的文字、图片等信息。
(5)学会从不同渠道验证信息,养成从权威信息源获取信息的习惯。

优秀案例一

## "走进低碳生活——有效获取信息"教学设计

一、基本说明

（1）教学内容所属模块：走进信息世界。
（2）年级：七年级。
（3）所用教材出版社：江苏科学技术出版社。
（4）所属章节：第一章第二节。
（5）学时数：1课时。

二、教学设计

1. 教材分析

其内容主要包括信息需求分析的一般过程，信息来源的多样性，不同搜索引擎的优点及使用，旨在培养学生在信息的获取中选择适当搜索引擎的能力，该课为下一节信息的甄别与管理打下基础。

2. 学生分析

教学对象为初中一年级学生，学生已经掌握浏览网站的方法，以及从网络上下载文字、图片和保存整个网页的方法，教师在教学过程中只需对此内容进行引导。但学生对于搜索引擎的分类及特点概念较为模糊，对关键字的提炼仍需要进行进一步的指导。

3. 教学目标

（1）知识与技能。
① 了解信息的需求分析，信息获取的途径；
② 掌握搜索引擎的使用方法；
③ 学会合理运用不同的搜索引擎。
（2）过程与方法。
通过自主学习法，对比观察法培养学生主动思考问题的能力。
（3）情感态度与价值观。
① 通过完成半成品海报激发学生学习信息技术的兴趣。
② 利用教学内容中所涉及的低碳环保理念，提高学生的环保意识。

4. 教学重点与难点

教学重点：从因特网上获取信息。
教学难点：提炼关键字，筛选信息。

5. 教学策略与方法

利用教师主导学生主体策略，创设完成半成品宣传海报的情境；将重点与难点利用任务驱动方式呈现；学生自主学习与探究结合小组竞争掌握知识点。

6. 教学准备

教学 PPT、"走进低碳生活"宣传海报（半成品）、多媒体网络教室。

7. 教学设计思路

本课所涉及的主题为"走进低碳生活"，相关实践学习活动围绕"低碳"展开。学生通过制作"走进低碳生活"宣传海报，感受低碳环保的意义；通过搜索与低碳相关关键字的任务实践环节，掌握网上信息的下载方法，并掌握关键字的提炼；通过不同搜索引擎搜索方式与搜索结果的对比，掌握合理运用搜索引擎。

三、教学过程

（一）情境导入，引发思考

教师讲解：同学们，今天我们要学习的内容是第一章"走进信息世界"中第 2 节"信息获取与管理"。本节课我们需要了解如何对信息进行需求分析，并掌握信息获取的途径，以及如何从因特网上获取信息，其中从因特网上获取信息是我们本节课的重点。接下来，我们观察一组图片。

教师演示："低碳环保"宣传海报；"9.22 无车日"宣传海报；上海世博会"生态绿墙"，如图 1 所示。

图 1　教师演示

教师讲解：你能从这些图片中获取哪些信息？

学生回答：低碳环保，无车日。

教师提问：我们这节课的主题就与低碳和环保有关。同时，老师制作了一份"走进低碳生活"的海报（见图 2），但是仅仅是个半成品，仔细找找，里面缺少什么？

教师展示电子半成品海报。

学生回答：缺少问题的答案和图片！

教师提问：你能通过本节课的学习完善这份海报吗？

学生回答：能！

教师讲解过渡：同学们，要完善海报内的相关内容首先就要进行信息的需求分析。海报中有示例图片，是老师经过分析后获得的，下面我们就来了解什么是信息的需求分析。

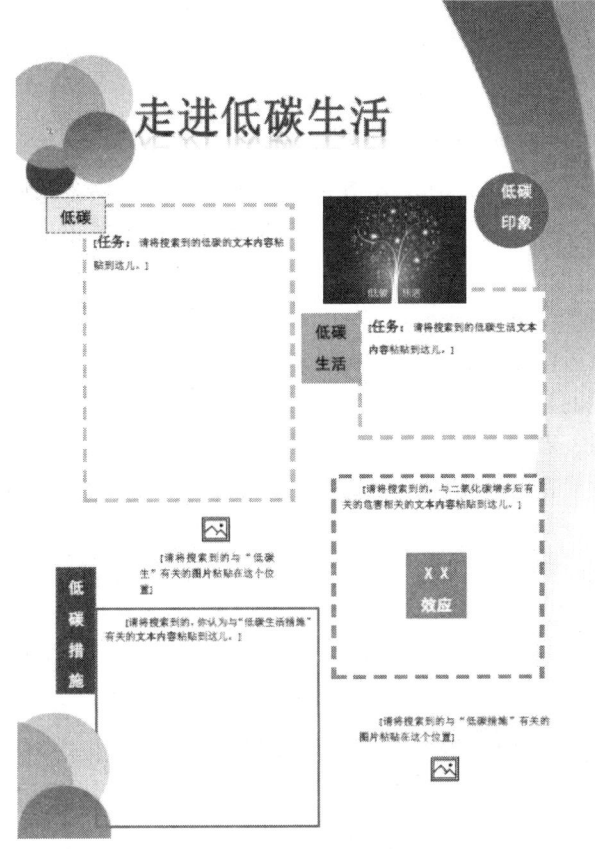

图 2 "走进低碳生活"海报

设计意图：通过图片引起学生思考从而出示主题，通过半成品海报激起学生完成任务的兴趣。

（二）任务驱动，学习新知

1. 信息的需求分析

教师讲解：海报中的图片以及之前展示的图片，都是老师从因特网上获取的，在这之前老师针对要下载的图片定下了"低碳环保"的主题，然后通过网络这种方式进行搜索并下载，最后应用到本堂课中。教师对这些图片所进行的一系列操作就是信息的需求分析。

PPT 展示定义如图 3 所示。

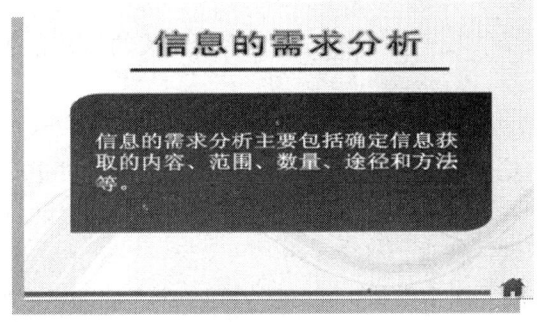

图 3 信息需求分析

2. 信息的获取途径

教师提问：确定信息的内容后要思考如何获取信息？请同学们想一想，起床后想要知道今天的天气如何，可以使用什么方式？

学生回答：天气预报，到室外感受……

教师讲解：到室外感受是利用感官来获取信息，当我们无法利用感官获取信息的时候可以怎样做呢？例如，当我看不清远处的景象，或者想看到非常微小的微生物时，可以使用什么工具？

学生回答：望远镜和显微镜。

教师讲解：利用望远镜和显微镜的方法就是利用工具来获取信息，是感官中视觉的延伸。

教师提问：视听觉的延伸有哪些呢？

学生回答：听广播、看电视。

教师提问：除了听广播、看电视，你通常用什么方式获取今天的新闻信息呢？

学生回答：看报纸，浏览网站。

教师讲解：看报纸、杂志、文献等是利用文献检索的方式进行信息的获取。在条件允许的情况下，我们还可以利用网络来获取信息。人们还可以通过采访、问卷等调查研究方式来获取信息。总的来说，信息获取的方法多样，我们在获取信息的时候要根据自己的需要选择适当的途径。

图4　获取信息的途径

3. 从因特网上获取信息

教师提问：在本节课中，我们要了解与低碳生活相关的内容，选择什么样的方式最方便快捷呢？

学生回答：网络！

教师讲解：在使用网络时，老师习惯使用的方式是利用百度进行搜索，你们会使用什么样的方式呢？

学生回答：百度，谷歌，搜狗，必应……

教师讲解：这些网站的界面都类似，同时它们有一个共同的名字叫作——搜索引擎，搜索引擎是什么，它分为哪些种类？日常生活中你所使用到的搜索引擎都有哪些特点呢？

出示任务：请同学们打开书本 P15～P17 页，利用 5 分钟的时间快速浏览"3.2 使用搜索引擎"中的相关内容，并回答老师的问题，答对问题将为你所在的小组每人加 10 分。

学生自学。

PPT 展示如图 5 所示。

图 5　搜索引擎

教师提问：什么是搜索引擎？

小组抢答：搜索引擎是用于检索因特网信息的网络工具。

教师提问：搜索引擎按工作方式分为哪两种？

小组抢答：全文搜索引擎和目录搜索引擎。

教师提问：他们分别又称为什么？

小组抢答：网页搜索引擎和网站搜索引擎。

教师提问：最常用的国内全文搜索引擎和目录搜索引擎有哪些，你能说出网址吗？

小组抢答：百度（www.baidu.com）；搜狗目录分类 dir.sogou.com。

教师提问：你知道在使用全文搜索引擎进行，所输入的内容叫作什么吗？

小组抢答：关键字。

设计意图：通过教师讲解；教师与学生共同探讨；学生自学与抢答问题的形式逐步活跃课堂气氛，利用加分的鼓励措施使学生积极参与到教学中；同时使学生初步理解信息的需求分析、信息获取的途径以及搜索引擎的概念，为之后的巩固打下基础。

过渡：关键字的应用在信息的获取中的地位非常重要，我们一同通过实践操作活动熟悉关键字的应用。

（三）实践操作，巩固新知

1. 全文搜索引擎

教师讲解：你知道什么是低碳，什么是低碳生活吗？请同学们打开"走进低碳生活"海报，查看海报中的"任务 1"内容，利用百度全文搜索引擎搜索有关"低碳"以及"低碳生活"有关的内容，并与同学分享什么是"低碳"，什么是"低碳生活"。最快完成的同学将获得 10 分鼓励。

（出示任务）任务1：请将搜索到的"低碳"与"低碳生活"的内容粘贴到海报相应文本框，如图6所示。

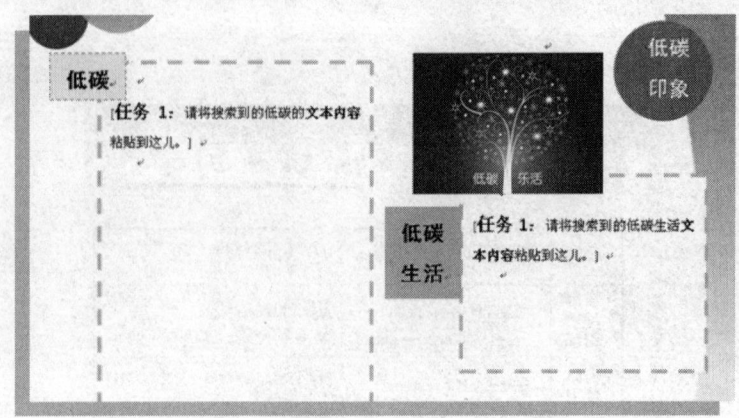

图6 粘贴"低碳"与"低碳生活"到海报文本框

学生操作完成任务1。

教师提问：请完成最快的同学简要分享一下你的成果。

学生回答。

设计意图：通过查找"低碳"和"低碳生活"有关的内容了解其内涵，并保存网页中的文字信息。

教师讲解：同学们在搜索框中所输入的"低碳"及"低碳生活"，即为关键字。

任务2：下面请同学们观察如图7所示海报并思考"低碳措施"栏中的关键字是什么？

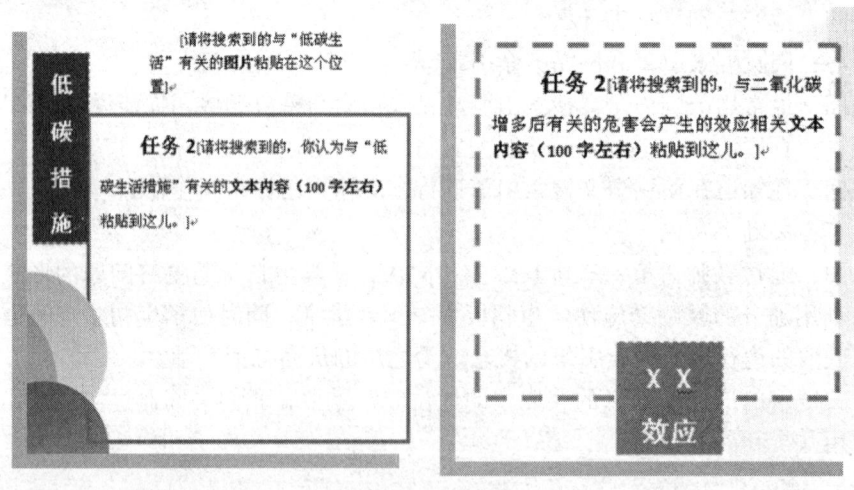

图7 低碳措施

学生回答：低碳措施。

教师讲解：根据提示请回答"某某效应"栏中将要输入的关键字又是什么？

学生回答：与二氧化碳增多后有关的危害会产生的效应——二氧化碳效应。

教师讲解：我们所输入的关键字要进行提炼，所输入的关键字需要选取与希望获取的内容最贴切的词语。你认为应该输入哪些关键字？

学生回答：二氧化碳，效应。

出示任务：粘贴"低碳生活措施"有关的文本内容到相应文本框，粘贴与二氧化碳增多后有关的危害会产生的某某效应相关的文本内容到相应文本框。

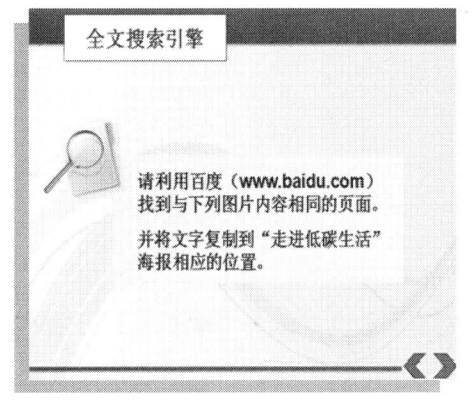 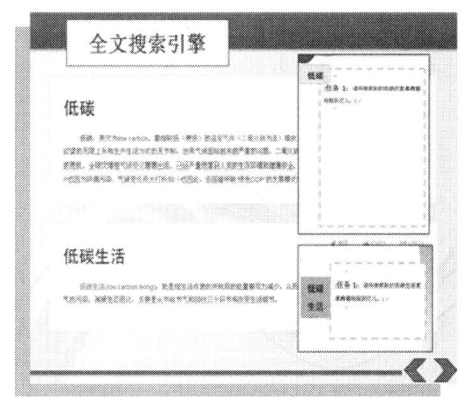

图 8　完成效果

教师讲解：请同学们完成任务 2，请完成最快的同学简要分享一下你的成果（见图 8）。

学生操作完成任务 2。

教师巡视指导。

设计意图：学生主动探究提炼关键字的要点，同时了解低碳生活措施与温室效应相关知识。

教师讲解：关键字的选择非常重要，下表中列出的所要搜索关键字中前三项与后两项都是文字相同，但是所包含的符号不同。下面我们通过每小组查找不同的关键字，查看搜索到的网页数目，并总结相关符号的功能。

出示任务：比一比（低碳 生活；"低碳生活"；《低碳生活》；低碳生活＋二氧化碳；低碳生活－二氧化碳），如图 9 所示。

| 关键字 | 利用百度搜索到的网页数目 | 利用搜狗搜索到的网页数目 | 使用符号 | 相关符号的功能 |
|---|---|---|---|---|
| 低碳 生活 | 5,640,000 | 363014 | 空格 | 或者 |
| "低碳生活" | 5,820,000 | 332005 | 双引号 | 精确查找 |
| 《低碳生活》 | 25,800 | 90797 | 书名号 | 书名、文章名等 |
| 低碳生活＋二氧化碳 | 3,480,000 | 211435 | 空格加号 | 并且 |
| 低碳生活－二氧化碳 | 14,300,000 | 39018 | 空格减号 | 除去 |

图 9　比一比

教师讲解：请进行搜索，并告诉老师你所搜索到的网页数目，根据数学中符号的作用，想一想相关符号的功能。

分组操作：1~5组分别利用"百度"和"搜狗"全文搜索引擎搜索对应关键字。

学生回答。

教师总结：空格代表或，双引号代表精确查找，书名号代表查找内容为书名或文章名；空格加号则代表并且，空格减号代表除去。不仅关键字的选择会影响搜索结果，关键字中的符号应用也同样影响着搜索结果。

不同搜索引擎搜索结果不同原因：

① 搜索的理念不一样；

② 搜索的技术不一样；

③ 权限不一样。

设计意图：通过对比，使学生了解不同符号获取信息结果的不同。

过渡：通过搜索，同学们对全文搜索引擎一定有了较为深入的了解，搜索引擎不仅包含了全文搜索引擎，还包含了目录搜索引擎，它又有哪些特点呢？

2. 目录搜索引擎

教师讲解：同学们，打开"走进低碳生活"宣传海报，我们已经完成了相应的文字内容。还有一些图片的内容没有完成，想要把一张我认为好看的图片粘贴在里面，你们认为应该如何做？

学生回答：关键词输入"好看图片"，利用目录搜索引擎。

教师讲解：这时候我们所找到的图片带有很多个人喜好的色彩，你认为好看的图片，并不一定是别人认为好看的图片，因此利用全文搜索引擎搜索是比较耗费时间的，可以利用目录索引搜索引擎搜索，简单方便。

教师示范操作：百度搜索-图片-植物-树木（图片与主题相关即可）。

学生操作。

展示优秀作品。

教师简要评价。

过渡：从作品中能够看出同学们已经基本掌握了本课的基本内容，在宣传海报相关内容的选择上各不相同，那么你所选择的内容是否正确真实呢？这是我们下节课《信息的甄别与管理》中所涉及的内容。

设计意图：通过学生的思考与搜索活动掌握目录索引搜索引擎的使用方法，通过展示优秀作品与评价作品提高学生的学习兴趣。通过对内容真实性的思考带出下节课"信息的甄别与管理"中内容。

（四）归纳总结，自我评价

教师提问：这节课我们学习了信息的需求分析，总结了信息获取的一般途径，并利用全文搜索引擎和目录索引搜索引擎完成了"走进低碳生活"宣传海报，请同学总结全文搜索引擎与目录索引搜索引擎应该在何种情况下使用。

学生回答：全文搜索引擎，需要查询具体资料时用；目录索引搜索引擎，在搜索目标有明确主题，又需要获得较为系统的信息时用。

学生完成自我评价表及作品评价表，如表1，表2所示。

表1 教学评价表（在相应的单元格中打"√"）

| 目标 | 掌握情况 | | |
|---|---|---|---|
| | 完全掌握 | 部分掌握 | 未掌握 |
| 信息的需求分析 | | | |
| 信息获取的一般途径 | | | |
| 搜索引擎的含义 | | | |
| 全文搜索引擎与目录索引搜索引擎的区别 | | | |
| 根据内容确定关键字 | | | |
| 根据内容选择合适的搜索引擎 | | | |

表2 作品评价表（在相应的单元格中打"√"）

| 目标 | 掌握情况 | | |
|---|---|---|---|
| | 完全掌握 | 部分掌握 | 未掌握 |
| 低碳与低碳生活的含义 | | | |
| 找到一个低碳措施 | | | |
| 温室效应的危害 | | | |
| 文字、图片的下载与粘贴 | | | |

设计意图：由于本节课没有使用到小组合作探究方式，因此学生利用自我总结，自我评价表的方式对整节课所学进行梳理，并评价本节课所制作作品的掌握情况，通过反馈信息，掌握学生学习情况。

（五）布置作业

教师布置作业：完成"走进低碳生活"宣传海报的图片美化，并保存所下载的相关图片内容。

教师示范：文件压缩方式。

学生提交作业：学生将所有内容压缩并利用作业提交系统提交本节课作业压缩文件。

设计意图：下节课内容为信息的甄别与管理，本节课的素材将留作下节课使用。

四、教学反思

本节课主要内容以低碳生活为主题，以讲授法，自主学习法，任务驱动法为主，通过完成"走进低碳生活"宣传海报为载体，由易到难的设计教学过程，逐步深入使学生更易接受。同时，宣传海报的制作能够激起学生完成任务的兴趣。

本课存在的不足：在教学过程中设计了小组抢答和分小组进行内容查找的环节，可以设计更多小组合作探究活动，以增加学生的团队协作能力。

案例来源：

2014年全国信息技术课程教学案例大赛一等奖　江苏省无锡市积余实验学校　朱婉娜

案例分析：

本案例以"走进低碳生活"为主题，相关实践学习活动围绕"低碳"展开。学生通过制作"走进低碳生活"宣传海报，感受低碳环保的意义；通过搜索与低碳相关关键字的任务实践环节，掌握网上信息的下载方法，并掌握关键字的提炼；通过不同搜索引擎搜索方式与搜索结果的对比，掌握合理运用搜索引擎。教学方法以讲授法，自主学习法，任务驱动法为主，通过完成"走进低碳生活"宣传海报为载体，由简入难的设计教学过程，逐步深入使学生更易接受。同时，宣传海报的制作以及随堂的奖励比赛机制能够激起学生完成任务的兴趣。

主题贴近生活，促进情感共鸣。本案例采用的主题为"走进低碳生活"，其一，通过学习增强学生的环保意识，树立正确的价值观念，促进情感共鸣；其二，学生在完成主题任务的过程中掌握知识，提高学生学习的积极性，改变传统的枯燥无味的"填鸭式"学习。其三，主题情景的导入，教师能更好地掌控课堂节奏，更加学习氛围。

注重新旧知识联系。本案例中另外一个亮点，即教师设计中注重新旧知识的联系，激活旧知就是要求教师深入研究教材，设法在学生原有的知识基础上架起通向新知的桥梁，运用制造冲突、寻找异同点、解剖典型、分析迁移方法来达到知识的同化与顺应，充分调动学生的学习积极性，发挥和发展学生的智力，从而形成良好的数学认知结构。本案例中，通过对搜索引擎这个旧知识的回顾应用，协助完成任务，这个环节的设计十分巧妙。

突出重点，突破难点，目标词用得广泛。如何把握重点、突破课堂教学中的难点，是教学活动中永恒的主体，教师只有把握重点、突破教学上的难点，才会扫除学生学习上的障碍，解除学生心理上的困惑，增强学生学好数学的坚定信念，从而达到提高教学质量的目的。本案例中教学的重难点明确，通过搜索与低碳相关关键字的任务实践环节和不同搜索引擎搜索方式与搜索结果的对比，解决从因特网上获取信息和提炼关键字，筛选信息的重难点。在环节设计中也都能体现出来，但"了解，掌握，学会"等目标词，学习的程度没有体现，掌握的程度是多少，了解了多少，这是本案例的美中不足。

任务驱动法形式化和简单化。案例中，采用讲授法，自主学习法，任务驱动法为主，其实是以讲授法为主，其余两种方法只是稍微沾边，这与教师对任务驱动法和自主学习法的教学策略不熟悉有关，所谓任务驱动法是要求"任务"有目标性和创建教学情境，使学生带着真实的任务在探索中学习。任务是在情境中提出，但是任务是要贯穿整个教学过程，学生自主合作探索完成任务，在完成任务过程中实现对知识的掌握，教师的作用可以在每个环节中，学生完成的每个小任务，教师引导学生总结刚才过程中所学到的知识点。本案例对任务的设计过于简单化，完成半成品电子海报，任务布置过后，教师开始讲授知识点，且与完成海报的内容不相关，这方面使任务与教学环节脱节，与任务驱动法背道而驰了。

任务内容的设计。本案例对完成"半成品电子海报"的任务内容可改进，例如把接下来要信息获取的几个步骤都设计进入内容图中，这样不仅为后面的知识进行铺垫，又能达到本节课的学习任务。教师可以在内容图中设计几个小任务，通过完成这些任务，帮助学生对所完成的任务进行总结，从而获得知识。至于对教学目标的制定可以简单罗列重要的三四条，可不必刻意分清三维目标，三者也可相互融合。

总体上，本案例能够把知识的重难点讲清楚，教学目标明确，学生通过完成"走进低碳生活"宣传海报为载体，学会简单的宣传海报的制作，能够激起学生学习的兴趣，值得推荐。

优秀案例二

## "信息的下载与保存"教学设计

一、基本说明

（1）教学内容所属模块：信息获取。

（2）年级：八年级。

（3）所属章节：下册第五课。

（4）学时数：1课时。

二、教学设计

（一）教材分析

在认识 Internet 与进入 Internet 之后，前面的理论知识在这里得到了进一步的训练巩固，为后面制作多媒体作品的素材收集打下基础，掌握信息的收集与保存，有利于培养学生终身学习的技能和方法。这一块内容教学安排 1 课时，由于从网上获取信息是本章的重点，教材在教学大纲中规定只要求学生较熟练地掌握从网上获取信息的基本操作方法。

（二）教学目标

1. 知识与技能

掌握文字、图片、网页和文件等各种信息的下载和保存方法。了解网络中的常用下载工具的功能和使用。

2. 过程与方法

用任务驱动，通过学生自主探究、协作学习，在完成一个个具体的任务的过程中学会网上信息的查找、获取、保存和管理方法。

3. 情感态度与价值观

除了让学生学会自主学习，还培养学生协作学习、与人合作的意识。这样，学生在学习中遇到困难，除了可以与他人协商，还能求助于互联网，到网上去搜索，最终自己找到问题的答案，达到学习目标，完成研究任务。同时培养学生课外阅读和搜集的兴趣，激发学生爱科学、学科学的兴趣。

（三）教学方法

以启发式教学、探究实验法和评价促进法为主的教学方法，使学生在明确任务的前提下，自主探索、小组合作来解决实际碰到的困难，教师起到一个引路的作用，引导学生成为学习的主人，让他们在"练中学"，只有在反复的练习中，学生对新知识的理解才能进一步深化。

（四）重点难点

学习本课首先要使学生产生从网上下载信息的需求，有了下载信息的需求，就需要掌握一定的方法和技巧，因此我认为本课的教学重点应该是让学生掌握各类信息下载的基本操作。教学难点是学生在网上获取信息、保存信息、整合信息的综合操作。其间，通过分层次教学，使不同程度的学生掌握相应的知识。

三、教学过程

表 1 教学过程

| 教学环节 | 教师活动 | 学生活动 | 设计意图 |
|---|---|---|---|
| 创设情境，导入新课 | 播放 BBC 纪录片《与恐龙同行》中恐龙录像的片断。<br>教师：大家知道录像上的是什么生物吗？<br>教师：你们知道恐龙有哪些种类呢？<br>教师：你想更多了解恐龙吗？你能做一个有关恐龙的电子小报，帮助其他同学也认识恐龙吗？现在就请大家结合前几节课学习的搜索知识，从网上找出恐龙的图片，比一比，哪个同学找到的多。 | 学生：恐龙！<br>学生：霸王龙，梁龙，剑龙，翼龙⋯<br>学生开始自己搜索恐龙网页。（屏幕监看，教师巡视指导） | 根据学情，教师通过学生感兴趣的内容入手，让学生的注意力集中于课堂，又通过竞赛的方式进一步调动学生的积极性 |
| 自主探究，合作解决 | 教师：我们找到了那么多的恐龙图片，能不能想办法把它们保存到我们自己的计算机里呢？<br>引出下载的概念：所谓下载，就是将网上的资料（文字、图片、网页、音乐、影片、游戏、软件等）保存到自己的计算机（硬盘）上。<br>板书：下载。<br>教师：下载前，先在自己计算机的桌面上建立一个名叫"恐龙"的文件夹。<br>(1) 图片的下载。<br>教师强调关键点：指向，右击，查找并下载 6~7 张关于恐龙的图片另存为，把图片保存到桌面上的"恐龙"文件夹中。<br>(2) 文字的下载。<br>教师：除了图片，还有各种各样关于恐龙的文字介绍，我们如何把这些介绍文章也下载保存到计算机里面呢？<br>WPS 中（或者写字板、记事本等文字编辑软件）操作的，需要把复制的文字粘贴，然后再保存为 WPS 文档。 | 学生回答自己找到的方法。<br>学生边书边操作，不明白的地方先进行小组讨论。教师巡视指导，如果有学生不能解决的共性问题，全班进行汇报解答。<br>学生在练习的过程中，可能会出现各种各样的问题：比如要保存的图片找不到了，那么教师就要提醒学生注意保存在自己文件夹的位置，养成良好的使用计算机的习惯。<br>学生：选中文字，复制，粘贴。<br>学生练习：分组练习，第一小组围绕恐龙这个主题，第二小组围绕恐龙天敌之谜这个主题，第三小组围绕恐龙食物这种主题，第四小组围绕恐龙化石这个主题，每个小组围绕自己的主题搜索相关图片和文字，把下载的图片插入 WPS 里，然后在旁边配上文字说明，做成一个简单的电子小报，并把小报保存在桌面的"恐龙"文件夹内。 | 让学生自由练习，小组讨论，培养学生的分析、比较能力，突破本课与 WPS 的联系，突破教学难点。 |

- 140 -

续表

| 教学环节 | 教师活动 | 学生活动 | 设计意图 |
|---|---|---|---|
| | （3）页面的下载保存。<br>教师：接下去请同学们打开 http://www.csssyzx.com/down/3.htm, 这个网页关于关于不同恐龙和文字类的图片和文字介绍，大家想一想，用什么方法可以最快的把这些图片和文字全部保存到自己的计算机里呢？<br>教师：下载网页的方法是什么？<br>教师：细心的同学你会发现它和保存文档有什么不同吗？<br>教师：如果选择的保存类型是"网页，全部"（板书），就会生成两个东西，一个html文件和一个同名文件夹。文件夹里面保存的都是张网页上的图片。<br>如果选择的保存类型是"文本文件(*.txt)"，会生成什么文件？<br>教师：刚才大家已经带着目标开始主动地去尝试下载这些相关的信息了，有很多同学找到了恐龙的方法。下面就请两位同学分别来给我们演示一下他们的下载过程。<br>（4）提高：文件和软件的下载（分层教学）。<br>教师：对学生的操作情况给予评价和鼓励，没有完成刚才任务的同学继续完成，已经完成好的同学，这有专有特色，我们可以在网页或者课件中加入一段声音或者视频，这些带来更好的效果。请利用搜索引擎，在网上下载有关mp3的文件。（提示：注意搜索的关键字。播放声音片断，验证下载文件的正确性，并点评学生下载的方法。<br>（分层次）教师：下载文件常用的方法有两种，方法1：左键直接单击"保存"，选择下载路径。方法2：右击下载链接→目标另存为。这也是同学普遍使用的下载方法。但随着网技术的普及和提高，我们接触网络的范围越来越广泛，很多软件或文件上传到服务器的情况，常会出现下载时间以后连不上服务器的情况，或者文件太大，需要很长时间才能完成，这时，我们就需要用到一些专用软件来下载。相对前面介绍的下载方式，软件下载有很多优势。 | 学生：把整个网页都下载下来。<br><br>学生："文件"菜单—"另存为"命令。<br>学生：同时生成两个东西——html文件和同名文件夹。<br><br><br>学生练习：分小组下载，把这张介绍恐龙种类的网页保存到自己桌面的文件夹中。一半小组保存成"网页"类型，自己的任务完成以后可以再完成另一小组的任务。下载完成后打开这两个文件夹看一看。组长向全班汇报下载了什么文件，并比较两者的区别。<br>学生1上来演示下载方法。<br>学生2上来演示图片的下载方法。<br><br>学生练习：通过搜索引擎查找和恐龙相关的mp3的下载方法。<br><br>屏幕监看学生操作过程。教师巡视学生练习情况，给予指点和帮助。同时请学生3到4到上来演示下载mp3并下载。 | 通过具体实践，比较差异，领会不同保存类型的区别。提高学生识别、选择合适信息的能力。<br><br><br><br><br><br>前面三种下载过程让学生先尝试去完成任务，从任务中体现需求，在需求中摸索知识点一下载。教师评价操作中具有共性的东西，照顾到大部分学生 |

-141-

续表

| 教学环节 | 教师活动 | 学生活动 | 设计意图 |
|---|---|---|---|
| | 常用的下载软件有 flashget、影音传送带、bt、迅雷、电驴等。这些软件的下载功能，能大大提高我们的下载速度和扩大我们的下载范围。教师向大家推荐使用 flashget。 | | |
| 利用掌握的操作 | 布置任务：小组合作完成一份图文并茂的电子作品并向其他同学介绍"恐龙"。小组内如果没有完成该任务的同学，可以在本组已完成任务的同学的指导下完成 | 完成好的同学尝试着完成下面的选修任务：自主搜索或者小组共同探讨下载软件 flashget 的使用，并能下载一个软件：winrar | 培养学生自主学习能力 |
| 评价总结 | 教师转播几个已经完成作品小组的屏幕，展示他们一节课下来的劳动成果。对于小组内做得好的，对整个小组都进行表扬。通过幻灯片形式，总结本节课的各种信息的下载方法：<br>文字类：选中文字—复制文字—粘贴到文档中—选择路径进行保存；<br>图片类：右击图片—在出现的快捷菜单中选择"图片另存为"—选择路径进行保存；<br>网页类：点击IE浏览器—文件菜单—选择"另存为"—选择路径进行保存；<br>文件类：点击文件下载链接—在出现的对话框中选择"保存"—选择路径保存 | 学生观看转播的作品 | 当学生自己完成较为满意的作品时，对学生恰如其分的鼓励，并让其作品得以展示，学生会有一种特别的成就感和愉悦感，而同学们的称赞，更可让他们感受到信息课带给他们的自信，培养了学生学习信息技术的兴趣。<br>通过总结本节课的学习，也希望能够给学生今后的学习和生活带来帮助和乐趣 |

案例来源：

常熟市初中信息技术评优课优秀教案　常熟市实验中学　徐晨

案例评析：

本案例整体设计非常生动有趣，采用启发式教学、探究实验法和评价促进法的教学方式，培养学生自己动手解决问题和交流合作的意识与能力，活跃课堂气氛，从而体现信息技术课程以提升信息素养为总目标的基本理念。

情境导入能够激发学生学习兴趣，能够很好地导入学习主题。本案例中，以BBC纪录片《与恐龙同行》中恐龙片段的录像为线索设计了一系列的学生学习任务。在导入环节中，根据初一学生的兴趣特征，教师加入了从网上找出恐龙的图片来，比一比，哪个同学找的多，学生在比赛的氛围中，集中注意力，不仅可以激发学生的学习兴趣，而且能够与学习知识很好的连接起来，为后面的学习起了铺垫作用。但是在类似的情境导入过程中，要注意课堂上对时间的控制，不可喧宾夺主。

信息技术是一门综合性学科，不仅体现在促进学科知识之间的融会贯通，而且使学生形成用信息技术解决日常问题的思维方式，提高学生的信息素养。在讲解下载环节中，教师将课堂活动交给学生，让学生自主合作完成下载任务，在Internet搜索相关内容的时候又联系了以往的内容——搜索引擎的关键词，达到温故而知新的目的。教学内容上增加与其他课程的联系。例如，在运用搜索引擎下载上，可设计数学或者物理的日常问题，让学生通过搜索引擎解决学习上遇到的难题。在整个下载任务中教师按照学生的能力水平，由易到难的布置任务，满足不同学生的需要。此外，为学生创造了自主学习的环境（事先准备好的网上学习的网站），使学生在做中学。通过评价学生的作品肯定学生的成果，在一定程度上激发学生学习信息技术的动力。课堂结束部分，教师对本次课的知识结构、操作要领进行归纳总结，总结的方式可以多样，比如过关式小结、拓展式小结、悬念式小结、评价式小结。此教案的总结可以结合习题评价环节同时回顾本节课的操作要领。

在中学信息技术教学中，更多的是培养学生操作能力，培养他们学习计算机的兴趣。针对信息技术知识更新快的特点，要着重教给学生自主学习、合作学习的方法，让学生学会用信息技术来帮助其他学科的学习。教学目标的设计明确，在很多实践中，可以发现三者目标有些时候是相互联通的，有些目标达到的过程中可能涉及三维目标。对于本案例的设计格式有点乱，学生活动、教师活动以及设计意图等都混为一体，可以选择表格的方式进行呈现，这样会更加明朗，教学思路更清晰。

总之，本节课的知识内容比较简单，教师能够很清楚地抓住重难点，对重难点进行侧重，课题导入的方式也很新颖，值得推荐。

# 3　信息交流

【课程标准】

（1）能使用电子邮件和即时通信软件，开展网络交流，拓展生活空间。

（2）能够根据需求进行网络存储，并利用本地文件管理的经验对网络文件进行管理。
（3）尝试通过网络日志、微博等方式呈现信息、表达观点，参与信息交流。
（4）尝试比较因特网信息传播与其他信息传播方式的异同。

## 优秀案例一

### "最强大脑挑战赛——网络交流"教学设计

一、基本说明

（1）教学内容所属模块：网络交流。
（2）年级：初二年级。
（3）所用教材出版社：浙江教育出版社。
（4）所属章节：上册第 5 课。
（5）学时数：1 课时。

二、教学设计

（一）设计理念

初中阶段《信息技术新课程标准》中提出"能利用电子邮件、即时通信等网络交流工具传递信息、表达思想、辅助学习"的要求，本课的设计将新课程标准贯穿始终，始终坚持学生为主体，设定相关领域，学生在探秘电子邮件、用计算机软件打免费电话、玩转微博等一系列的信息活动中，体会网络交流的丰富、便捷。

（二）教材分析

1. 教材的选用

本节课选用浙江教育出版社《信息技术》教材八年级（上册）第二单元《网络与生活》第五课的内容"网络交流"。

2. 作用及地位

作为信息时代的公民，网络交流是必备的能力。因此本课内容有着广泛的应用空间，并有着承上启下的重要作用。

3. 本课主要内容

本节课为 1 课时教学，原教材中涉及了电子邮件、在线即时交流、网络新媒介等内容。

（三）学情分析

初二的学生具有很强的好奇心和表现欲望，但他们的学习仍受到生活经验的负迁移和认识的片面性影响，因此教师宜采用鼓励机制，激发其参与意识，培养其自主探究精神。

经过之前的学习，学生已经掌握了网络的相关知识，具有一定的网络应用基础；"最强大脑"的情境设计又激发了学生的学习欲望。

而 809 班学生的自主学习能力强，探索学习兴趣浓厚，但他们的信息素养仍有限，网络文明意识较为薄弱，需要教师加强引导教育。

（四）教学目标

1. 知识与技能

（1）了解电子邮件的相关知识。

（2）学会正确书写电子邮件地址的格式，掌握用 Web 方式收发电子邮件。

（3）体验在线即时交流工具。

（4）了解网络新媒介的特点。

2. 过程与方法

（1）通过上网搜索资料、学生展示等，了解电子邮件的相关知识。

（2）通过与老师收发电子邮件交互，学会正确书写电子邮件地址的格式，掌握用 Web 方式收发电子邮件。

（3）通过 QQ 交流、用计算机软件打电话等，体验在线即时交流工具。

（4）通过自主探究，了解网络新媒介的特点。

3. 情感态度价值观

在网络交流的过程中，引导学生养成文明、友好的网络交流习惯。

（五）教学重难点

1. 重点

（1）掌握电子邮件的收发。

（2）组织学生有效、文明开展探究、合作。

2. 难点

（1）了解电子邮件的相关知识。

（2）体验在线即时交流工具。

（3）了解网络新媒介的特点。

（六）教学方法

表1　教学方法

| 教　法 | 具体实施 |
| --- | --- |
| 任务驱动法 | 利用群共享"最强大脑"挑战书，学生自主探索学习 |
| 学　法 | 具体实施 |
| 探究法 | 学生先自主探究学习，再小组内部合作学习，最后全班讨论学习 |
| 合作学习法 | |

（七）教学流程图

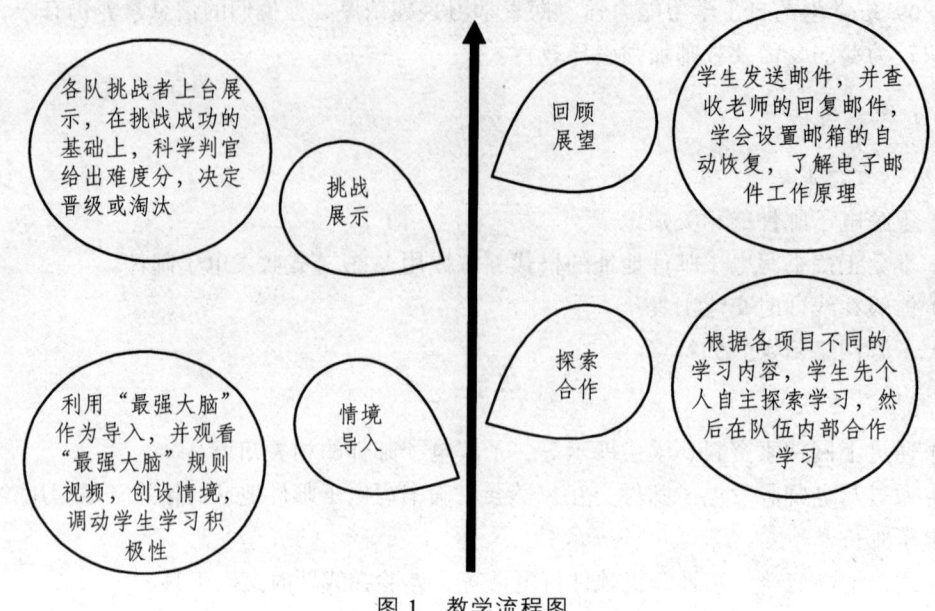

图 1　教学流程图

（八）教师活动

（1）引导全班学生分成三支队伍。

（2）引导学生完成各项准备工作。

（九）学生活动

（1）取好队名，并选出队长 1 名。

（2）按照分队情况分别创建好 3 个 QQ 群，队员及教师入群，各个队员修改群名片为真实姓名，由队长监督。

设计意图：

QQ 群将作为课堂中队伍内部交流的平台，与本节课"在线即时交流"工具的学习内容相呼应。

准备任务于上节课布置，请学生利用课余时间完成，为本节课教学任务的顺利开展奠定基础。

三、教学内容

（一）环节一：情景导入（5 min）

1. 组织教学

（1）教师活动。

① 教师组织学生进入机房。

② 教师向学生问好。

（2）学生活动。

学生有秩序地进入机房并向教师问好。

2. 导入新课

（1）教师活动。

创设情景：同学们看过最强大脑吗？

播放"最强大脑"规则视频。

科学判官（即教师）展示各个挑战项目，布置热身任务。

并在黑板上画出此表，使整个过程清晰明了，如图2所示。

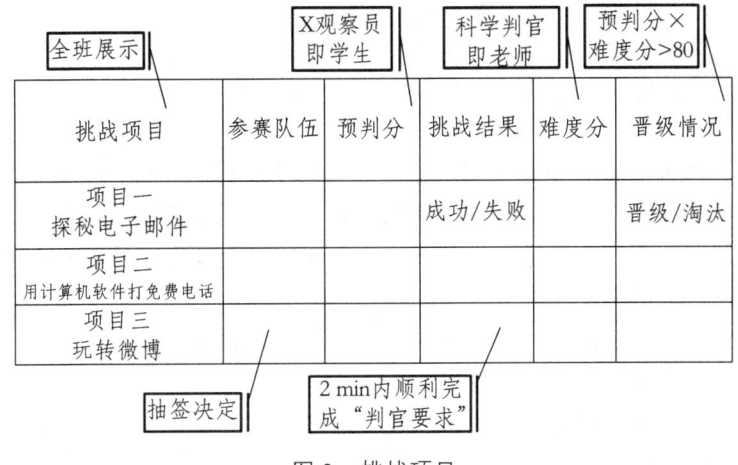

图2 挑战项目

（2）学生活动。

看"最强大脑"规则视频。

学生完成热身任务：

① 各组员登录QQ客户端。

② 从群共享中下载各组的"最强大脑"挑战书。

③ 由每位同学为各项目打出预判分（0-5），取平均值（即时打分软件实现）。

④ 队长上台抽签确定各队挑战项目。

设计意图：

"最强大脑"创意情境吸引学生眼球，调动学生学习积极性，有趣的规则让课堂更加活泼又充满悬念。为突破本课教学难点，精心设计了这三个挑战项目，项目的学习内容各有不同，但基本流程相似，都是学生先自主探索，再队内交流，选出挑战者上台展示。

（二）环节二：探索合作（25 min）

1. 教师活动

教师巡视记录，观察学生并适当给予帮助。

引导学生文明交流。

2. 学生活动

分小组完成学习内容：

挑战项目一：探秘电子邮件。

（1）各队员：探究学习电子邮件的知识，整理100字内的文档。

（2）通过 QQ 群交流观点，分享成果。

（3）请队员将自己的学习成果汇总到队长处，并讨论整理。

设计意图：

电子邮件的学习内容属教材要求，但学生对电子邮件的工作原理这一主题不太感冒，因此设计由学生自己选择学习电子邮件的一个方面，再相互交流，使得学习内容更丰富。

挑战项目二：用计算机软件打免费电话。

（1）各队员：搜索网络免费电话软件，并写一个简短的操作说明。

（2）通过 QQ 群交流观点，分享成果。

（3）队长组织队员选出最好用的电话软件。

设计意图：

此项目的判官请挑战者按照给出的电话号码，给"神秘人"打一个电话！那么，神秘人究竟会是谁？当电话接通时，谜底揭晓，可能是班主任或受欢迎的任课教师，以此吸引学生注意，活跃课堂氛围。当然为了保证此环节的顺利开展，会事前和神秘人沟通好。

挑战项目三：玩转微博。

（1）各队员：登录新浪微博，归纳网络新媒介的特点形成文档。

（2）通过微博与队员互动，分享成果。

（3）队长组织队员相互交流自己的新发现，确定展示内容。

设计意图：

在新兴的网络新媒介中，微博的使用越来越广泛，作为信息时代的学生，有必要了解网络交流的前沿技术。

其实本来我的设计想法是让学生探究"网页版微信"，因为现在使用微信的人更多且微信更加新颖，但是受到设备的局限，微信网页版是必须通过手机扫一扫才能登陆的，因此改了内容，这是我设计时的一个小插曲。每个项目都是改了又改、精心设计过的。

（三）环节三：挑战展示（10 min）

1. 教师活动

在挑战成功的基础上，根据挑战项目难度系数及挑战者完成情况，给出难度分（1~10 分）。

2. 学生活动

各队挑战者上台展示（2 min），若挑战者能在规定时间内顺利完成判官要求则挑战成功。在挑战成功的基础上，若难度分×预判分>80，则晋级，否则淘汰。

设计意图：

这是课堂最精彩的环节，挑战者就是小老师，负责把自己队伍的学习成果展示给全班，学生以此学习其他队伍的学习内容，以生教生，实现"学生为主体，教师为主导"的教学理念。

（四）环节四：回顾展望（5 min）

1. 教师活动

请每位同学将自己的学习所得再加工，并以附件形式发送到教师邮箱。

提问：

（1）想一想为什么回复如此快速？——邮箱自动回复的设置作为开动脑筋，完成的学生有成长邮票的奖励。

（2）找一找邮件里有什么？——自制电子邮件工作原理图。

2. 学生活动

发送邮件，并查收老师的回复邮件。

开动脑筋：邮箱自动回复。

通过原理图 3 了解电子邮件的工作原理。

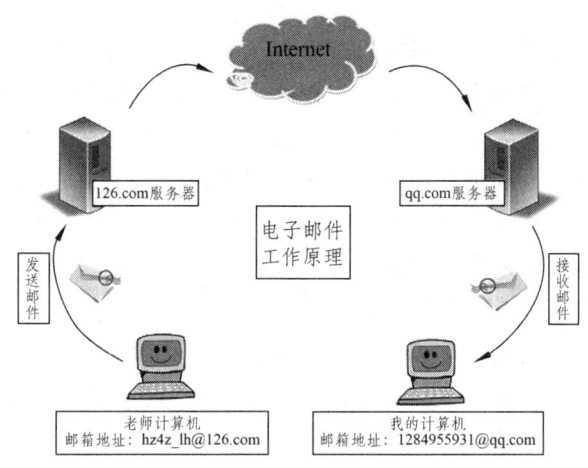

图 3　电子邮件的工作原理图

设计意图：

学生整理学习成果，用 QQ 邮箱以附件方式发送给教师，方便教师评价、检查，发送成功的学生马上会收到回复，引发思考：为什么老师回复得这么快？进而引出邮箱自动回复的设置，作为开动脑筋，完成学生有成长邮票奖励，贴在成绩卡上。这样收、发邮件操作都有练习，有疑问的学生个别辅导，突出本课教学重点。

同时，学生会发现回复邮件中有一张电子邮件的原理图，这是教师自己画的，用一张简单的图片来解释复杂的原理，更加生动有趣。

四、教学反思

1. 可取之处

（1）"最强大脑"的情景导入立即吸引学生眼球，调动学生学习积极性，将"最强大脑"的挑战规则贯穿在整节课中，促进小组内容的合作学习，激发小组之间的竞争学习。

（2）电子邮件的工作原理内容属教材要求，但学生不太感兴趣，因此通过一张自制的原理图作为回复邮件的附件，突破工作原理这一难点。

2. 不足之处

（1）由学生自主选择挑战项目，可能更加人性化。

（2）部分没看过最强大脑节目的学生，对挑战规则显得有点陌生。

（3）由于设置的活动环节较多，在时间和课堂纪律的把握上有所偏差。

值得一提的是：刚上课，教师机突然"罢工"，需要重启。急中生智说道："老师的计算机突然死机了,大家遇到过这种情况吗?那么,大家觉得是人脑厉害?还是计算机厉害?大家看过最强大脑吗?",然后请同学谈谈自己的感受。

案例来源:

2014年全国信息技术课程教学案例大赛一等奖,作者:浙江省湖州市第四中学教育集团刘欢

案例评析:

本案例属于结合任务驱动法、探究法与合作法的教学方法而展开的游戏活动课,整体设计非常有活力,有节奏,调动学生积极性。传统根深蒂固的观念遮挡了我们对游戏深入挖掘的视线,掩盖了游戏所可能承载的教育价值。教育家皮亚杰说过,游戏是认识兴趣和情感兴趣之间的一个缓冲地带,所以游戏在信息技术课堂上具有它重要的作用与价值,正如在一篇博客名为《让游戏走进信息技术课堂》中提到的游戏作为深受学生喜爱的活动形式,可以调节学生注意力的分配,保证课堂学习的效率,培养学生对信息技术知识的直接兴趣;另一方面,信息技术课堂学习离不开实际操作,游戏能创造出真实多变的教学环境,教师将教学内容结合游戏内容或以直接完成游戏目标为教学主线,会使课堂教学活泼有趣,调动起学生的学习积极性。本案例把游戏当成一个好帮手,通过在学生之间以比赛的机制拉开学习的模式,掌握邮件、网络电话、微博等工具的应用。既有利于师生建设起和谐的课堂氛围,又拉近师生、生生之间的距离,搭起沟通的桥梁,促使课堂生动而高效。

主题新颖,激发学生探索合作学习的欲望。本案例以"最强大脑"创意情境吸引学生眼球,调动学生学习积极性,有趣的规则让课堂更加活泼又充满悬念。以游戏规则调动学生学习热情,加上新颖素材的配合,课堂很生动。为突破本课教学难点,教师精心设计了这三个挑战项目,项目的学习内容各有不同,但基本流程相似,都是学生先自主探索,再队内交流,选出挑战者上台展示,学生在探索的过程中学习新知识。

任务驱动教学应用。强调课堂任务的模块化,而这种系统化的、全局的任务设计,才是任务驱动的精髓所在。将任务内容融合在精心设计的游戏中,不仅可以激发学生的学习兴趣,也可以帮助学生轻松掌握所学的技术知识。同时,可在此基础上,通过教师的引导激励学生探索与创新,在学生的探索过程中,学生的思维深度广度均得到提升,小组合作也成为一种内发的举动。

学生是教学的主体,学生是在教师的指导下自主学习的主体。引入计算机游戏的最终目的是培养学生独立思考、判断和选择的能力和实践动手等能力。如何让学生的注意力集中在知识内容上,与教师对教材的驾驭能力都是分不开的,需要平时有一双善于发现的眼睛,有一颗善于观察的心灵,这样在设计时才能驾轻就熟,才能轻松地调控课堂当中的生成,将预设与生成有机结合,让学生在一种轻松愉快的氛围中不断提高信息素养。此外,这类比较灵活的课程,对教学媒体环境的要求比较高,设备随时可能影响教学进度,需要教师有较强的灵活应变能力以及充分的预案。

本节课的主题是"网络交流",学生通过游戏比赛的方式掌握对电子邮件和在线交流工具的使用,并在网络交流的过程中,引导学生养成文明、友好的网络交流习惯。对于类似的课程主题,可以借鉴游戏这个方法,营造高效信息技术课堂,让游戏为课堂教学锦上添花,让

学生体验到信息社会带来的便利,学会用信息技术融合到其他课程的学习,提高信息素养,值得推荐。

## 优秀案例二

"信息交流"教学设计

一、基本说明

（1）教学内容所属模块：网络交流。

（2）年级：初一。

（3）所用教材出版社：人民教育出版社。

（4）所属章节：上册第15课。

（5）学时数：1课时。

二、教学设计

1. 教学目标

1）知识与技能

（1）了解信息交流的意义。

（2）了解信息交流的多种类型。

（3）选择适当的信息交流工具与他人交流。

（4）遵守《全国青少年网络文明公约》，规范自己的网络行为，并注意保护个人隐私。

2）过程与方法

自主权给学生，让学生当小老师。

3）情感态度与价值观

（1）提高学生信息交流的能力。

（2）培养学生注意隐私的保护，网络的安全。

（3）学会在网上寻求帮助，互相提供学习资料及交流思想感情。

（4）养成良好的自我保护意识，做一个文明的网民。

2. 教学重难点

利用网络进行信息交流的方法（E-mail、网络电话、BBS、QQ等）。

提高自我保护意识、注意保护好个人隐私。

如何才能做一个文明的网民。

三、教学过程

（一）引入新课

提出问题，学生集体讨论。

问题1：日本最近发生了哪些重大的事件？你从什么渠道获知？

引导学生：地震、海啸、核电站受损……

图片展示（略）。

问题2：人类各个时代是以什么方式传递信息？

（二）信息交流的意义

问题1：信息交流对我们的影响。

问题2：人类各个时代是以什么方式传递信息？

引导学生：伴随着人类社会的进步和发展，信息交流方式也发生了变化。

1. 以自然的声、光为载体进行信息交流

（1）中国古老的烽火台（骊山烽火台，历史上"烽火戏诸侯，一笑失天下"的典故就发生在这里。相传，周幽王为博取爱妃褒姒一笑，曾在这里举烽火戏弄诸侯。当犬戎攻入骊山，幽王再下令点燃烽火，各诸侯却无人来救，幽王被杀，褒姒被掳，西周灭亡），如图1（a）所示。

（2）澳大利亚土著人用来报警和捕猎的种种呼啸声。

特点：传递者和接受者必须同时在场，只局限于狭小的空间和短暂的时间，如图1（b）所示。

（a）　　　　　　　　（b）

图1　以声、光为载体进行信息交流

2. 以文字为载体

教师：后来随着文字的出现，信息交流方式渐渐转变为以"文字"为载体，比如：甲骨文、竹简和纸书。人们通过文字实现了文明的传承。

3. 以报纸、广播、电视为载体

教师：在后来随着工业的发展，逐步出现了报纸、广播、电视等信息交流方式，延伸人类的眼睛、耳朵等器官功能。

4. 计算机与网络

教师：到了近代，随着全球网络的到来，人们可以不同地点同一时间"面对面"通过网络学习和交流。

（三）信息交流方式

教师：在互联网飞速发展的今天，网络提供了多种信息交流的方式，包括哪些？

学生：QQ、MSN、BBS、电子邮箱（E-mail）、博客（BLOG）等。

教师：接下来让我们一起来介绍几种常用的信息交流方式，即主题探究（分小组讨论，解决问题）。

1. E-mail（电子邮件）

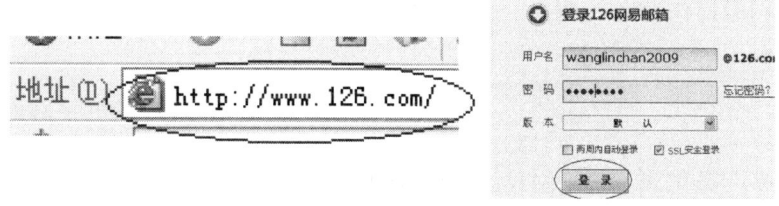

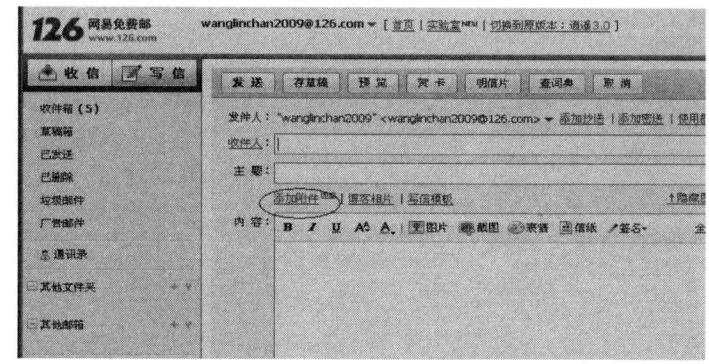

图2　E-mail

传递信息：文件传输（图片、文本、动画、视频）。

2. BBS（全称：电子公告栏），又名论坛

像日常生活中的黑板报一样，论坛按不同的主题分为许多板块，版面的设立依据是大多数用户的要求和喜好，用户可以阅读别人关于某个主题的看法，也可将自己的想法毫无保留地分享到论坛中。

3. QQ知多少

（1）文字聊天；

（2）语音聊天，又支持多人语音聊天（见图3）；

（3）视频电话；

（4）点对点断点续传文件；

（5）远程协助；

（6）QQ空间；

（7）QQ邮箱；

（8）网络硬盘。

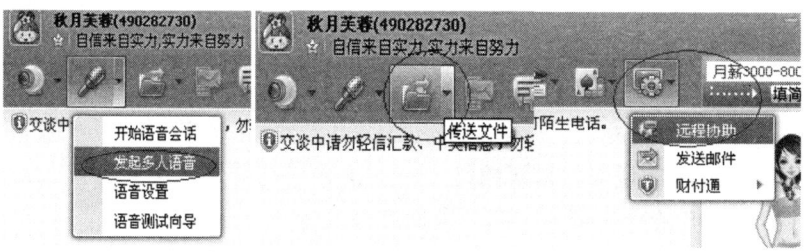

图3　QQ聊天界面

4. 网络电话（Skype）

（1）网络即时通信沟通工具；

（2）视频聊天；

（3）多人语音会议、传送文件；

（4）文字聊天。

它可以免费与其他用户语音对话，也可以拨打国内国际电话，无论固定电话还是手机均可直接拨打，并且可以实现呼叫转移、短信发送等功能，如图 4 所示。

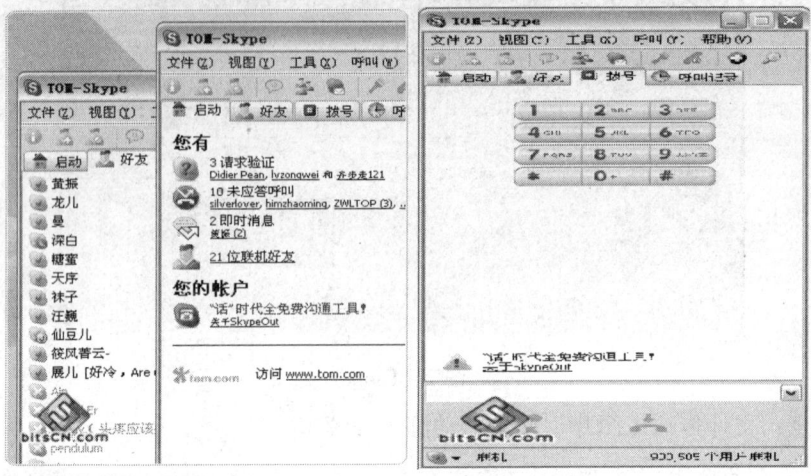

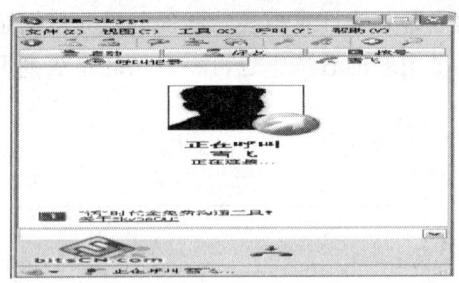

图 4　Skype 界面

5. Blog（博客）

Blog 是继 E-mail、BBS、IM 之后出现的第四种网络交流方式，是网络时代的个人"读者文摘"，具体说来，博客（Blog）这个概念解释为使用特定的软件，在网络上出版、发表和张贴个人文章的人。

（四）习题巩固

（1）下列四项中，主要用于在 Internet 上即时交流信息的是（　　）

　　　A、Internet Explorer　　　B、Word　　　C、Excel　　　D、QQ

（2）下面关于 BBS 的说法，错误的是（　　）

　　　A、所有 BBS 的用户都来自同一个地方

　　　B、BBS 中的帖子对每个合法用户都是可见的

　　　C、BBS 的帖子一般可以保存若干天

D、登入 BBS 需要账号和密码

（3）某同学需要通过电子邮件发送一张自己的照片给远方的朋友，但他发现照片的大小超过了附件的限制，为了能够快捷顺利地发送照片，比较好的方法是（　　）

A、用图片编辑软件将图片缩小

B、重新申请一个能够发送大附件的邮件地址

C、用压缩软件对图片进行压缩

D、重新用数码相机照一张比较小的相片

（4）因为课题研究的需要，南京的张老师经常要和远在北京的李教授对论文、研究方案进行交流、讨论，适合的方法是（　　）

A、通过 msn、qq 等及时通信工具交流、讨论

B、通过电子邮件进行交流讨论

C、通过电话、传真进行讨论

D、通过书信联系

（5）既可同时在线文字交流，又可实现语音视频交流的是（　　）

A、电子邮件　　　　B、腾讯 QQ　　　　C、BBS　　　　D、FTP

参考答案：DACAB

案例来源：

来自学科网

案例评析：

本案例"信息交流"主要采用讲授法与演示操作法进行授课，彭江敏在《高中信息技术课中"操作演示教学法"的探究》中提到"操作演示教学法"容易出现的问题，有相当多的内容是学习计算机常用软件的操作和运用。信息技术教师常用的"操作演示教学法"的三段式教学模式，即"教师演示)—学生模仿—巩固练习"。对于简单和常规的计算机操作，学生基本都能跟着老师"依葫芦画葫芦"，大部分学生能"依葫芦画瓢"，实现"技能迁移"，教学效果比较理想。本案例中教学方法是信息技术教学中最为常用的方法，教师通过对信息交流工具的讲解，指导学生掌握操作要领，掌握基本的网络交流方式，提高自我保护意识，注意保护好个人隐私，做一个文明的网民。

教学目标明确，但是过程与方法的表述不规范，"自主权给学生，让学生当小老师。"这一点属于教学方法，三维目标中的过程与方法，主要是以学生掌握知识技能的过程和方法。经过教师教学实验以及国内研究者研究，发现三维目标不用刻意分清，通过某个知识点的学习，掌握什么方法，提高什么能力，树立正确的价值观等，三维目标在很多时候是相互融合的。本案例中，把自主权交给学生这是不规范的教学方法陈述，而不是过程与方法目标。这方面容易产生误区，所以教师在写教学设计时应该注意区分。

有效资源的利用。充分利用有效的资源促进学生对知识的理解，例如案例中，课程以图片导入问题，引出学习主题，在讲解信息交流的意义的过程中，通过故事或者图片信息，帮助学生理解信息交流的意义，把枯燥的理论知识通过有效资源转化成形象的知识。

习题的应用。本案例在教学过程的总结环节，利用习题进行知识的巩固。通过一篇博客

名为《习题在教学中的重要作用》中提到习题，一方面有助于学生加深对知识的理解，形成良好的数感、科学的思维方式和合理的思维习惯，领悟一些重要的数学关系、规律和思想方法，培养初步的应用意识和创新能力；另一方面也有助于学生获得必要的技能，从而为后续学习和解决问题奠定基础、提供支持。同时，恰当的习题还有助于学生建立学习信心，感受数学的严谨性和确定性，提高用数学语言进行表达和交流的能力，进而形成正确的观念。所以，案例中通过习题的训练加深知识理解，为后续学习和解决问题奠定基础，在教学设计中可以借鉴。

虽然本案例比较简单，对于课堂元素没有过多的点缀，但能把重难点讲清楚，学生在习题练习与信息交流工具的应用过程中体验信息交流，掌握简单的信息交流方法，对学生和教师的能力要求较低，与前一个案例相比，各有千秋。

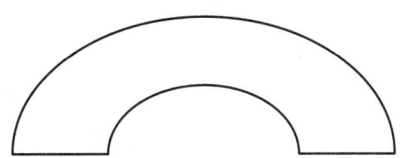

# 拓展模块一：
# 算法与程序设计

# 1 生活与程序

> 【课程标准】
>
> （1）结合生活中的具体问题，能够用自然语言及手工画流程图的方式描述解决问题的过程；能读懂流程图；与使用自然语言相比较，体验使用流程图方式的优点。
> （2）熟悉一种积木式程序设计工具的图形化编程环境。
> （3）结合实例使用积木式程序设计工具，体验程序设计作为一种特殊的信息加工处理方式的特点和优势。

## 优秀案例一

### "程序设计简介"教学设计

一、基本说明

（1）教学内容所属模块：程序设计入门。
（2）年级：八年级。
（3）所用教材出版社：江苏教育出版社。
（4）所属章节：第一章第一节。
（5）学时数：2课时。

二、教学设计

（一）教学目标

1．知识与技能
（1）了解程序设计的基本概念和用方法解决问题的一般过程。
（2）了解计算机软件与程序设计的密切关系。
（3）了解程序设计语言的3种类型。
（4）掌握VB环境下编写程序的一般步骤。

2．过程与方法
（1）通过实例让学生体会程序设计的基本过程与方法，理解算法思想，会用自然语言或流程图表达一些具体问题的算法。
（2）通过对现实问题的分析与解决，让学生认识到生活中到处是程序，而程序解决的往往就是生活中的现实问题，培养学生利用计算机解决实际问题的能力。

3．情感态度与价值观
（1）体验程序设计的内涵及魅力，产生对程序设计的求知欲，形成积极主动地学习态度。
（2）通过问题的分析与解决，帮助学生克服程序设计的畏难情绪，培养他们严谨、缜密、科学的程序设计作风。

（二）教学重难点

程序设计的基本概念与学习程序设计的意义。

（三）教学方法

启发式、任务驱动、演示、实例、实践操作。

三、教学过程

（一）第一课时

1. 问题导入，揭示教学内容

大家有没有玩过计算机游戏？有没有同学想过自己设计和编写游戏？

游戏就是程序，要想设计、制作游戏，就应该学习"设计程序"。今天我们一起来认识和了解程序，它并不神秘，相反它会给我们带来很多乐趣。

2. 趣味问题，了解什么是程序

问题1：猎人带着一只狼、一头羊和一些白菜过河，但渡船太小，一次只能带一样。课件展示问题。

学生：读题、小组讨论、得出解题思路、方法讲解（自然语言描述、符号描述）。

问题2：赵本山、宋丹丹小品，如何把大象关进冰箱。

学生：方法讲解（自然语言描述）。

总结：概括来说程序是有逻辑，有顺序的步骤的组合。开计算机，走路，吃饭，上课都是一系列步骤的有序有逻辑组合。通过这些有序的指令（自然语言、符号语言等）完成了一项具体的工作，这些指令的集合就是程序。

问题3：体验计算机程序。

利用Basic语言编写的"三角形面积"程序（课件展示问题及具体的语句）。

学生：体验计算机程序语言的简练，理解程序语句的涵义，输入与运行程序。

总结：使用计算机能识别的语言来描述的指令，就是计算机程序。

3. 程序设计语言

问题：计算机程序有哪些种类以及他们是怎么执行的？

学生：查阅书本和教师提供的资料，完成学习任务。

教师：课件展示程序设计语言分类。

机器语言：二进制代码。

汇编语言。

高级语言：根据要求选用不同的高级语言。Basic、Foxpro、C、Java。

比较：51+53，用三种语言编写该程序，比较分析三种语言的特点。

总结：机器语言编写的程序执行效率高，但可读性差；汇编语言用比较容易理解的符号代替机器语言中的二进制，可读性增强；高级语言比较接近自然语言，可读性强，易理解。

提问：解释和编译的区别。

学生：研究问题，回答问题。

4. 课堂总结

师生共同总结回顾：

什么是程序，什么是计算机程序、计算机程序语言的种类和执行过程。

计算机语言很多，如：Visual Basic、Turbo Pascal、C语言、C++、Java等。但是，计算机语言只是一种工具，如果你大脑中没有解题的方法与步骤，光有工具是没有用处的。下节课我们就来重点研究解题的方法和步骤，及其在程序中的应用。

（二）第二课时

1. 复习导入

计算机程序语言的种类有哪些？

2. 联系生活，讲解程序设计过程

过渡：程序设计的过程和平时我们解数学题的过程是一样的。

（1）解数学题的过程（师生共同总结），如图1所示。

读题、审题 ⟶ 得到解题思路 ⟶ 解题

图1　解数学题的过程

（2）程序设计的过程。

请学生完成以下"连连看"（见图2）：

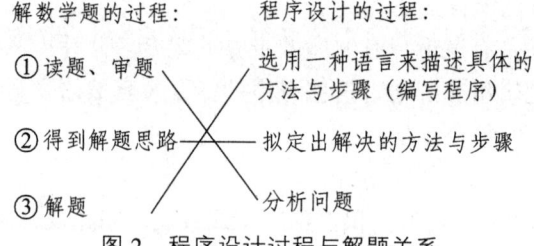

图2　程序设计过程与解题关系

总结：

程序设计的过程为：首先对要解决的问题进行分析，在拟定出一套解决的方法与步骤（确定算法）后，再选用一种计算机能接受的程序设计语言来描述具体的步骤，最后输入、运行与调试程序。程序设计的好坏取决于"算法"的好坏。

（3）实践学习。

编写计算机半径为8.5 cm圆的周长和面积的程序，体验编写程序的过程。师生共同完成：任务分析（学生）、确定算法（学生）、编写程序（教师为主）、运行调试（教师为主）。

3. 游戏激趣，了解算法

（1）玩"猜生日"的游戏，说一说你采用的方法。

游戏规则：两个同学为一组，互猜对方的生日（不要月份，只要日期。如12日）。

方法一：在1～31中随意选择数字猜。

方法二：从大到小逐个猜。

方法三：从小到大逐个猜。

过渡：刚才大家在解决"猜生日"这个问题时采用了不同的算法，那"猜生日"游戏程序又是如何解决这个问题的呢？

（2）运行"猜生日"游戏。

"猜生日"游戏位于"网上邻居"的"teacher"中，请你运行并计算猜的次数。

教师进行统计，得出结果：最少1次，最多5次。

（3）"猜生日"游戏的算法，用流程图描述。

看来该游戏的算法优于大部分同学的算法，那它又是怎么猜大家的生日的呢？假如老师的生日是12日，计算机猜了哪几个数？假如生日是27日，计算机又猜了哪几个数？

表1 流程图的概念、符号名称、含义

| 图形符号 | 名称 | 符号表示的意义 |
| --- | --- | --- |
|  | 起、止框 | 流程图的开始或结束 |
|  | 输入、输出框 | 数据输入或结果的输出 |
|  | 处理框 | 处理和运算 |
|  | 判断框 | 根据给定条件判断 |
|  | 流程线 | 流程进行的方向 |

师生共同总结：猜中间数的方法，如图3所示。

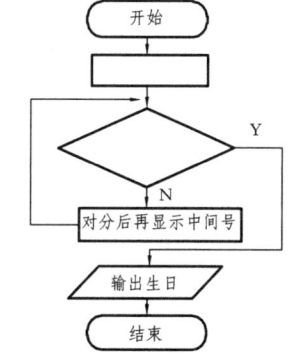

图3 猜中间数的方法

（4）算法择优

上面的例子使我们明白一个好算法必须用到科学的方法，我们在解决问题时应努力找出最简单的方法。

4. 拓展练习，提升学生兴趣

过渡：一些复杂问题的解决方法与步骤必须要有全局眼光通盘考虑。请大家开动脑筋，找出解决下列问题的算法。

（1）一位商人有9枚银元，其中有1枚略轻的是假银元。你能设计用天平（不用砝码）将假银元找出来的算法吗？（称量次数越少越好）

（2）有十箱表壳（每箱装有 10 只）。已知其中的 9 箱是全钢的（每只重 100 g），另一箱是半钢的（每只重 90 g），全钢与半钢的外形与颜色一样。要求只称一次，就可将这箱半钢的表壳从 10 个箱子中区分出来。

学生讨论，找出最优算法。

5. 程序与软件

软件是计算机程序、数据和相关文档资料的集合，程序是软件的重要组成部分。用计算机解决问题，首先应该选择合适的计算机软件。当遇到没有合适软件的情况下，就要编写程序来解决问题。

讨论学习："竞赛评分器"程序适用于哪些比赛，比赛规则是怎样的？提出对此程序功能的修改方案。

6. 总结

通过这堂课的学习我们已经学习了程序设计的步骤、算法、软件等知识。希望同学们通过这节课的学习，能揭开程序的神秘面纱，在以后的学习中能从程序设计中找到乐趣。

四、教学反思

算法是程序设计的灵魂，也是整个程序设计中的难点。为了上好这一堂课，该教学方案注意了以下几点：

1. 回答了学习的必要性问题

"为什么要学习程序设计？学习程序设计能为我们干什么？"这是学生在学习程序设计时经常问老师的问题。如果教师引导不当，就会导致学生没有明确的目标，缺乏学习的动力。

2. 克服了传统教学的误区

以前的教学程序设计教学，在教学内容的编排上，陷入一个误区：过于注重语句、语法等程序设计语言所涉及的基本知识的讲解，忽视在构建程序过程中应用于分析、解决问题的一种逻辑思维的训练，忽视对整体知识综合应用能力的训练。在本堂课中，我们抛开语言，从算法的角度来解决实际问题，在分析问题、思考问题、解决问题中提高了学生的能力。

3. 设计注重趣味性、生活化与挑战性

程序设计一直是学生最头疼的知识点，如何使枯燥的教学内容变得富有趣味性，让学生学得轻松、有效？这是我们本学期编程教学需要解决的关键问题。在设计时我本着生活化、趣味性与挑战性的原则，进行了尝试。整堂课下来，学生掌握情况良好。

所以，一份设计通过反复的思考，老问题解决了，新问题又产生了。这需要我们反复的实践、思考与调整。也许，这就是教学富有魅力的地方。

案例来源：

百度文库，作者不详

案例评析：

本案例两个课时，教师通过趣味问题和游戏程序设计，循循善诱，化难为易，由简单到复杂，把枯燥难懂的理论知识化成学生身边通俗事物，丰富多彩。作为程序设计的第一课，应用启发式、任务驱动、演示、实例、实践操作的教学方法，根据教学目的、内容、学生的知识水平和知识规律，运用游戏、问题、实践、演示等教学手段，诱导学生积极主动地学习，以促进身心发展。传统课堂通常以教师讲授理论为主，注重语句、语法等程序设计语言所涉及基本知识的讲解，学生缺乏兴趣，被动学习。本案例对于这个教学难点的处理，强调程序过程中应用于分析、解决问题的一种逻辑思维的训练，注重对整体知识综合应用能力的训练，从算法的角度来解决实际问题，在分析问题、思考问题、解决问题中提高了学生的能力，原本沉闷的教师独角戏，有了学生的主动参与课堂气氛一下子灵动起来了。

问题导入。这是一门新课程的新篇章，对于课前准备及课堂的导入十分关键。课时 1 的导入以"有没有同学想过自己设计和编写游戏？"问题引入三个趣味问题，分别是猎人的故事，小品大象装冰箱和编写的"三角形面积"程序步骤，问题逐步深入，通过趣味问题让学生形成对程序的初步认识，学生在设问和解释的过程中萌生自主学习的动机和欲望，进而逐渐养成自主学习的习惯，并在实践中不断优化自主学习。课时 2 以"计算机程序语言的种类有哪些？"复习导入，引出生活中的实践，从解数学题的过程迁移至程序设计的过程，从实践中层层递进，深入学习，教师的教学思路很清晰。两个导入方式都是信息技术课堂中比较常见的方式，前者注重问题任务导出，后者注重复习巩固，教师可以根据教学内容的需要进行选择导入的方式。此外，本案例以"为什么要学习程序设计？学习程序设计能为我们干什么？"问题引导学生形成明确的目标，激发学习的动力。问题在案例中的应用都能恰到好处，这样的引导方式值得学习。

游戏设计法。实际上也是一种特殊的情境设计，本案例以"玩猜生日游戏，说一说你猜的方法"，引导学生了解算法，如何用流程图描述算法，使程序设计中枯燥的教学内容变得富有趣味性，让学生学得轻松、有效。游戏教学法具有语言教育的科学性与实际教育的实践性，不失为一种改进教学方法、提高教学质量的好形式，在具体实践中，可以用于教学的游戏方法很多。这需要喜欢游戏的老师去寻找、去发现，然后试着在教学中运用，相信很快，老师就能体会到游戏给教学带来的巨大改变。

有效资源引用，有趣的活动任务。本案例利用故事、游戏、小品、生活中的问题等材料和课件演示，软件操作等手段，增强学生的感性认识，作为八年级的学生，是培养抽象思维与逻辑思维关键时期，教师通过手势等贴近学生生活的事物解释抽象的编码，增强学生的感性认识，帮助学生更准确的理解概念，调动课堂氛围，提高学生学习兴趣。

前端分析。前端分析包括学习需要分析、学习内容分析、学生特征分析。本案例的前段分析比较详细，能够清楚的表达解决的核心问题是安排什么样的学习内容，才能够实现学习需要分所确定的总的教学目标。分析学习内容的工作以总的教学目标为基础，旨在规定学习内容的范围、深度和揭示学习内容各组成部分的联系，对学生的现有学习水平进行分析，结合教学环节，教材的地位等综合分析，案例中能够根据前段分析，初二的学生、教材的位置出于第一篇章，以及教学目标和知识之间的联系，有目的的选择问题情境导入和游戏活动教学方法，以保证达到教学效果最优化。

总之，本案例生动有趣，合理利用了有效的资源帮助学生解决重难点理解，每个环节的设计都能充分发挥信息技术的优势，把枯燥难懂的知识点通过信息技术转变得有趣，充分调动学生的学习激情，值得推荐。

## 优秀案例二

## "生活算法编程"教学设计

一、基本说明

（1）教学内容所属模块：生活与算法。

（2）年级：七年级。

（3）所用教材出版社：中国地图出版社。

（4）所属章节：第五章第五节。

（5）学时数：1课时

二、教学设计

（一）教学目标

通过实例模仿，理解算法的概念与作用，以及算法与程序的关系，能使用流程图表达算法。

1. 知识与技能

（1）理解算法的概念与作用。

（2）结合生活实际理解法与程序的关系。

2. 过程与方法

（1）能根据贴近生活和学习的实际问题分析算法，确定所需算法方案。

（2）在小组配合与学生个体活动相结合的学习过程中，结合对学习过程和成果进行认真的评价，进一步提升合作学习的能力和获取信息的素养。

（3）能选择合适的流程图表达算法。

3. 情感态度与价值观

体验算法和流程图，形成积极主动地学习态度。

（二）内容分析

1. 本节的作用和地位

是七年级信息技术教材最后一节的内容。这节课在教材中的地位非常重要，是本章节乃至整本书的最后一节，起着承前启后的作用，为学生以后程序的学习奠定了坚实的生活基础和技能基础。根据新课标的要求，我认为本节课应该抓住两个关键：（1）注意课本知识和学生生活实际的结合；（2）注重学生思维能力的锻炼和算法素养的提高。

2. 本节主要内容介绍

总结归纳"算法"的含义。通过"解决电灯不亮的简单算法"引出生活算法的流程图和程序设计思路。通过完成编程任务，感受运用算法解决生活中问题的过程。

（三）重点难点分析

1. 教学重点

认识流程图，理解算法的作用。

2. 教学难点

综合利用三种结构及 Python 相关函数开发程序。

3. 重难点突破

力求通过个人、小组、教师帮助等不同的教学途径，上机实践强化练习突出本课的重点，通过完成任务，结合对于学生易出现的失误反复提醒，对于共性问题从学生的角度分析解决，从而突破本课的难点。

（四）学生分析

他们是七年级的学生，通过前四节的学习已经对程序设计有了一定基础，为本节课的教学提供了有利条件，但是本课完成任务的环节具有挑战性，综合利用三种结构及 Python 相关函数开发程序，输入程序代码时容易出错，因此学生在学习时一定要认真并且有目的、有兴趣，在制定教学目标、选择教法学法、安排教学活动时要分出层次，充分利用各种途径让学生参与到课堂活动中去。

（五）教学策略设计

1. 教学方法设计

本课选用讲授法、任务驱动、小组合作等教学方法。

2．关于教学流程和教学活动的设计思路

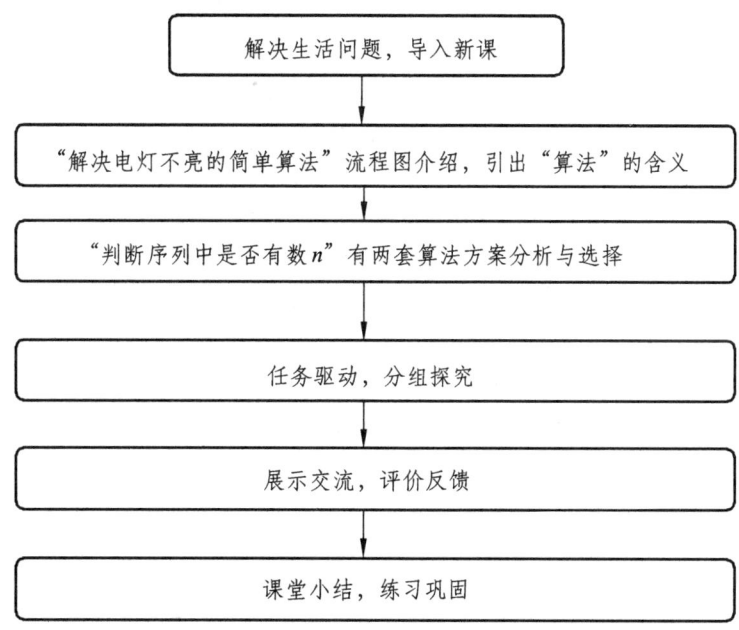

图 1　设计思路

3. 教学资源

（1）硬件资源：多媒体网络教室（投影仪或网络广播等）。

（2）软件资源：Python 程序。

（六）课前准备：（用时 5 min）

指导学生分成 7 个小组，要求小组成员优等生、中等生和后进生分配均衡，为课上完成任务做准备。

三、教学过程

表 1　教学过程

| 教学环节 | 教师活动 | 学生活动 |
| --- | --- | --- |
| 1.解决生活问题，导入新课 | 同学们今天中午我们准备吃什么主食？<br>我们回家的过程有几种方式可选啊？<br>原来我们的生活中到处都有若干种解决问题的算法，不同的算法效率可能差别非常大。今天我们就来学习第五节——生活算法编程 | 米饭、大饼、馒头、饺子、馅饼等等。<br>坐车、走路、骑车等 |
| 2.分析生活问题，学习"算法" | 什么是算法呢？<br>我们可以看看教材前面的章节中每个任务下面的"分析"。这个"分析"将任务或问题进行归类、分解，将一个大问题转化为一系列可以直接解决的小问题，最终将整个问题解决。而使问题得到解决的步骤就称为"算法"。如教材 P63 页任务 2 下面的操作提示。<br>同学们，有这样一个问题，如果我们教室的电灯不亮了，我们应该怎么办呢？<br>根据大家的分析和回答，我们分解、归纳出教材 P113 页图 5-5-1 解决电灯不亮的简单算法。大家请看！<br>生活中有很多可以使用不同算法方案的例子，教材中还介绍了"判断序列中是否有数 n"的两套算法方案，我们一起看一下，第一种是从左边开始一个一个的判断，找到则返回 Ture；第二个从中间查找，同桌同学讨论一下哪种方法更快呢？<br>第二种更快，这就是算法的力量。<br>大家结合教材 P114 页体会一下，将大问题分解成小问题的方法？（1）（2）（3）<br>生活中我们要牢记这三点，大问题就变成小问题了。 | 结合教师的讲解及实例观察学习体会算法的概念。<br><br>观察"解决电灯不亮的简单算法"体会用流程图表达算法的特点。<br>学生讨论并回答。<br><br>自主探究 |
| 3.任务驱动，分组探究 | 下面我们按课下的分组，7 个小组，小组内成员相互帮助，组长督促本组成员共同完成今天的任务。<br>今天的任务就是教材 P114 页的任务 | 结合操作提示全组同学分析讨论，并相互督促、合作完成任务 |

| 教学环节 | 教师活动 | 学生活动 |
|---|---|---|
| 4. 展示交流，评价反馈 | 下面由7个小组分别选代表来展示你们的作品。<br>请大家对每组展示情况进行评价。将其他组对本组同学的评价情况写入单元评价表的同伴评价中。并完成教材P115页实践与反馈及单元评价表中自评内容<br>教师对7组同学完成作品情况进行评价。 | 7组同学代表展示作品完成情况。<br>完成自我评价和同伴评价一栏的最后一项"综合使用三种结构进行程序开发"。<br>学生根据教师评价情况填写单元评价表中教师评价一栏的最后一项"综合使用三种结构进行程序开发" |
| 5. 课堂小结，练习巩固 | 引导学生归纳算法的概念，及算法与程序的关系。<br>课堂作业：用流程图将"中饭吃什么主食"的算法表达出来 | 学生归纳算法的概念，及算法与程序的关系。<br>模仿P113页图5-5-1画流程图表达算法 |

案例来源：

百度文库，作者不详

案例评析：

本章节内容主要是生活和学习的实际问题分析算法，确定所需算法方案，形成算法解决问题的方法思路。应用讲授法、任务驱动、合作探究等教学方法，任务驱动、小组合作式教学就是以任务为主线、教师为主导、学生为主体，通过小组合作达到学习目标，在任务驱动教学过程中，引导学生认清任务。在教学过程中，以"解决电灯不亮的简单算法"流程图介绍，引出"算法"的含义，"判断序列中是否有数 n"两套算法方案分析与选择，任务驱动，探究总结。本案例结合三种教学方法，下面笔者从几方面进行分析。

解决生活问题方式导入新课。案例应用生活问题导课，"同学们今天中午我们准备吃什么主食？我们回家的过程有几种方式可选啊？"把理论知识与实际相联系，有助于发挥信息技术的优势，提高学生运用信息技术解决生活问题的能力，培养学生的信息素养。在分析生活问题中，学习"算法"，可激发学生学习兴趣，这对于本节课在教材中的铺垫有很大的作用，不仅为程序的学习积累基础，而且改变学生对算法程序语言的传统刻板印象。但是课程的导入问题有点单调，对于后面的知识学习没有起到铺垫作用，如果可以提出生活中的算法问题，或者在学习其他学科课程中遇到的问题，例如数学题或者物理题目，然后对问题的分析解决，增加环节之间的连贯性，增加学科之间的联系性。

任务驱动法与小组合作方法应用。本案例对于任务驱动法的应用只有一小环节，对于任务驱动法的应用有两种方式，一种是结合情境的创设，每个教学环节设计任务，学生在每个任务的完成过程中完成对知识的学习与训练；另外一种是如本案例所呈现，任务只是一个小环节，这样的效果虽然不及前者，但是学生在基于任务的学习过程中，同样完成对知识的巩固学习。任务的设计应该注意以下几点：第一，贴近学生学习和生活经验，学生可以通过努力实现得到。第二，教师要努力创造条件引导学生完成任务，但不过多干涉，保护学生的好奇心，提高学生发现问题和提出问题的勇气。第三，面对学生之间的差距，采用合作学习的方法，把不同层次的学生分在一组，让他们共同去完成一个任务，在合作学习中基础好的帮助基础差的，或当基础好的完成任务后请他们当"小老师"，让他们流动辅导很难完成任务的学生。

问题解决思维的培养。本节课的学习目标重难点其实不仅仅是认识流程图，理解算法的作用，或者综合利用三种结构及Python相关函数开发程序，更重要的是对学生以算法程序解决问题的思维培养。即要让学生掌握基础的程序算法知识，更要让学生知道程序算法在生活中的作用，对于问题解决发挥的效果。近期在教育界引发的对核心素养的探讨中，强调各学科留给学生解决问题的思路方法，所以本节课其实对于算法与程序的学习非常重要，它是算法程序与生活之间的敲门砖，是培养学生算法程序思想的重要一节课，提高学生的信息技术核心素养。

教学目标的设置。本案例的教学目标对如何更加详细地表达该知识点应该掌握到什么程度描述不到位。在教学实践中，三维目标不用刻意分清通过某个知识点的学习，掌握什么方法，提高什么能力，树立正确的价值观等。

总之，对于本案例通过小组合作达到学习目标，在任务驱动教学过程中，通过"解决电灯不亮的简单算法"引出生活算法的流程图和程序设计思路，通过完成编程任务，感受运用算法解决生活中问题的过程，引导学生认清任务，认识开发程序，学会用程序算法解决生活中问题，值得学习引荐。

# 2  结构与算法

【课程标准】

（1）通过感悟生活中的顺序行为，学会拖拽相应图标编写具有顺序结构的简单程序。

（2）通过感悟生活中的选择行为，学会拖拽相应图标编写具有判断功能的简单程序。

（3）通过感悟生活中的重复行为，学会拖拽相应图标编写具有循环功能的简单程序。

（4）通过分析简单生活问题，设计混合程序结构解决问题，体验算法的思想和价值，了解程序设计的一般过程。

（5）能够读懂图形化编程环境中的程序流程图，能分析程序的功能并简单调试。

（6）能根据解决问题的实际需要，设计简单的程序并使之运行。

## 优秀案例一

### "分支结构——If 语句"教学设计

一、基本说明

（1）教学内容所属模块：编程与智能处理。

（2）年级：初二年级。

（3）所用教材出版社：北京出版社。

（4）所属章节：第5册第8章。

（5）学时数：1课时。

二、教学设计

（一）"分支结构——块If语句"导学案

1．学习目标

（1）知识与技能。

①知道如何利用编程思想来解决分支问题，并将此方法扩展到学习和生活中；

②掌握块If语句的格式、功能和执行过程；

③能够运用块If语句来设计程序代码，实现选择判断功能。

（2）过程与方法。

①通过倾听教师的讲解、观察教师的演示，加强对块If语句的理解；通过探究一系列由简单到复杂的任务，最终实现对块If语句的熟练运用；

②通过回忆课堂任务中各环节的处理思路，总结出解决分支问题的一般思路。

（3）情感态度与价值观。

亲历实际问题的全部解决过程，利用自主学习的方式来解决遇到的问题，进而增强自身的探究意识。归纳总结解决分支问题的一般思路并将其应用到生活问题的解决中去，使其对今后的学习和生活产生一些有益的影响。体会课程中涉及的绿色出行方面的德育渗透。

2．学习重点难点

（1）学习重点。

①块If语句的格式、功能、使用方法；

②编程解决分支问题的一般思路。

（2）学习难点。

合理利用块If语句来设计程序，从而解决分支问题。

3．导学、自学过程

（1）设置情境，导入新课。

为了确定一行人乘坐公交车所需的费用（不打折），帮助老师编写一个"绿色公交计算器"的小软件，实现输入人数和公里数后能输出所需的费用。

（2）新课讲解。

块If语句的格式：_____　特点：_____

流程图：_____

功能：_____

编程解决分支问题的一般思路：_____

（3）实践操作。

【任务一】

①打开本机桌面的 "绿色公交计算器"文件夹；

②先不考虑"人数"输入框,对"计算"按钮进行程序编写,利用块If语句来实现:当公里数文本框中输入数据小于等于5时在标签控件(Label3)中显示1元,输入数据大于5时显示2元。

③任务保存:将工程、窗体文件以"姓名+任务一"命名,仍存在"绿色公交计算器"文件夹中,文件夹不需要改名称,暂不上交。

【任务二】

①首先阅读本学案环节四"块If语句使用范例",将其中的核心代码迁移到任务中去;

②仍然利用已经打开的工程文件,加入"人数"这个参数,参照顺13路收费标准,对"计算"按钮进行程序修改,利用块If语句实现输入"人数"和"公里数"后在标签控件(Label3)中显示相应的总费用(不打折);【任务二流程图】

保存:将工程、窗体文件以"姓名+任务二"命名,仍保存在任务一的文件夹中,并将文件夹上交至教师机。

顺13路收费情况分析:(请补充完整)

　　　　元/张
　　　　元/张
　　　　元/张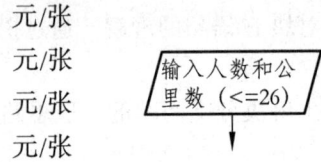
　　　　元/张

【探究问题】

回忆之前的准备工作,总结出解决分支问题都需经历哪些必要步骤,并书写在导学案第一页中。

【课堂扩展任务】(选做)

想一想流程图中对于公里数的判断就只有老师讲解的(小于等于)这一种吗?能不能换一种思路来判断公里数,尝试修改你的程序。

任务保存:请以"姓名+扩展任务"将工程、窗体文件仍保存在任务一的文件夹中。

(4)块If语句使用范例。

```
If  条件1  Then
  语句1
Else
    If  条件2  Then
      语句2
    Else
        If  条件3  Then
          语句3
        Else
          语句4
        End If
    End If
End If
```

核心代码

(5)流程图。

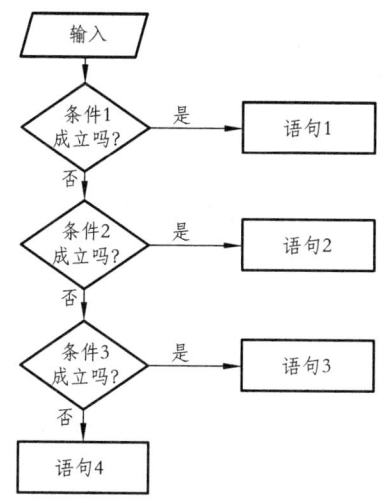

图 1　流程图

## (二)"分支结构——块 If 语句"教案

表 1　教案

| 教学基本信息 | | | | |
|---|---|---|---|---|
| 课题 | 分支结构——块 If 语句 | | | |
| 学科 | 信息技术 | 课时：1 课时 | 年级 | 初二年级 |
| 设计思路 | | | | |
| 课程利用双主线来贯穿始终，一条为知识主线：块 If 语句的格式、功能、流程图；另一条为实践主线：编程解决分支问题的一般思路；颠覆了重知识轻思想的教学模式，适应了新课改的要求。课堂中将主动权交给学生，利用观察分析、总结归纳、自主尝试与探究、小组讨论等方式来学习知识，培养了学生自主学习与分析问题的能力。通过广播方式，及时发现学生存在的问题并加以解决；通过任务驱动方式来检验学生对知识点的掌握情况，夯实其所学内容。<br>　　知识学习采用的基本模式：提出任务—分析问题—学生探究—动手实践—演示与交流—完善任务。课程为学有余力的同学准备了拓展任务，通过探究，发掘自身潜力，实现自我超越 | | | | |
| 教学背景分析 | | | | |
| 教学内容：本课知识性内容为块 If 语句的功能和使用。学生利用块 If 语句实现选择控制，从而解决实际生活中的分支问题。<br>　本课内容分为四部分：<br>（1）探讨实际需要从而引出知识点：块 If 语句的格式、功能、流程图；<br>（2）完成课堂任务并巩固所学知识；<br>（3）归纳出利用编程思想解决分支问题的一般思路；<br>（4）总结课堂所学。 | | | | |

续表

| 教学背景分析 |
| --- |

此部分内容在本单元中占重要地位和作用,对于下节课要讲解的 select case 语句也起到铺垫作用,并为今后如何利用编程思想来解决问题奠定了基础。学生在学完本课内容之后可以解决现实生活中关于选择控制方面的问题。

学生情况:初二学生爱动手又具有个性,思维敏捷,兴趣比较广泛,具有了一定的逻辑思维能力,但水平又各不相同。大部分学生在小学没有学过此部分知识,基本上是零起点。在学习本课之前,学生已熟悉 VB 界面,设置窗体的基本属性,应用标签(Label)控件和文本(Text)控件设计简单的界面。在此基础上,本课着重考虑了兴趣和能力的培养及绿色出行德育情操的渗透,在生活中寻找题材,在学科中寻找融合点。

教学方式:网络教学、任务驱动式。

教学手段:演示法、讲授法、小组合作式学习、探究法、讨论。

技术准备:演示文稿课件(见课件);局域网广播方式;投影机

| 教学目标 |
| --- |

1. 知识与技能

(1)知道如何利用编程思想来解决分支问题,并将此方法扩展到生活和学习中;

(2)掌握块 If 语句的格式、功能和执行过程;

(3)能够运用块 If 语句来设计程序代码,实现选择判断功能。

2. 过程与方法

(1)通过倾听、观察演示和讲解,加强对块 If 语句的理解;通过探究一系列由简单到复杂的任务,最终实现对块 If 语句的熟练运用;

(2)通过回忆任务中各环节的处理思路,总结整理出解决分支问题的一般思路。

3. 情感、态度与价值观

亲历实际问题的全部解决过程,利用自主学习的方式来解决遇到的问题,进而增强自身的探究意识。归纳总结解决分支问题的一般思路并将其应用到生活问题的解决中去,使其对今后的学习和生活产生一些有益的影响。体会课程中涉及的绿色出行方面的德育渗透

| 教学重点、难点 |
| --- |

1. 教学重点

(1)块 If 语句的格式、功能、使用方法;

(2)编程解决分支问题的一般思路。

2. 教学难点

合理利用块 If 语句来设计程序,从而解决分支问题。

三、教学过程

表 2 教学过程

| 教学阶段 | 教师活动 | 学生活动 | 设置意图 | 技术应用 | 时间安排 |
|---|---|---|---|---|---|
| 设置情境 引入新课 | [创设情境]<br>每天放学的时候老师看到很多同学在等公交车，大家环保意识很强。那么，对于公交车的收费标准了解吗？<br>以顺13路为例来说明问题，收费标准：起步价为乘坐5公里（含5公里）1元，每增加6公里（含6公里）增加1元，总里程26公里，最高票价4元。<br>[过渡]<br>在不打折情况下，能不能制作一款软件来实现输入人数和公里数后得到的票价呢？<br>[最终目标]<br>帮助老师完成"绿色公交计算器"，实现输入人数和公里数从而计算总费用（不打折） | 进入情境，思考如何帮助老师完成"绿色公交计算器" | 通过贴近生活的实例来激发学生的兴趣，为后续知识的讲解做铺垫。<br>在此环节中适当渗透绿色出行的德育思想，加强学生对绿色出行的重视 | PPT | 3分钟 |
| 新知讲解 | [小组讨论]<br>要完成我们的最终任务，我们需要解决两个迫在眉睫的问题，请大家4人为一组讨论问题一和问题二。<br>[问题一]<br>任务要求中涉及的运算数据有几个？他们都是谁？通过什么方式获得？<br>[问题二]<br>根据刚才确定的参数我们来设计一下程序的界面。下面同学们想一想界面中要用到哪些控件来帮助我们获得这些参数？ | 小组讨论问题，找出任务中要用到的运算数据；根据所用到的数据来设计程序界面。 | 通过小组讨论的形式引导学生探究逐层找到问题的突破口。<br>通过演示任务和教师制作相结合的方式引导学生一步一步地找到解决问题用到的语句——If语句。 | PPT、多媒体机房 | 2分钟 |

- 173 -

续表

| 教学环节 | 教师活动 | 学生活动 | 设置意图 | 技术应用 | 时间安排 |
|---|---|---|---|---|---|
| | 我们构想好了界面，明确了两个参数，想一想他们在程序中的地位一样吗，谁会成为最主要的判断依据（突破口）？<br>【结论】<br>看来公里数是我们这次任务的突破口。<br>【问题四】<br>参考顺13路的收费标准，我们来看看公里数有哪些可能性？<br>【小结】用数轴形式在黑板上画出。见附录1。<br>0～5（含）1元<br>5～11（含）2元<br>11～17（含）3元<br>17～26（含）4元<br>【过渡】<br>如要编程解决此问题，我们就需要一款能够实现选择判断功能的语句来帮助我们：If语句。<br>【问题简化】<br>任务当中的情况过于复杂，我们先把题目当中的情况简单化一下：如果输入公里数小于等于5就显示1元，如果大于5就显示2元。 | 思考问题并交流。<br><br><br><br><br><br>思考问题四，归纳四种情况。 | 在引导学生渗透编程解决问题过程中逐步透解决问题的一般思路，为学生在活动中能够很好地解决问题打下基础。<br><br>采用数轴形式在黑板上画出四种分段情况，简明清晰，为引入If块语句打下基础。 | 局域网广播<br><br>VB半成品文件 | 3分钟 |

续表

| 教学阶段环节 | 教师活动 | 学生活动 | 设置意图 | 技术应用 | 时间安排 |
|---|---|---|---|---|---|
| | [演示]<br>Private Sub Command1_Click ( )<br>　a = Text1.Text<br>　b = Text2.Text<br>　If b <=5 Then<br>　　c = 1<br>　Else<br>　　c = 2<br>　End If<br>　Label3.Caption = c<br>End Sub<br>[小结]（辅以流程图）<br>流程图： 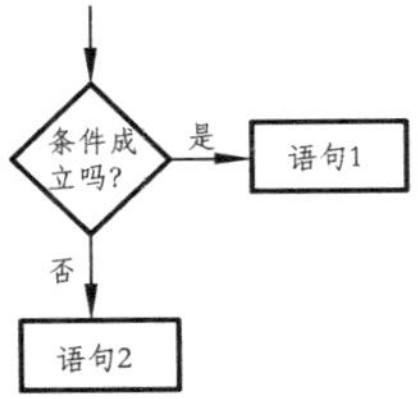<br><br>图 2　流程图<br><br>块 If 语句的结构：<br>　If 条件 Then<br>　　语句 1<br>　Else<br>　　语句 2<br>　End If<br>块 If 语句的功能：<br>实现选择判断 | 仔细观察演示操作，体会块 If 语句的结构和功能。<br><br>总结归纳块 If 语句的相关知识点。将其记录在导学案中"新课讲解"环节，见导学案 | 运用复杂问题简单化的处理思路将问题简化，为实现多种情况下的选择判断做好铺垫。<br><br>学生通过观察演示，对块 If 语句有初步的认识，从而归纳出块 If 语句的相关知识点 | | 6 分钟 |

续表

| 教学阶段环节 | 教师活动 | 学生活动 | 设置意图 | 技术应用 | 时间安排 |
|---|---|---|---|---|---|
| 实战模拟 | [任务一]<br>利用 If 语句来制作"导学案"实践操作环节中的任务一。见导学案。<br>[过渡]<br>最终我们要实现 4 种情况的判断,现有的块 If 语句不能满足要求,如何进行改进呢?<br>知识点:嵌套形式的块 If 语句<br>结构:<br>If 条件 1 Then<br>　语句 1<br>Else<br>　If 条件 2 Then<br>　　语句 2<br>　Else<br>　　……<br>　End If<br>End If 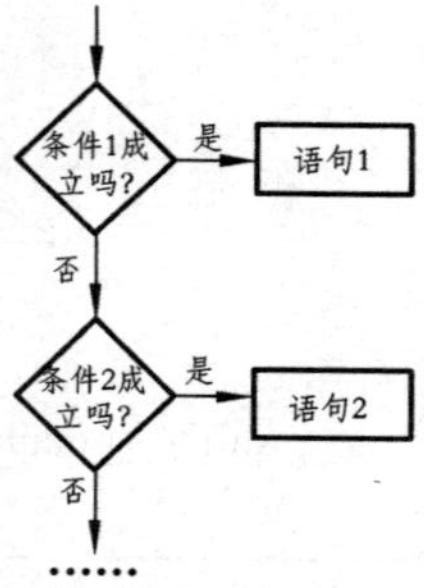 | 参考总结出的知识点,完成任务一。<br>思考:如何改进能够实现多种情况的判断并回答。<br>听取教师的讲解,并总结相关知识。<br>和教师一起分析出程序流程图,并总结在导学案第二页的方框中,见导学案。思考其代码如何实现。 | 通过实践,巩固块 If 语句的使用。识记相关知识点,为后续任务打下理论基础。<br>在任务一的基础上提升复杂度,从而引出知识点:嵌套形式的块 If 语句,为任务二的完成打下基础。 | 半成品文件 | 4 分钟 |

图 3 流程图

续表

| 教学阶环节 | 教师活动 | 学生活动 | 设置意图 | 技术应用 | 时间安排 |
|---|---|---|---|---|---|
| | 【任务二】<br>参照“导学案”中的样例，并按照顺13路收费标准来编写程序。<br>见导学案。<br>【分析问题】<br>带领学生分析问题根据需求画出流程图，见附录2。<br>任务中涉及到的探究问题：<br>【探究问题】<br>编程解决分支问题的一般思路是什么？见导学案。<br>【自主学习】<br>学习“导学案”第二页　“块If语句使用范例”环节，见导学案；参考程序流程图来完成任务二。<br>【课堂扩展】(选做)<br>大家想一想流程图中对于公里数的判断就仅仅只有老师展示的（小于等于）这一种吗？你能不能换一种思路来判断公里数，请同学们自我尝试一下。<br>见导学案。<br>【预设】<br>将流程图中判断环节的“公里数”条件进行逆向更改。<br>方法一：流程图，见附录3。<br>方法二：流程图，见附录4。<br>方法二中块If语句的格式：(颠覆之前的语句格式)<br>If　条件1　Then<br>If　条件2　Then | 自主学习“块If语句书写范例”环节，加深对块If语句的认识。<br>有余力的同学进行拓展提高训练，加深自己对块If语句的理解。<br>师生共同总结出扩展任务的流程图；<br>思考并听取教师的讲解。 | 将课堂学习的主动权交托给学生。<br>具体细化任务要求之后放手引导学生去动手实践，从而进一步加深学生对块If语句的理解。<br>提供充足的自主学习空间，学生通过对范例代码的迁移来完成任务，并提高自身的探究能力。<br>在完成课堂任务之余对有能力的学生进行提高扩展，学生不仅仅局限在教师所讲解的方法中，培养其采用多种方法来解决问题的能力(举一反三)。 | PPT、多媒体机房<br>学生做的VB程序 | 3分钟<br>14分钟<br>4分钟 |

续表

| 教学环节 | 教师活动 | 学生活动 | 设置意图 | 技术应用 | 时间安排 |
|---|---|---|---|---|---|
| | If 条件 3 Then<br>语句 4<br>Else<br>语句 3<br>End If<br>Else<br>语句 2<br>End If<br>Else<br>语句 1<br>End If<br>【展示】<br>展示 2~3 名学生的作品，点评其优缺点（见学生作品） | 观看他人的程序，思考其合理性。填写"自我评价表"，见附录 7。 | 学生领悟：原来块 If 语句的嵌套结构不仅可以放在 Else 之后还可以放在其前 | | 2 分钟 |
| 总结点拨 | 【总结】<br>（1）探究问题：编程解决分支问题的一般思路，见附录 5。<br>（2）课堂所学知识点，见附录 6。 | 积极发言，与其他同学交换彼此的看法，并和教师一起总结归纳出知识点 | 点拨任务中的难点，与学生一起归纳出本节课所涉及到的扩展任务流程图、块 If 语句的结构，编程解决分支问题的一般思路 | PPT、多媒体机房 | 3 分钟 |
| 思想提升 | 给出寄语：<br>善于合理利用的编程思想来解决实际问题，并将此方法扩展到日常生活中去，从而使我们的生活更加便利、快捷！ | 回顾任务完成的艰辛，体会教师的寄语，对今后如何解决实际问题思考 | 通过寄语将课堂所学知识向实际生活方面扩展，引发学生思考 | PPT | 1 分钟 |

四、板书设计

分支结构—块 If 语句

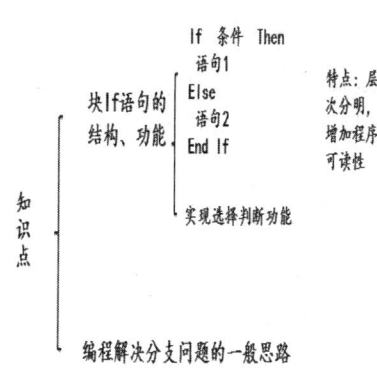

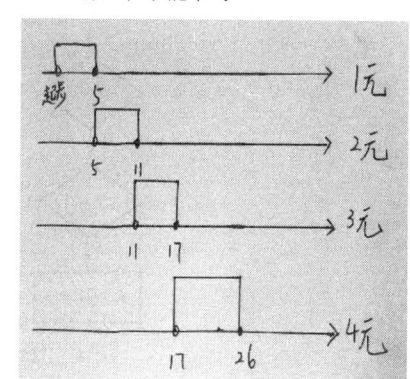

图 4　板书设计

五、教学反思

通过本节课的学习，学生对块 If 语句的结构及功能有了深刻的理解，对于利用编程思想来解决分支问题的一般思路有了自己的认识。课堂中学生亲历实际问题的全部解决过程，在其中自主探究并互帮互助，体会块 If 语句如何实现复杂情况下的选择判断，归纳出关键步骤的处理方法，整理出一套行之有效的解决策略，为今后更好地解决生活中的分支问题打下良好的基础。对于学有余力的同学，课程中的扩展任务是一个不错的选择，通过对所学知识的举一反三来超越自我，使其能够达到"不仅吃饱而且吃好"的学习效果。

教辅资料——"导学案"为学生的探究学习提供了有力保障，不同的学生在制作任务时会遇到不同的困难，"导学案"中的知识总结、样例参考、流程图归纳等多个环节对于不同的问题有相关的提示，这样就提高了学生的探究效率，真正实现了课堂中的分层教学。

以上就是本节课的教学反思。教学相长，教授每一节课的同时也是教师不断学习和进步的过程，我会踏实上好每一课，和学生一起在知识的海洋中不断探索。

附录1：数轴展示分段计费，如图 5 所示。

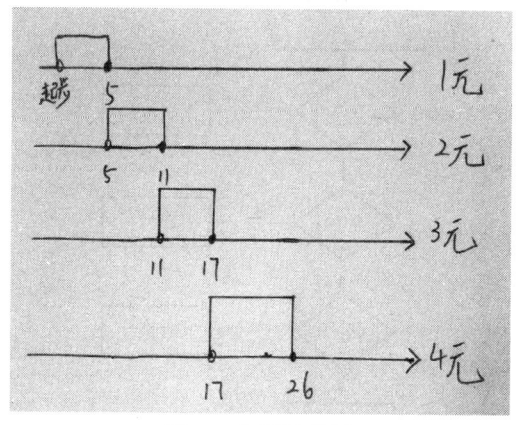

图 5　分段计费图

附录2：任务二流程图，如图 6 所示。

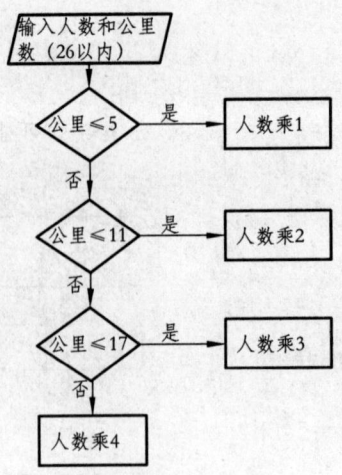

图 6　任务二流程图

附录 3：扩展任务方法一流程图，如图 7 所示。

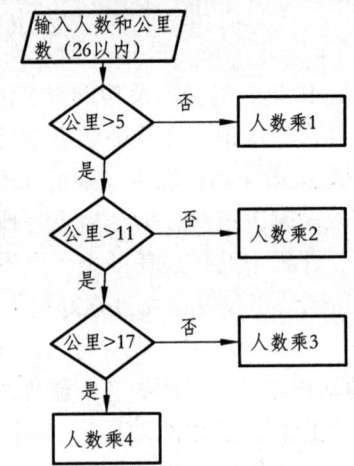

图 7　扩展任务方法一流程图

附录 4：扩展任务方法二流程图，如图 8 所示。

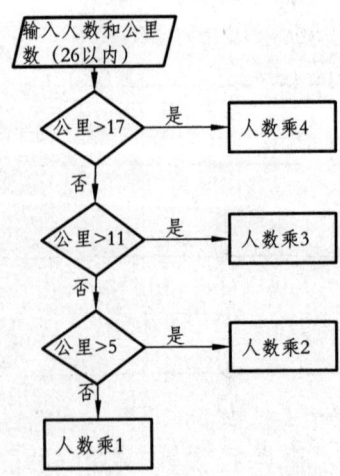

图 8　扩展任务方法二流程图

附录5：编程解决分支问题的一般思路，如图9所示。

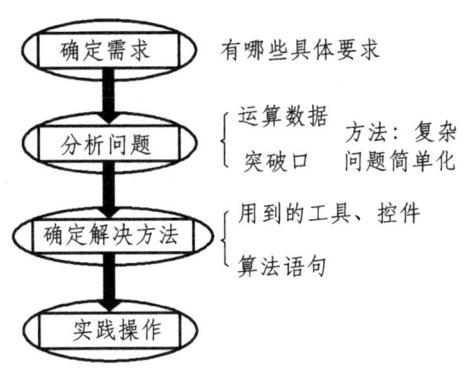

图9  一般思路

附录6：知识框架，如图10所示。

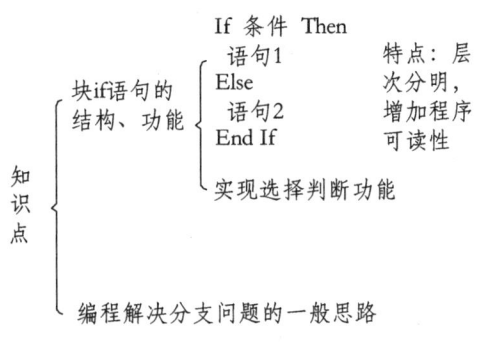

图10  知识框架

附录7：自我评价表，如表3所示。

表3  评价表

| 作品名称 | 任务一完成情况 | 任务二完成情况 | 扩展任务完成情况 |
|---|---|---|---|
| 绿色公交计算器 | A 按照要求，实现对公里数的判断；B 程序中块 If 语句书写出现问题，程序未完成。 | A 能够实现公里数4种情况的判断，并考虑到了人数；B 能够实现公里数4种情况的判断，没有考虑到了人数；C 块 If 语句书写出现问题，程序未完成。 | A 能够实现公里数4种情况的判断，并考虑到了人数；B 能够实现公里数4种情况的判断，没有考虑到了人数；C 块 If 语句书写出现问题，程序未完成。 |

案例来源：

2014年全国信息技术课程教学案例大赛一等奖  北京市牛栏山一中实验学校  杨军

案例评析：

本案例"分支结构——块 If 语句"采用讲授法和任务驱动法相结合，创设"绿色公交计算器"情境，引出每个环节的任务，在学习过程中，不断对新问题、新任务的探索发现解决。课程利用双主线来贯穿始终，一条为知识主线：块 If 语句的格式、功能、流程图；另一条为实践主线：编程解决分支问题的一般思路；颠覆了重知识轻思想的教学模式，适应了新课改的要求。课堂中将主动权交给学生，利用观察分析、总结归纳、自主尝试与探究、小组讨论等方式来学习知识，培养了学生自主学习与分析问题的能力。通过广播方式，及时发现学生存在的问题并加以解决；通过任务驱动方式来检验学生对知识点的掌握情况，夯实其所学内容。

本案例比较完整，有详细的教案以及导学案。王益辉在《"导学案"之思与辨》一文中提到"导学案"作为继教案、学案之后的第三种教学设计，力图吸收二者的优势，克服二者的不足，在教师"导"的基础上引导学生的"学"，做到"先学后导，以导促学"。导学案对本课程的学习起到很好的铺垫作用，VB计算机程序语言不同于日常生活中所用口语，比较晦涩难懂，所以学生充分的课前预习非常重要，本案例中的导学案不仅包括课前预习任务的布置，还有课程中的实操任务以及课后的任务拓展。"导学案"由导学目标、学法指导、导学重难点、导学过程、学后记和导后记五大部分构成。在操作中"导学案"教学的自主学习指导可以从确定导学目标、指导学习方法、学生自主预习、师生双向主动、练习巩固、总结反馈六个方面来考虑。"导学案"为学生的探究学习提供有力保障，不同学生在完成任务时会遇到不同的困难，"导学案"中的知识总结、样例参考、流程图归纳等多个环节对于不同的问题有相关的提示，这样就提高了学生的探究效率，真正实现了课堂中的分层教学。此外，导学案中的教学目标是以学生的角度进行设计呈现的，以学生为中心，以学论教的实践思想，有助于学生针对性学习，掌握重点突破难点。导学案的设计，由易到难，层层引导突破，学生在完成简单的课程任务后，能力较强的学生可以完成拓展任务，充分照顾到班级里的每个学生的学习能力水平。

教学环节设计合理巧妙。知识学习采用的基本模式：提出任务→分析问题→学生探究→动手实践→演示与交流→完善任务。课程为学有余力的同学准备了拓展任务，开展探究，发觉自身潜力，实现自我超越。通过本节课的学习，学生对块If语句的结构及功能有了深刻的理解，对于利用编程思想来解决分支问题的一般思路有了自己的认识。课堂中学生亲历实际问题的全部解决过程，在其中自主探究并互帮互助，体会块If语句如何实现复杂情况下的选择判断，归纳出关键步骤的处理方法，整理出一套行之有效的解决策略，为今后更好地解决生活中的分支问题打下良好的基础。此外，通过对所学知识的举一反三来灵活应用，能兼顾到全班学生的整体水平，促进学生全面掌握知识。

理论与实际相联系。无论是从开始的情境创设还是整个教学过程，案例中能够很好地结合生活实践，例如"绿色公交计算器"的实例来激发学生的兴趣，并贯穿着整个知识点的学习和逐步解决问题。此外，渗透绿色出行的德育思想，加强学生对绿色出行的重视。把知识运用到日常的问题解决过程中，提高学生信息技术解决问题的能力，同时培养学生的情感价值观，达到教学目的。

教学目标的设计清楚。在近几年的教学实践中，发现三维目标有些时候是相互联通的，有些目标达到的过程中可能涉及三维目标。例如知识与技能目标中：知道如何利用编程思想来解决分支问题，并将此方法扩展到生活和学习中；这一目标它既是知识与技能有涉及过程与方法。本案例中目标较多，可以浓缩一下，简而意赅的提出三四点。

案例设计明确描述教学重难点，善于运用图解帮助学生对知识点的掌握，设计思路清晰，环节层层深入，"导学案"中的知识总结、样例参考、流程图归纳等多个环节对于不同的问题有相关的提示，提高了学生的探究效率，但可以在"导学案"基础上增加创新的环节，例如，布置任务让学生运用算法语句设计完成相应程序设计，让学生发现语句之间的联系规律等。主要还是把学习的主动权交给学生，把课堂交给学生，注重学生思维的培养，提高学生的自主合作探究学习能力，教师在适当的时候可以结合生活实际启发学生对知识技能的应用，增进学生对知识的理解巩固。

总之，本案例备课比较充分完整，导学案与教学设计结合，每个环节的设计促使学生对块 If 语句的结构及功能有了深刻的理解，对于利用编程思想来解决分支问题的一般思路有了自己的认识。归纳出关键步骤的处理方法，整理出一套行之有效的解决策略，为今后更好地解决生活中的分支问题打下良好的基础。

# 优秀案例二

## "分支结构——If 语句"教学设计

### 一、基本说明

（1）教学内容所属模块：程序设计。
（2）年级：九年级。
（3）所用教材出版社：海南教育出版社。
（4）所属章节：第二章第二节。
（5）学时数：1课时。

### 二、教学设计

（一）学习内容分析

本节课学习内容是海南省教育研究培训院编写的九年级信息技术上册第二章第二节课内容。本节课在本章程序设计学习过程中起到一个承前启后的作用，"前"是对顺序结构运用的深化认识，"后"是为学习循环语句做铺垫，因此，本课教案设计的目的以强化学生了解程序流程图的表示方法，体验分支结构解决问题的过程，本节课通过范例"成绩评价程序设计"让学生了解流程图的基本图形及功能，If 语句的使用方法。

（二）学习者分析

本课的教学对象是九年级学生，九年级的学生具备一定的抽象思维能力，但认知特点还是以识记为主，缺乏成熟的逻辑思维能力，对程序设计的学习造成非常大的障碍。程序设计这部分内容涉及语法、结构等符号化的知识，对学生来说非常抽象和陌生，学生不容易理解与接受，并容易产生抵触心理。学习"分支结构——If语句"就是借助具体事例为载体，了解程序流程图的表示方法，体验分支结构解决问题的过程。在学习本课之前，学生已学习了顺序结构的程序设计方法，了解顺序程序结构的执行流程，已经掌握了VB程序的窗体设计、代码编写与运行方法。

（三）教学目标分析

（1）知识目标：理解流程图的基本图形及表示方法，掌握程序的分支结构语句格式及编程思路。

（2）能力目标：通过观察、实践，领悟流程图在程序设计中的作用，以教师引导、学生积极思考分析问题、实践验证问题的方式，进而领悟程序结构的特点。

（3）情感目标：初步学会从一些生动有趣的问题出发，沿着分析问题、设计发现问题、思考问题和解决问题的习惯进行解决，鼓励创新，培养学生学习程序设计的基本思想和实际动手操作能力。

（四）教学重、难点分析

教学重点：理解流程图的表示方法，掌握分支结构语句格式。

教学难点：掌握If语句的设计方法，体会分支结构解决问题的过程。

设计思想：尊重学生解决问题的思维过程，模拟学生的学习体验和情感体验，在以学生为主体、教师为主导的架构下，搭建以生为本的情景学习平台，帮助学生通过学与练，以不断解决问题为手段，一步步完成学习任务。

（五）教学方法

本课采用的教学方法是演示法、讲练结合及任务驱动法。通过教师设置的任务，让学生在学习的过程中，自己动手，有机结合各种知识，以任务驱动的方式发展能力，使教学内容合理流动，水到渠成。本课教学中，启发、诱导贯穿始终，创造学生自主探究学习的平台，使学生由"要我学"转变为"我要学"的学习过程，提高学生在课堂40分钟的战斗力和生命力。

（六）教学过程

本节课的教学设计，采用"创设情景，引入课题—讲练结合，实践运用—观摩协作，归纳总结"三个环节。

具体阐述：

1. 创设情景，引入课题

同学们，通过前面的学习，我们对程序和程序设计的有关概念以及程序设计的方法都有了一定的了解，很多同学已经跃跃欲试编写自己的程序了。而现实生活中，同学们的成绩评价常以一定的分数做出判断并评定合格与不合格，面对这问题，我们就以"成绩评价程序设计"为例，一起来学习分支结构——If语句。

设计意图："创设情景，引入课题"是考虑到让学生纯粹地复习前面所学习的VB程序窗体设计、代码编写与运行方法，激励学生通过VB语言编写一些简单的程序，解决生活学习中的问题。

2. 讲练结合，实践运用

任务一：成绩评价系统界面设计

让学生自由结组，交流、回忆前面所学习的VB工作界面。（请一操作熟练的学生演示设计程序界面）如图1所示。

在完成界面设计的基础上，接着我边讲解边演示对选择窗体上各个对象的属性进行设置，对象属性的设置之后的窗体外观界面如图2所示。

设计意图：这一环节的教学主要采用讲解、演示及自主合作的学习方式，既可以让学生复习前面所学的知识点，又能独立完成自己的界面设计，培养了学生自主学习的习惯及合作精神，同时也培养学生的实际操作能力。

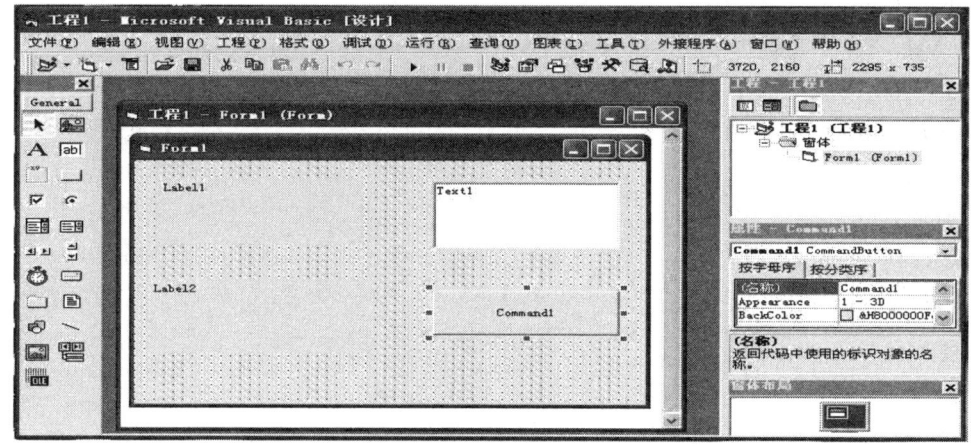

图1　成绩评价系统界面设计

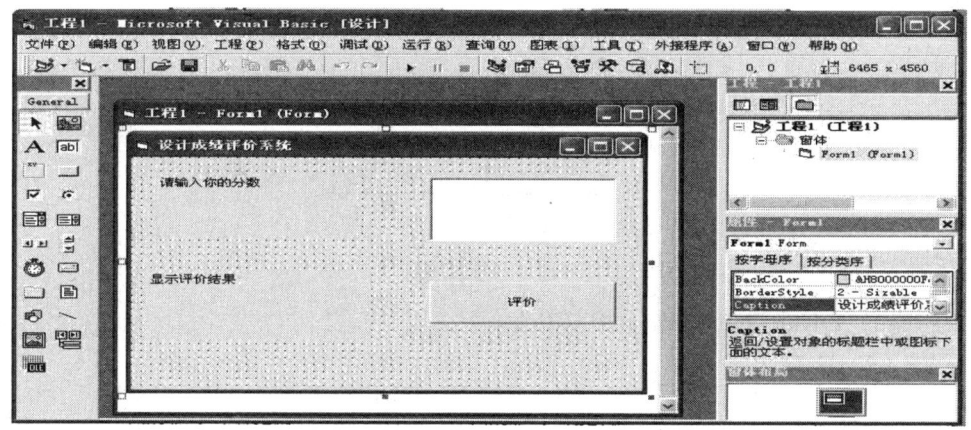

图2　对窗体各对象进行设计

任务二：编写程序代码

学生展示出自己的界面设计，在"Command1"的"Click"事件下输入程序代码时，进而提出问题，如何对输入的任何数据得出显示评价的结果？引入分支结构语句，其格式：

格式一：单行结构。

If<条件>Then　VB语句1

功能：当条件成立时执行Then后面的语句，如图3所示。

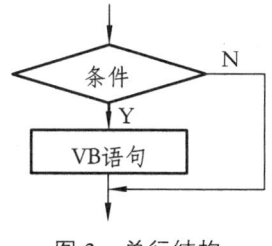

图3　单行结构

例如：如果输入的分数 a>=60，就显示合格；如果输入的分数 a<60，就显示合格。

程序代码：Private Sub Command1_Click（ ）

Label2.Caption = "不合格"

a = Val（Text1.Text）

If a >= 60 Then

Label2.Caption = "合格"

End Sub

格式二：块结构。

If<条件> Then

VB 语句（块）1

Else

VB 语句（块）2

End If

功能：当条件成立时执行 Then 后面的语句（块）1，当条件不成立时执行后面的语句（块）2，如图 4 所示。

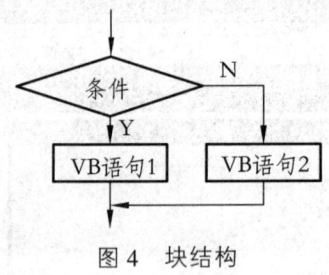

图 4　块结构

程序代码：Private Sub Command1_Click（ ）

a = Val（Text1.Text）

If a >= 60 Then

Label2.Caption = "合格"

Else

Label2.Caption = "不合格"

End If

End Sub

设计意图：这一环节的学习主要向学生介绍分支结构的格式及流程图的表示方法，因此教师通过讲解——演示，并调试程序，达到掌握操作和使用的目的，激发学生的学习热情和创作积极性。

任务三：运行格式一与格式二的两段代码，观察运行结果是否一致，并说明原因。

设计意图：让学生比较这两个分支结构语句格式的异同，进一步加深理解这两个结构及其在 VB 中的实现，初步了解现实问题——程序化的设计思想及流程图的表示方法，突破教学的重点难点。

3. 观摩协作，归纳总结

在这个环节里，我请已经完成程序设计的同学大胆地走出自己的座位去看看其他同学的作业，互相看一看，评一评，如果你觉得谁的程序设计比自己做得好，也可以虚心向他讨教讨教。

**最后，展示程序设计并交流学习心得：这节课你学得快乐吗？你最感兴趣的是什么？**

设计意图：在教法上用"观摩—总结理论"方式，让学生学会求知，动眼观察、欣赏、评析，动脑思考、探索，发挥学生的主体作用。

（七）教学反思

本节课，我设计的任务与学生的成绩有关，容易激起学生很大的关注。随着任务的深入，学习目标得到很好的落实，力争以学习目标为起点，又以学习目标为归宿。学习过程中要时刻关注学生的进展及出现的问题，对于学生的点滴进步给予及时的肯定，不能因为最终结果出错，就全盘否定；对于出现的问题，也是一种动态生成的教学资源，应善于捕捉，适时提出，引导学生分析并解决，实现"问题从学生中来，最终回到学生中去"，从而完善学生的意义建构。

案例来源：

三亚市崖城中学　符昌玲

案例评析：

本案例示范性很强，结合讲授法和演示操作，在整个教学过程中，紧紧围绕"创设情景，引入课题—讲练结合，实践运用—观摩协作，归纳总结"三个环节，本课采用的教学方法是演示法、讲练结合及任务驱动法。通过教师设置的任务，让学生在学习的过程中，自己动手，有机结合各种知识，以任务驱动的方式发展能力，使教学内容合理流动，水到渠成。本课教学中，启发、诱导贯穿始终，创造学生自主探究学习的平台，使学生由"要我学"转变为"我要学"的学习过程，提高课堂40分钟的战斗力和生命力。

情境创设，问题提出。本案例情境导入非常典型，情境通过"成绩评价程序设计"导出任务。首先，案例是成绩评价程序设计情境引入，贴近学生的日常生活，情境的创设如何可以与其他学科相联系，通过其他学科的旧知识迁移到本课程的新知识学习，促进知识之间融会贯通。其次，情境的创设与问题相互联系。一般对于情境创设的意义主要是可以引出知识点或者问题，引领学生在情境中发现问题，激发学生兴趣，本情境通过引出问题情境"如何设计成绩评价程序？"创设导入能够达到目的。再次，情境创设如果可以贯穿整个教学过程是最好的，例如，本案例任务都是在设计成绩评价程序的情境中进行，使整个环节，情境故事更加完整。最后的任务扩展同样也可以建立在开始的情境中，这样的情境创设才能够更有意义，学生在学习和问题解决过程中，形成完整的问题解决思路和方法。这样的情境既能导出问题，发现知识点的规律，又能起铺垫作用，贯穿整个知识点的学习。

混淆知识往往是教学中的重难点，刘丽凤在《比较的策略应用易混淆的知识点进行比较》一文中提到，比较策略是教师引导学生初步认识概念、理清联系的策略和方法。通过教师有目的、有计划、有意识地设计一些不同对象的相同点与相异点比较，并由此进行分类、归类的活动，可以使学生对研究对象的认识不再是孤立的、零碎的，而是全面的、系统的。本教学设计中任务三比较这两个分支结构语句格式的异同，以任务的形式处理易混淆知识最常用的方式，不仅可以加深学习印象，而且让学生真正的掌握知识，突破重难点。所以，教师可以在易混淆的知识点上，引导学生寻找知识点之间的异同，让学生掌握学习方法。

本案例对于教学目标的设计和前端分析非常详细地表达了什么样的知识点不同程度的学生应该掌握到什么程度，培养什么样的问题逻辑思维等等。三维目标不用刻意分清通过某个知识点的学习，掌握什么方法，提高什么能力，树立正确的价值观等。总之，整个"分支结构——If 语句"教学设计虽然比起前一份教案少了点"装饰"，但创设情境导出任务，在任务的解决过程中，发现知识规律，运用新知解决问题，比起传统的教学方法有很大的优越性，值得学习引荐。

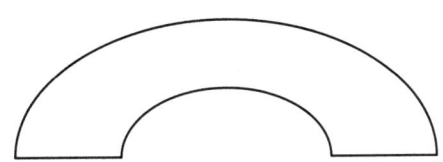

# 拓展模块二:
# 机器人设计与制作

# 1 结构与功能

> 【课程标准】
>
> （1）通过观看机器人应用的多媒体演示资料，观摩不同类型的机器人，扩展对机器人的概念、分类、应用和发展状况的认识。
>
> （2）通过装配机器人，了解机器人的基本结构和功能。
>
> （3）了解电路、电子元器件、单片机的相关概念或知识，能描述其简单功能。
>
> （4）能描述动力源（如电池、外接电源等）和电动机的作用，并掌握其使用方法。
>
> （5）了解传动装置的作用及简单工作原理，掌握其使用方法及适用场合。
>
> （6）了解机器人装配所需的简单机械结构的工作原理（如杠杆、轮轴等），并能够简单应用。
>
> （7）熟悉常用传感器（如红外、声音、光敏、指南针、碰撞、超声等）及其性能，能通过分析简单信息的捕获需求，选择合适的传感器捕获信息。
>
> （8）掌握常见构件的连接方式，能较熟练组装机器人功能模块。
>
> （9）通过让机器人解决简单的任务，熟悉算法、流程图、程序等概念，能绘制简单机器人程序的流程图来表达算法。
>
> （10）能在机器人附带的软件平台上使用图形模块或程序代码设计含有综合结构的程序。

## 优秀案例一

### "认识机器人"教学设计

一、教案背景

（1）面向学生：中学（八年级）。

（2）学科：信息技术。

（3）课时：1课时。

（4）课前准备：

① 提前安排学生预习课本第四单元第1课，对本课学习有个初步印象。

② 老师上课前做好各类表格以备上课时使用。

③ 老师提前到计算机教室测试好网络，保证畅通。

④ 学生上课时通过百度搜索到的信息，教师提前做一次，以保证上课时不出现意外。

二、教学课题

课题：第1课 认识机器人。

1. 教学目标

（1）知识与技能。

① 使学生通过网络自主初探机器人，初步了解机器人的类型；

② 通过使用搜索引擎查找资料，提高学生的信息收集，有效整理的能力。

③ 通过对搜集到的机器人信息进行阅读、筛选、研究，培养自学能力。

（2）情感态度与价值观：

① 体验科技改变生活，服务生活，树立学生积极的科学发展观。

② 激发学生对科学探究的热爱之情，培养学生的创新精神，锻炼缜密的思维，树立为科学发展多做贡献的远大抱负。

三、教材分析

1. 教学内容

本节课采用广东科技出版社信息技术八年级第四单元《走进机器人》第 1 课"认识机器人"，根据教学目标和学生的基本情况，在计算机网络环境下，开展学生根据目标进行的自主学习探究活动，主要借助了百度等强大的互联网搜索引擎，进行有效的信息收集，整理。

2. 教学重点

（1）通过对信息的搜集，让学生熟练掌握百度搜索引擎的关键字搜索和分类搜索的有机结合。

（2）指导学生对搜集到的文献资料进行科学的分类整理。

（3）培养学生辨别信息真伪的能力。

（4）引导学生学会精简、修改、整理出真正能为我所用的信息。

3. 教学难点

（1）信息真伪的辨别。

（2）纷杂信息的有条理整理。

4. 教学准备

（1）课堂上学生要填写的表格。

（2）安装虚拟机器人软件。

（3）实体机器人模型（1 台灭火机器人）

四、教学方法

教师引导下自主探究法、任务驱动法、实践法、展示法、研讨法。

五、教学过程（学习由浅入深，由三个活动构成）

（一）活动一：初探机器人

1. 激趣导入

教师："知识开启智慧，科技创造未来"，在社会发展的历史进程中，为了从繁重的生产劳动中解放自己，为了了解更广阔的世界，人类发明了各种各样的机器人。从这节课开始，我将带领大家去揭开机器人神秘的面纱。

（1）观看"勇气号"火星车。

参考相关视频。

（2）观看军事排爆机器人。

参考相关视频。

2. 任务驱动，给各小组分配任务

教师：通过观看刚才的两个有关宇宙探险和军事领域应用的机器人，相信大家对机器人有了一个初步的印象，但大家知道在我们的社会生活中，还有哪些类型的机器人吗？

学生1：知道，工业生产的机器人。

学生2：水下机器人。

教师：很好，说明大家对机器人不是一无所知的。下面我们为了更进一步地了解多种类型的机器人以及它的功能，我们这节课就一起利用计算机网络来学习好吗？

学生：好。

教师：下面我们这里有四个组，就分成四个任务吧，每个组就通过网络来查找整理出一个类型的机器人资料，然后把查找的信息填入我们手上的表格中（见表1），十分钟后派代表给大家介绍好吗？

学生：好。

教师提供资料的参考网址：

（1）机器人发烧友天地 http://www.robotdiy.com/

（2）人民网机器人 http://scitech.people.com.cn/GB/25509/40769/

（3）利用搜索引擎查找：www.baidu.com；www.google.com

表1  四类型机器人

| 组别 | 机器人名称 | 资料类型（文字、图形、视频） | 功能简介 | 发明国家 |
| --- | --- | --- | --- | --- |
| 第一组（探险类机器人） | | | | |
| 第二组（服务类机器人） | | | | |
| 第三组（军用机器人） | | | | |
| 第四组（农业机器人） | | | | |

3. 学生能力展示

让每个组的代表轮流发言，介绍本组成员通过网络搜集到的机器人资料，此项活动激发了学生的强烈兴趣，学生收集到了对应机器人类型的有关文献资料，大大开阔了视野。

例如：

第二组：

服务类机器人图集：

http：//image.baidu.com/i？tn=baiduimage&ct=201326592&cl=2&lm=-1&st=-1&fm=result&fr=&sf=1&fmq=1331819582474_R&pv=&ic=0&z=&se=1&showtab=0&fb=0&width=&height=&face=0&istype=2&word=%B7%FE%CE%F1%BB%FA%C6%F7%C8%CB&s=0

服务类机器人视频：

http：//video.baidu.com/v？ct=301989888&rn=20&pn=0&db=0&s=7&word=服务机器人

第三组：

军用机器人文字介绍：

http：//www.jdzj.com/datum/showart.asp？art_id=11081

http：//stock.eastmoney.com/news/1421，20120315196407630.html

军用机器人图集：

http：//image.baidu.com/i？tn=baiduimage&ct=201326592&lm=-1&cl=2&word=军用机器人

军用机器人视频集：

http://video.baidu.com/v？word=%BE%FC%D3%C3%BB%FA%C6%F7%C8%CB&ct=301989888&rn=20&pn=0&db=0&s=0&fbl=800

（二）活动二：定义机器人

1. 第二阶段任务导入，任务分配

教师：刚才通过大家共同的努力，我们使用计算机网络查找到了许多用途不一，形态各异的机器人，既开拓了眼界，也提高了我们合理操作计算机为我们的学习服务的实践能力。

每个同学都积极地为本小组的资源库做出了自己的贡献，下面我们继续发扬团结互助的精神进行下一环节的努力。

接下来，我们要了解机器人的四个方面的知识，任务的做法跟上一环节类似。

（1）一组：调查整理机器人的发展史。

参考1【百度知道】：http：//zhidao.baidu.com/question/6395220.html

参考2【百度文库】：

http：//wenku.baidu.com/view/b24ec434eefdc8d376ee3269.html

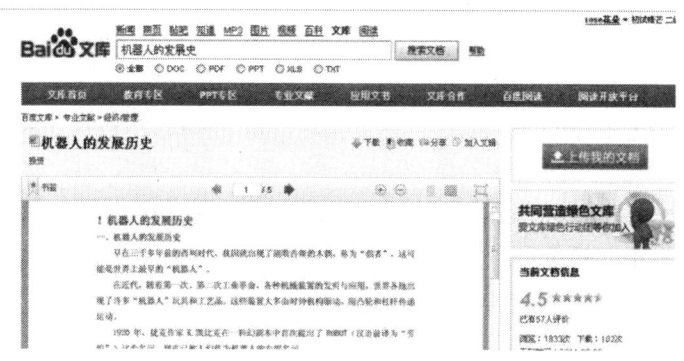

图1 百度文库搜索结果

参考3【新华网科教频道】：

http：//www.gs.xinhuanet.com/old/gansu/gs-kejiao/kprl/kprl_56.htm

参考 4【百度百科】：http：//baike.baidu.com/view/2788.htm

**发展史**　　编辑本段

智能型机器人是最复杂的机器人，也是人类最渴望能够早日制造出来的机器朋友。然而要制造出一台智能机器人并不容易，仅仅是让机器模拟人类的行走动作，科学家们就要付出了数十甚至上百年的努力。

1921年 捷克斯洛伐克作家卡雷尔·恰佩克在他的科幻小说中，根据Robota（捷克文，原意为“劳役、苦工”）和Robotnik(波兰文，原意为“工人”），创造出“机器人”这个词。

1939年 美国纽约世博会上展出了西屋电气公司制造的家用机器人Elektro。它由电缆控制，可以行走，会说77个字，甚至可以抽烟，不过离真正干家务活还差得远。但它让人们对家用机器人的憧憬变得更加具体。

1942年 美国科幻巨匠阿西莫夫提出“机器人三定律”。虽然这只是科幻小说里的创造，但后来成为学术界默认的研发原则。

1948年 诺伯特·维纳出版《控制论——关于在动物和机中控制和通讯的科学》，阐述了机器中的通信和控制机能与人的神经、感觉机能的共同规律，率先提出以计算机为核心的自动化工厂。

图 2　百度百科搜索结果

（2）二组：机器人的定义。

【百度百科】：http：//baike.baidu.com/view/2788.htm

**机器人**

它是高级整合控制论、机械电子、计算机、材料和仿生学的产物。在工业、医学、农业、建筑业甚至军事等领域中均有重要用途。

现在，国际上对机器人的概念已经逐渐趋近一致。一般来说，人们都可以接受这种说法，即机器人是靠自身动力和控制能力来实现各种功能的一种机器。联合国标准化组织采纳了美国机器人协会给机器人下的定义：“一种可编程和多功能的操作机；或是为了执行不同的任务而具有可用电脑改变和可编程动作的专门系统。”它能为人类带来许多方便之处。

本田公司ASIMO机器人

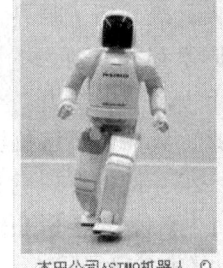

图 3　百度百科搜索结果

（3）第三组：整理机器人的详细分类。

【百度网页】搜索结果如下：

参考 1【百度百科】：http：//baike.baidu.com/view/2788.htm

参考 2【百度知道】：http：//zhidao.baidu.com/question/343201273.html

参考 3【百度搜索】：

http：//www.stcsm.gov.cn/learning/lesson/zonghe/20040323/lesson-1.asp

参考 4【百度搜索连接】：

http：//tech.163.com/special/00091S79/robotbook3.html

参考 5【百度搜索来自机电之家】：

http：//www.jdzj.com/datum/showart.asp？ art_id=11085

（4）第四组：找出历史上著名的机器人有哪些。

通过【百度网页】搜索到史上最强的 50 个机器人：

http：//www.kssyxx.com/dz_tushuguan/book/baikezhishi06/22.htm

2. 指导学生归纳总结，提炼精华

教师：同学们，使用百度搜索引擎的强大功能，我们可以查找到海量所需要的机器人的相关知识，但不代表所有信息都是真实可靠的，在这里呢，我们要注意几个区分度。

可信度如下：【百度知道】　　　【百度文库】　　　【百度百科】
　　　　　　低 ────────→ 中 ────────→ 高

因此，同学们在对这些信息进行整理筛选时，要注意辨别信息的真伪，在海量数据中发掘精华。接下来，我们小组的成员之间要做好分工，把精确有用的信息整理成各类文档资料，以备日后查阅，分享。

（三）活动三：再认机器人

1. 活动导入

教师：同学们，经过前面两个活动的参与，我们大家对机器人也有了一定程度的认识。现在，我们来归纳一下构成一台完整机器人的三要素：

（1）机械部件（输出部分）。

用于完成一定的指令动作。

（2）感应和动作电子部件（输入部分）。

具有感知能力的电子器件——传感器。

（3）大脑控制器（控制与信息处理）。

RCU（Robot Control Unit），类似计算机的CPU，可以进行数值计算、判断、执行程序指令，并向具体的动作器官发出相应的动作命令。

2. 体验竞技

教师：今天，我们打开了机器人学习的大门，机器人知识的海洋是广阔的，接下来我将带领大家进入到智能教育机器人的领域中畅游，它主要应用于课堂、玩具和青少年竞技。目前，我国发达地区开展中小学机器人教育的形式主要是通过竞赛或第二课堂活动带动起来的，分别以虚拟机器人和实体机器人两大类来进行。

下面我们来观看几段竞赛视频来了解其中的差别。

【百度视频链接】（Virtual Robot 3D仿真虚拟机器人）：

http：//v.youku.com/v_show/id_XMjk5MzIyMTI4.html

【百度视频链接】（RCJ虚拟足球）：

http：//www.56.com/u11/v_MzA5OTMwMzk.html

【百度视频链接】（实体机器人灭火）：

http：//video.sina.com.cn/v/b/43719622-1886820067.html

【百度视频链接】（实体机器人足球）：

http：//v.youku.com/v_show/id_XMzM0MjY0MTk2.html

【百度视频链接】（实体FLL机器人工程挑战赛）：

http：//v.youku.com/v_show/id_XMjMxMDUwODIw.html

3. 体验品牌

教师：我国开展智能机器人教育已经超过十年了，在发展的过程中也成就了许多杰出的教师和学生，也涌现出一批批生产智能教育机器人的优秀企业，下面我们了解以下这些品牌机器人。

（1）上海未来伙伴机器人。

【百度文库介绍】：

http://wenku.baidu.com/view/a52a5f3143323968011c92d8.html

【公司主页】：http://www.xpartner.cn/

（2）中鸣机器人。

【百度视频介绍】：

http://video.baidu.com/v?ct=301989888&rn=20&pn=0&db=0&s=8&word=%D6%D0%C3%F9%BB%FA%C6%F7%C8%CB&fr=ala0

【中鸣主页】：http://www.robotplayer.com/

（3）乐高 LEGO。

【百度百科】：http://baike.baidu.com/view/292192.htm

【乐高主页】：http://www.lego.com/en-us/Default.aspx

【中文乐高论坛】：http://bbs.cmnxt.com/

（4）易时代 3D 虚拟机器人。

【百度文库】：

http://wenku.baidu.com/view/d62247d776eeaeaad1f330e6.html

【百度视频】：

http://video.baidu.com/v?ct=301989888&rn=20&pn=0&db=0&s=25&word=3D 虚拟机器人

【官方论坛】：http://rocks.5d6d.com

【专题网站】：www.rockscyber.com

教师："麻雀虽小，五脏俱全"，智能教育机器人技术集合了机械、电子、计算机和自动控制技术于一身，是青少年学生学习有关技术的良好载体，希望同学们能在日后的学习中锻炼自身的动手能力、协作能力，在科技探索的道路上勇攀高峰，能为改善人类的生活贡献一份力量。

## 六、教学反思

本节课的教学效果比较好，学生的兴趣得到激发，动手能力得到训练，小组成员的互助合作较成功，能在老师的指导下自主探究，利用网络查找、整理、筛选资料，建立个人及集体的资源库。

学生对于自主学习探究的新模式比较认可，乐于接受，在实践活动中，每个人通过自己动手努力，合作，得出丰硕的成果，既锻炼了动手能力，也培养了独立思考的良好习惯，更增进了同学之间的合作交流和互助共赢，可谓一举多得。

从教师的角度看，这样的教学模式，真正做到了发挥学生的主观能动性，大大减轻了教师的体力劳动，使教师成为学生的引导者。在同学们的成果中，教师本身也积累了知识，开阔了视野，通过学生的群策群力，也间接建立了庞大的教学资源库，为以后的教学工作创造了大量的素材。

本节课效果虽好，也有不足之处如下：

（1）部分学生的动手能力较差，没有能够按照要求完成相关的探究活动。

（2）大部分学生对于网络搜集的信息没有真假辨别能力，认为网络信息都是真的。

（3）网络信息量大，就难免杂，学生在整理，筛选的过程中耗费时间和精力太多，往往超时，常常无所适从，这有待日后再多练习方可改善。

（4）机器人课程内容较多，要整理出一条清晰的教学思路颇费心思，虽多次修改，个人觉得还是有待改进的地方。

不如意常有，但总体的教学目标已经达到，教学模式改革取得成功令人欣慰！

案例来源：

第三届全国"教学中的互联网搜索"的优秀教案

案例评析：

该活动是教育部教育管理信息中心携手百度公益基金会共同举办的大型教育公益活动。活动旨在进一步推动信息技术与课堂教学深度融合，探索信息技术教学应用模式，满足学生探究性学习、个性化学习的需求，创新教学模式。

本教案采用活动序列来组织教学，这是探索性学习经常采用的课堂教学主要组织形式。教学本质上就是一种活动，活动理论认为：活动在知识技能内化过程中起到桥梁性作用。建构主义者强调学习者的主动性，认为学习是学习者基于原有的知识经验生成意义、建构理解的过程。这位教师通过让学生在百度上运用搜索引擎查找资料，一方面提高了学生的信息收集与整理能力，更重要的是激发了学生主动探索新知的欲望。将机器人的相关知识与信息素养结合起来进行教学，可以说是别出心裁。

从教学内容来看，初中阶段"机器人设计与制作"是基础教育信息技术课程标准（2012）的拓展模块，本课主要让学生认识不同类型的机器人，对概念与分类，应用与发展进行了解。传统教学模式一般采用多媒体演示、观摩等方式，学生也可掌握这些知识，但学习中往往会出现被动性，上课之后容易忘记的现象。不如主动探索留下的印象深刻。自主探索教学一般步骤为（1）明确问题；（2）确定探索方向；（3）组织探究；（4）整理资料；（5）得出探究结论等。从活动一来看，这位教师先通过两个精彩视频来引出探究任务：机器人的类型，然后分组完成不同的任务，这也体现了协作学习的特点。教师提供一个机器人类型的表格（包含探险、服务、军用、农业机器人四种类型），同时教师提供相关网站与学生自己百度查找相结合获取相关图片、视频信息。在展示环节让学生轮流发言，充分发挥学生的主动性。在活动二中，也是采用了探究与任务驱动两者结合的方式，分别完成发展史、定义与详细分类的任务，其中还完成了辨别信息真伪的教学目标。通过上面的这些感性知识，教师在第三阶段活动中上升到系统归纳知识层面，后续又进行了扩展：国内机器人的发展现状。

通观这个案例，作者充分发挥学生的主动性，培养学生对机器人的兴趣，动手完成学习任务，还可以把将学生的学习成果保存下来，做成相关的知识库，可谓一举多得。但探究式教学也有一些不足，如由于探究性问题的设置，学生个性等等原因，很难兼顾到每个学生。教学过程的驾驭比较困难，给教师的教学组织带来很大的难度。如果课堂组织不好，会影响教学效果，甚至达不到教学目标。

## 优秀案例二

### "探秘循迹机器人"教学设计

本课节选自广东高等教育出版社《信息技术》七年级下册 B 版第二章《智能机器人程序设计初步》第七节《制作循迹机器人》。主要知识点是利用轨迹识别传感器、多重判断的选择结构实现"机器人自动按轨迹线行走"的程序。这节课旨在激发学生学习、探索机器人技术的兴趣，在积极探索问题的过程中，养成善于思考分析、归纳总结、动手创新的习惯和能力。

通过前面的学习，学生学会了画流程图、认识循环结构和选择结构、仿真界面调试等知识，具备了基本的编写程序的能力。但是根据不同的情境灵活运用所学知识进行编程和调试的技巧还不熟练。通过本课的程序流程分析，巩固算法设计、循环结构、选择结构、多重判断、仿真调试等知识并进行综合运用。通过一个新的传感器——轨迹识别传感器的学习，进一步理解传感器在机器人技术中的作用和应用。

#### 一、教学目标

1. 知识与技能

初步了解轨迹识别传感器的构成和工作原理，能够编写出"自动按轨迹行走的循迹机器人"程序并在仿真界面调试成功。

2. 过程与方法

通过自主学习，小组合作探究，了解轨迹识别传感器的构成和工作原理；通过图片、顺口溜策略，理解轨迹变量 4 个返回值的含义并能正确应用到程序编写中；通过任务驱动、问题引导、小组讨论、思维导图策略，理清循迹机器人程序设计的思路，学会综合使用循环结构和选择结构编写程序，体验和感悟探究的一般过程。

3. 情感、态度与价值观

学会把大任务分解成多个子任务解决问题，培养编程思维；在探索过程中，善于思考和分析，并能归纳总结，体验成功与失败；在与他人交流中，感受创新的乐趣。

#### 二、教学重点、难点

重点：理解轨迹识别传感器 4 个返回值分别代表的含义；实现循迹机器人的程序设计。

难点：使用多重条件判断让机器人检测轨迹识别传感器的状态，明确左转、右转和直行。

#### 三、教学过程

1. 激趣导入

播放视频（学校正在进行长跑比赛，操场上你追我赶，加油声此起彼伏，好热闹呀！突然出现了一个奇怪的运动员——机器人，它也来参加长跑了），教师请学生观察这个机器人有什么特点（板书：探秘循迹机器人）。

学生：机器人沿着轨迹线走。

教师提示学生注意轨迹线的颜色与周围颜色的差别。

设计意图：通过运动会情境创设，唤醒学生情绪体验，激活学生思维，把学生带入到问题思考中来，引出所要学习的主要知识点。

2. 任务分析

教师：想一想，机器人如何能识别轨迹，从而沿着轨迹线行走呢？（板书：轨迹识别传感器）。

教师：机器人如何能做到沿着轨迹线行走而不会偏离轨迹线呢？要想弄明白这个问题，我们还得从了解轨迹识别传感器开始。

设计意图：通过两个关键问题，把机器人循迹任务分解为两个子任务，引出新知的学习，为学生探究机器人循迹技术提供方向指引。

3. 自主学习，认识轨迹识别传感器

教师出示自学任务：可以利用微课"认识轨迹识别传感器"、学案或课本 P64～P66 页自主学习轨迹识别传感器。

自学任务及要求：（1）轨迹识别传感器有哪些构成？（2）请说出轨迹识别传感器的功能，并在 RC 软件界面对模块进行正确设置。（3）轨迹变量 4 个返回值分别与轨迹线有怎样的位置关系？你是用何种方法记住它们的？（提示图片策略和顺口溜策略）

教师提问自学情况。

教师：盲道与我们走的道路有什么不同？盲人走盲道时，手中的棍子起到探测障碍物的作用，那么盲人的双脚起到什么作用？它与轨迹识别传感器的功能有什么相似之处（见图1）？

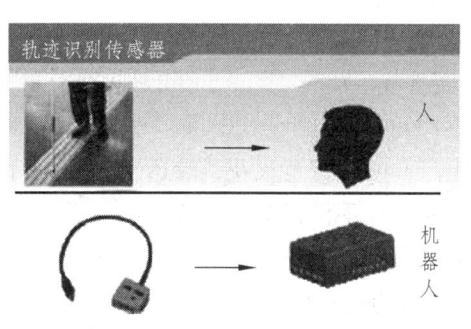

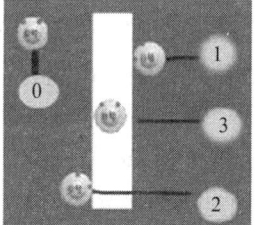

图片策略：

顺口溜策略：
1右2左3全部0没有

师：下列表达式写法正确的是？
A.轨迹变量1==0　　B.轨迹变量=1
C.轨迹变量==1　　D.1轨迹变量==1

图1　盲人走盲道与轨迹识别传感器工作原理类比　　图2　图片策略

设计意图：考虑到学生学习方式、学习习惯、认知风格的差异，提供不同类型的学习支架服务于学生的学。与学案、教材相比，微课通过视频动画更生动、形象、立体、逼真地展现了轨迹识别传感器的工作原理，体现了其作为学生自主学习资源的优势。通过实际生活中盲人走盲道的实例类比轨迹识别传感器的工作原理，加强理解。建议学生用顺口溜和图片策略学习知识（见图2），渗透学习方法。通过一道选择题，提醒学生表达式的正确写法，与已经学过的红外避障变量表达式对比理解记忆，厘清易混淆知识点，突破难点。

4. 头脑风暴

怎样编写程序实现机器人沿着轨迹"走"呢？教师请各小组头脑风暴，讨论编程思路，鼓励学生利用思维导图策略（见图3），最后由小组代表汇报结果。

教师引导学生认识各组方案共同点：偏左，则右拐；偏右，则左拐；不偏的话就直行。

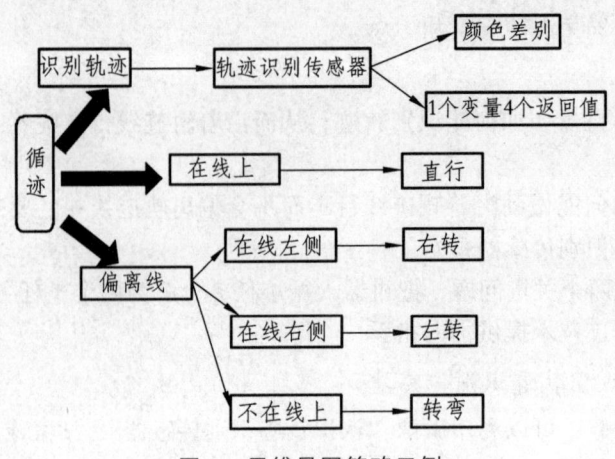

图3　思维导图策略示例

教师：用什么模块、怎样实现机器人左转、右转、直行功能？（引出高速电机与转弯模块的区别）。

教师双手模拟车轮游戏，启发学生如何设置高速电机模块。

（1）下列哪种设置可以让机器人执行右转动作？

A、左速2，右速8；B、左速0，右速10；

C、左速10，右速0；D、左速10，右速10。

讨论总结出轨迹变量返回值与机器人执行动作的关系。（板书）

（2）当轨迹变量==2时，机器人在什么位置，将如何行动？

A、机器人在轨迹线上，需直行；B、机器人在轨迹线右侧，需左转；C、机器人在轨迹线的左侧，需右转；D、没有检测到轨迹线，需转圈去找。

师生整理总结编程思路。

设计意图：通过头脑风暴，打开学生思维的大门，碰撞智慧火花，渗透"先思后行"解决问题的思想。运用思维导图策略渗透学习方法。通过双手模拟车轮游戏，帮助学生理解如何设置高速电机以实现左转、右转和直行功能，突破难点。通过一道选择题深化巩固理解高速电机设置。最后总结完善思维过程，理清思路，为实施编程做充分铺垫。

5. 程序设计

探究任务：根据任务分析方案或思路，完成机器人走轨迹程序设计。

鼓励学生先独立设计程序。最先完成程序的学生，当"小老师"帮助本组有困难的同学。有困难的同学也可以自行观看微课来学习。教师巡回指导学生设计程序，发现问题，适时个别评价，并就发现的共性问题进一步讲解。鼓励学生自愿上台演示，适时评价。

设计意图：小组内互帮互助，组长起到协调示范作用，培养团队协作意识。"小老师""微课"策略体现了教学差异分层。微课满足了个体差异化学习需求。

6. 深化拓展

拓展任务：机器人在循迹时，如果前方轨迹出现了障碍物，机器人如何能避开障碍物再次回到轨迹呢？

请同学们尝试修改程序，进入仿真环境调试。

设计意图：任务难度递增，为能力强的学生提供深化探究的空间；体现了差异分层、关注每位学生发展的理念。

7. 评价展示

小组代表展示程序及仿真效果，师生评价、组间评价、代表点评贯穿始终。根据小组得分，师生评选出优胜小组；根据个人评价标准进行自我评价。

设计意图：评价主体的多元化有助于团队意识的培养，有助于学生自我反思和发展。

8. 课堂小结

教师：循迹技术能帮助我们解决很多让机器自动按照指定路线行走的问题，在生产和运输中有着广泛的应用。在揭秘了机器人的循迹技术后，大家是不是还有很多想法呢？欢迎大家登录班级微博群、微信群或者 QQ 群，在网上发布你的观点和想法，和其他同学进一步分享、探讨和交流！

## 四、教学反思

机器人程序设计教学应该教给学生什么？绝不仅仅是把程序图完成，在仿真界面运行成功就行了。更为重要的是对学生思维的训练，特别是教给学生在面对陌生领域问题时分析问题、解决问题的能力。具体如何在课堂教学中实施呢？本节课不是由教师讲出编程思路，学生按照教师的思路或者课本思路将程序补充完整，在仿真环境运行成功即可；而是从任务分析展开，引导学生利用学习资源自主学习新知，利用思维导图进行小组头脑风暴，将大任务分解为子任务，在此基础上剥洋葱式地分解、分析、解决问题，到最后形成编程思路。之后才是具体的编程实施，注重学生思维训练，注重问题解决能力目标的达成。

新课标强调学习的过程与方法，本节课很好地向学生渗透了学习策略意识，如在讲解轨迹变量4个返回值与轨迹线位置关系时所探讨的图片策略和顺口溜策略等。

如何检验学生自主学习情况？除了提问学生，还可以通过题目设计来厘清易混易错知识点，巩固理解，加深记忆，突破重难点。实践证明：与将检测题目通常放在新课结尾的方式相比，本节课新知学习过程中几道题目的设计和运用恰到好处地对易错易混知识点起到了警示、强化作用。在本节课中，微课一方面作为学生自主学习的资源，通过视频动画更生动、形象、立体、逼真地展现了新知轨迹识别传感器的工作原理，与学案、课本这些学习资源相比，学生学习效率更高，效果更好，其优势明显；另一方面作为分层教学资源，微课可以高效再现知识重难点以及操作细节，对学生个性化学习起到了很好的支持作用。学生个性化差异是客观存在的，特别是在一个班级几十名学生一位教师的状况下，教师无暇顾及每位有困难的学生时，微课可以帮助学生越过障碍，继续前行。当然，关于微课其他方面的运用还是有待进一步实践挖掘的。

案例来源：

《中小学信息技术教育》2015年第3期　广东深圳市龙岗区平湖街道外国语学校　王相瑞

案例评析：

本案例发表在《中小学信息技术教育》2015年第3期上，作者王相瑞老师巧妙地将微课运用在课堂教学中用来提高课堂教学效果。从整个课堂教学结构来看，以学生为中心的教学理念得到了充分的体现。

在课堂的开始，王老师用机器人"参加"长跑比赛的视频来激发学生对"循迹"机器人的探究兴趣，然后顺势引出"轨迹识别传感器"知识点，呈示的方式是微课，一般来说，我们所说的微课，是教师做好视频之后，学生在课前进行观看，然后把疑问带到课堂上来进行讨论，进行所谓的"翻转课堂"教学。这种模式可能节约课堂教学时间，但就目前国内教育情况来看，学生什么时间看，看的情况怎样还是缺乏可靠的监控机制，尤其对于中小学生和不太受人重视的信息技术课程来说，这只是一种理想化的改革。因此我认为王老师将微课放在课堂教学中，以自主学习的形式进行，效果更好。

在课堂教学的诸环节中，我们要强调的不是"微课"，而是"微视频"，尽管对于这两个概念，还有很多争议。比如导入环节中主要是为了激趣，可以使用微视频，学生统一观看即可，尽量节约时间。在新授环节中，如果在信息技术课堂上应该让学生自己操作视频，这样学生可以与视频进行交互，同时在设计上我们可以将视频设计成交互式视频，设计一些练习，在观看之后可以对练习做一些简单的交互，检测学生视频观察的情况。其他的巩固操练、拓展环节都可以做成微课的形式。这种即时互动的形式比放在课后更能够提高课堂效率。

程序设计是本课的重点与难点，学生先前的基础将决定是否能够完成任务，作者采用的是分组互帮互动的方式，其完成情况无法知晓。笔者觉得教师可以在这一部分增加一些支架策略，帮助学生完成程序设计任务。

在教学过程中，王老师运用的顺口溜策略与思维导图策略也是颇有特色的，顺口溜有助于学生加快对基本知识的记忆，从而加快为后面的知识做准备，而思维导图策略则可以充分激发学生的发散思维，是技术运用在课堂上的一种典型方式。从这一部分来看，是为后面的程序设计做准备。

## 2  设计与制作

【课程标准】

（1）能够结合简单的实际问题，分析任务需求，设计富有创意的解决方案，体验机器人应用方式的多样性和社会应用价值。

（2）能够根据方案设计，完成简单机器人硬件的选择、装配及程序的编制。

（3）能理解机器人程序、硬件部件的测试与调整的作用及简单原理，能通过分析故障发现问题并进行简单的调试。

（4）了解硬件部件的维护与保养的基本知识，养成正确使用机器人的习惯。

（5）能够从合理性和应用价值等方面，对机器人作品通过分析、评价，能够提出改进方案或设想。

（6）能从日常生活中发现可以借助机器人技术解决的简单问题，能客观评价机器人的社会价值及其与人类的关系。

# 优秀案例一

## "机器人创新活动——泡泡机的制作（第2课时）"教学设计

### 一、教学内容分析

本课是初三上学期的内容，是江苏凤凰科学技术出版社的初中信息技术九年级第3章第三节机器人创新活动的内容。本课是根据信息技术教材内容设计的机器人创新系列课程"泡泡机的制作"的第2课时，这个系列课程根据学生认知规律将整个系列课程分为4课时。第1课时是完成泡泡机的硬件搭建，第2课时是完成泡泡机的软件编程并在基础功能上实现智能控制，第3到4课时是总结泡泡机机械机构上的缺陷并进行改良创造设计。本课是让学生在上一节课搭建好泡泡机硬件部分的基础上，在本课对泡泡机进行软件部分的编程学习，并让学生在实现泡泡机基本功能的前提下，加入其他的电子元件进行控制，使泡泡机具有一定的人工智能控制功能。

### 二、学生情况分析

1．学生的知识基础

因为考虑到初三的中考压力，所以学校把初三上学期的教学内容提前安排到初二下学期，教学对象为初二下学期的学生。在前面的学习中，学生已经对电子模块的编程有了一定的基础，并且掌握了机械模块和电子模块的搭建技巧，具备了在教师的指导下和小组成员独立完成泡泡机硬件部分的搭建和软件部分编程的能力。

2．学生的学习特点与学习习惯

由于我校开展的机器人课程（配合信息技术教材）是基于创客理念的，并不提倡传统的"灌输"式的授课方式，学生在课堂上是学习的主角，他们更愿意通过自己的努力主动参与探究去获得答案，所以设计了让学生自主探究的任务。

### 三、教学准备

11台计算机（装有scratch for robot）、无线网络、11台泡泡机、11套选定的电子模块器材。

### 四、教学目标

1．知识与技能

（1）理解泡泡机的工作过程与原理。

（2）掌握如何通过对舵机和电机的编程实现泡泡机的基础功能（吹泡泡）。

（3）引导学生在泡泡机的基础上加入其他电子模块，并对应现实生活中的实际应用情景实现创意控制。

2．过程与方法

（1）通过向学生展现泡泡机实物工作的过程，引导学生理解泡泡机的工作原理。

（2）通过小组合作，学生主动地与组员合作探究并完成教师布置的任务。

3. 情感态度与价值观

通过本节课来激发学生对科技制作的兴趣，培养学生的逻辑思维能力，并增强学生的探究意识和创新意识。

五、教学重点

（1）掌握如何通过对舵机和电机的编程实现泡泡机的基础功能（吹泡泡）。

（2）引导学生在泡泡机的基础上加入其他电子模块，并对应现实生活中的实际应用情景实现创意控制。

六、教学难点

引导学生在泡泡机的基础上加入其他电子模块，并对应现实生活中的实际应用情景实现创意控制。

七、教学过程

表 1　教学过程

| 教学环节 | 师生活动 | 设计意图 |
| --- | --- | --- |
| 新课导入（效果展示） | 教师："童年是美好的，在童年的时光里，我们玩过许多的小游戏，其中许多同学的最爱当属吹泡泡了，大家想不想再来回味一下童年的时光啊？"<br>学生回答："想。"<br>教师："那现在让我们拿起桌上的泡泡杆，大家一起来吹泡泡吧！"<br>学生拿起桌上的泡泡杆吹泡泡，经过一段音乐以后教师示意停止。<br>教师："刚刚同学们都吹得非常开心，我今天带来了一台吹泡泡神器，能够不断地吹泡泡，我把它称之为泡泡机，大家想不想来看一下它的吹泡泡效果是怎么样的啊？"<br>伴着音乐教师向学生演示泡泡机的工作过程。<br>教师："大家觉得效果怎么样呢？"<br>学生："好。"（伴随着鼓掌）<br>教师："那这节课我将带领大家一起来实现泡泡机吹泡泡的效果。"（出示课题，进入"泡泡机的制作"PPT） | 通过视频和演示吸引学生的注意力，使课堂教学快速进入状态，提高课堂效率，并为接下来的课程内容做好铺垫 |
| 基础复习（原理分析） | 教师："同学们通过刚才的观察，能不能向我描述一下泡泡机的工作过程？"<br>学生回答，教师进行点评。<br>教师："在这过程中，主要是两个部件发挥了重要的作用，一个是泡泡杆，另外一个是风扇。"<br>教师："大家想一下，是什么控制风扇的转动？又是什么来控制泡泡杆的上下移动呢？"<br>学生：是电机控制风扇的转动，舵机控制泡泡杆的上下移动。 | |

续表

| 教学环节 | 师生活动 | 设计意图 |
|---|---|---|
| 基础复习（原理分析） | 教师根据学生不同的回答进行引导及点评。<br>教师播放PPT，向学生展示舵机和电机的图片。<br>教师："在前面的课程中，我们已经学习了舵机和电机的使用，同学们想一下，为什么风扇要用马达来控制，而泡泡杆要用舵机来控制呢，能不能交换一下呢？"<br>学生回答，教师进行引导和点评。<br>教师："电机和舵机都是通过旋转一定的角度来完成工作的，但不同点是舵机旋转的范围是0到180度，而电机旋转的范围是0到360度，全方位的，所以说舵机移动范围比较小，便于精准、便捷地控制泡泡机的角度，而电机360度的旋转就能给风扇提供足够的风力把泡泡吹出来。" | 通过老师的引导，学生能够理解泡泡机的原理，并复习了舵机和电机的内容，最后将其运用到编程中，为接下来顺利完成老师布置的任务做好铺垫 |
| 基础编程（编程提示） | 教师："那在scratch中，我们应该使用那些语句来控制舵机和电机的旋转呢？"<br>教师展示PPT中程序提示的舵机和电机语句。（"舵机是用电子模块中的调整舵机角度的语句，角度参数取值范围是0~180，而电机是用电子模块中的设置电机转速的语句，转速的取值范围是-255到255。"）<br>教师："要实现泡泡机吹泡泡的效果，仅仅靠这两条语句是不够的，我们还要在程序中加入哪些语句？"<br>学生举手回答。<br>教师进行引导，触发语句，循环语句，等待语句。<br>教师："接下来，请大家根据老师的提示以小组合作的方式将这些语句按照一定的顺序组成一个能够展现泡泡机工作过程的程序，并且连接泡泡机进行调试。"（连接泡泡机进行测试，但是不使用泡泡溶液） | 学生根据教师的提示主动地去思考程序的思路，避免了"灌输式"的教学模式 |
| 基础编程（小试牛刀） | 学生以小组合作的方式使用计算机连接泡泡机进行编程调试，教师巡视了解学生的完成情况 | 学生通过小组合作完成编程，并连接到泡泡机上进行程序的调试，在此过程中不断发现问题，解决问题。教师通过学生的完成情况了解学生问题所在 |
| 基础编程（程序设计） | 教师："我通过观察，大部分同学已经完成了任务，但是还有一些同学在程序设计上存在一定的问题，我们大家一起来帮他分析问题出在哪里？"<br>向学生打开scratch中展示学生常碰到的问题程序并讲解。<br>教师："接下来请同学们完成编写泡泡机的程序，完成程序设计的同学可以使用泡泡溶液并调整程序中的参数实现泡泡机吹泡泡的功能。"（使用泡泡溶液）。<br>教师："完成任务的同学可以去帮助有困难的同学。" | 教师通过将没有完成任务学生的程序投影在屏幕上来帮他们分析问题的所在，并通过讲解引导学生去理解泡泡机工作过程的编程思想 |

续表

| 教学环节 | 师生活动 | 设计意图 |
|---|---|---|
| 基础编程（完善任务） | 学生根据老师的分析讲解完善程序，完成布置的任务。<br>教师："同学们都表现不错，完成了老师布置的任务。" | 没有完成任务的同学完善自己的程序，完成老师布置的任务 |
| 创意控制（教师引导） | 教师："刚刚我们是鼠标手动来控制泡泡机的，同学们来观察一下我是怎么控制另外一台泡泡机的？（教师在"新的泡泡机"面前走过时，泡泡机会自动吹泡泡）。<br>有学生反应过来，老师是用了人体红外传感器。<br>教师："大家是不是觉得很神奇，这台泡泡机能够在我经过的时候自动吹泡泡，其实聪明的同学马上能反应过来，我是在原来泡泡机的基础上加入了哪一种传感器来实现这样的功能的？"<br>学生回答："人体红外传感器。"<br>教师："我通过将人体红外传感器连接到泡泡机上并编程实现对泡泡机创意控制的效果。"<br>教师："我们在课堂上制作的泡泡机要应用到生活中去发挥它的功能才会变得更有意义。这台泡泡机可以放在我们学校门口，同学清晨来学校上课的时候泡泡机能够自动吹泡泡来欢迎你们。我在原来泡泡机基础上加入了一个小小的传感器就有了大的妙用。我在同学们面前的零件盒中放入了超声波、音量、红外线遥感等三种传感器，接下来同学们发挥你们的创客精神的时间到了，请你们先设计泡泡机在现实生活中的应用情景，然后根据设计的应用情境选择传感器连接到泡泡机上并进行编程完成创意控制的效果（有困难的可参考学习手册的第一页）"<br><br>图 1 | 教师通过展示自己的创意控制想法，抛砖引玉，为学生在接下来的操作环节中创作出高质量的作品做好铺垫 |
| 创意控制（学生操作） | 学生进行小组讨论，选择一种传感器并设计实际应用的情景，将传感器与泡泡机连接，进行软件编程实现功能，教师巡视学生的完成情况，对于有困难的小组进行指导。已经完成任务的小组帮助其他的小组 | 学生通过小组合作，充分挖掘自己的创新实践能力，完成教师布置的任务，并培养了学生的合作能力 |

续表

| 教学环节 | 师生活动 | 设计意图 |
| --- | --- | --- |
| 创意控制<br>（交流展示） | 教师："时间到，同学们完成得怎么样了？"教师根据学生的回应了解学生的完成情况。<br>教师："我们请完成的同学上来向大家展示一下你们的作品与想法？"<br>学生先向教师说明自己的创意控制情景并演示自己作品的工作效果，教师进行点评。<br>教师："同学们的表现都非常不错，大部分同学通过小组合作完成了创意控制任务，没有完成任务的同学可以下课后再与其他小组的同学进行交流。" | 完成任务的同学在展示自己的创意想法和作品时获得了别人的肯定，获得一定的成就感，没有完成任务的同学通过观看其他同学展示的作品也可以了解别人的创意，便于下课以后与完成任务的同学交流并找出自己的问题所在 |
| 课堂总结<br>（享受成果） | 教师："有句话说得好，'实践是检验真理的唯一标准'，我们通过本节课对泡泡机的使用，发现泡泡机的结构方面可以进行哪些改进呢？"<br>学生回答，教师进行点评。（角度，多加泡泡杆）。<br>教师："同学们的想法都非常好，我们将在下节课进行泡泡机的创意改进。"<br>教师总结本课内容（PPT）。<br>教师："我们先是通过对电机和舵机内容的复习，实现了泡泡机吹泡泡的基础功能，然后再通过对超声波、红外线等传感器的创新应用，实现对泡泡机的创意控制功能。"<br>教师："然而，我更希望同学们通过这节课能够以创新的思维将我们所学到的知识应用到生活中去，做到学以致用，发扬我们小小创客的精神。"<br>展示并享受成果环节（PPT）。<br>教师："最后，我有一个提议，让我们以一种特殊的方式来结束本课吧，我们每一位同学都应该享受自己的成果，让我们的每一台泡泡机工作起来吧，一起吹泡泡再来回味我们的童年时光！"<br>学生在泡泡机工作的同时也拿着手中的泡泡杆一起吹泡泡。<br>伴随着音乐本节课结束 | 教师通过对本节课的总结，帮助学生回顾本节课的内容，并通过最后的情感升华激发学生对科技制作的兴趣，增强学生的创新意识。<br><br>让学生享受自己的劳动成果，使其心理上能有极大的满足感，也增强了对本课程的兴趣 |

说明：由于时间关系，器材的归纳是在下课以后让学生整理完成的。

八、教学反思

本课是江苏凤凰科学技术出版社的初中信息技术 9 年级第 3 章第三节机器人创新活动中的体验机器人创新设计的内容。本课以电机与舵机为突破口，引导学生去理解泡泡机的工作原理，通过学生的认知规律将课程内容划分两大部分，第一大部分是在引导学生理解泡泡机的工作原理的基础上实现泡泡机吹泡泡的基础功能，第二大部分是在学生完成泡泡机的基础功能的前提下利用传感器实现泡泡机创意智能控制的效果。

通过我在学校多次教授本课，将其优缺点归纳如下：

优点：

（1）小组合作学习。通过小组分工进行合作交流学习，让学生能根据老师布置的学习任务通过讨论合作完成。

（2）创新探究学习。学生通过在完成基础任务的前提下，根据老师下发的多种传感器和创新任务提示，完成在泡泡机基础上根据创意情境的设计选择传感器加入到泡泡机上实现创意控制的效果，充分调动学生的创新能力。

（3）课程系列学习。本节课并不是独立的存在，而是学校信息技术组教师设计的《泡泡机制作》课程系列中的第 2 课时。这样有系统设计的课程系列保持了机器人课程的可延续发展和学生对课程的兴趣。

缺点（改进）：

（1）小组的学生在分组进行任务活动的时候，明显有部分学生的积极性不够高，仍有"打酱油"的情况存在，今后的教学中还须多关注调动学生积极性的方法。

（2）在展示环节中，应该预留出足够的时间让尽可能多的小组上来展示他们的创意控制效果的泡泡机，并对每个组的作品根据他们的应用场景和特点进行较详细的点评。

案例来源：

2016 全国信息技术教案初中一等奖，作者：江苏省无锡市南长实验中学  黄秦祺

案例评析：

本案例属于信息技术课标（2012 版）机器人设计与制作中的"设计与制作"部分，此部分课标要求明确提出学生要"能够结合简单实际问题，分析任务需求，设计富有创意的解决方案，体验机器人应用方式的多样性和社会应用价值。"通观这个案例，作者在上一课理解泡泡机的基本原理的基础上，进一步引导学生制作泡泡机，在教学过程中从电机与舵机的控制入手，展开编程教学，随后进一步进行创意训练，要求学生通过展示自己的创意控制想法，并在机器上进行编程实现，最后在课堂小结上进一步激发学生改进泡泡机功能的兴趣，学生的创客热情得到激发，进行创客精神的渗入，可以说是这个案例的最大特色。

当前，创客教育可谓是风风火火，创客教育的目标是培养符合信息化时代、智能时代需要的具有创新意识、创新能力和创新思维的创新型人才，这一点与机器人教育的目标是一致的。目前有部分创客教育是放在课外进行的，但笔者认为，要想培养学生的创新能力，其根本的解决方法是将创新思维引入到课堂教学上来，创客教育常常采用项目学习法，"做中学"，"做中玩"的思想。学生根据教师创设的情境，通过反思生活经验发现问题，并基于问题确定项目主题，即想要通过创客作品来解决某一真实的问题。在创客作品创作完成后，学生通过评价和反思不断优化创客作品的设计，在教学过程中也要充分体现团队意识、协作意识。加深对创客学习中知识和方法的理解与认识。本课的创意控制环节小组协作学习得到了充分的体现。

对于创客教学，杨晓彤等（2017）提出以"TDCS"为核心环节的中小学创客教学"七步"流程：即（1）创设情境。教师利用多媒体资源创设复杂真实的生活场景，激发学生的学习兴趣和创新意识。（2）确定主题。学生以小组为单位，结合对生活的观察和思考，提出问题并

确定小组项目学习的主题。（3）创意构想。学生针对主题运用发散思维自由联想，以寻求具有创新性的想法。（4）迭代设计。学生综合运用所学知识，利用设计工具进行创客作品设计，建立模型并绘制设计图。（5）作品创作。学生利用开源硬件、3D打印、手工工具等创作工具，将创意设计变成实物。（6）发布分享。学生利用网络发布创客作品，展示并分享其创意构想、设计思路以及制作过程。（7）评价反思。学生对作品自评和组间互评，进行自我反思，不断修改完善作品。从以上环节考量，教师可以在发布分享、评价反思等方面做进一步改进。

在基础编程这一环节，教师将没有完成任务的学生的程序投影在屏幕上来帮他们分析问题所在，这也是一种非常好的做法，已完成的学生可以通过思考别人的作品存在的问题加深自己对程序设计的思考，而未完成的同学也可以当场得到老师的指导。

## 优秀案例二

### "机器人穿越浮桥"教学设计

一、设计思路

机器人教育具有很强的实践性、探究性和综合性，可以引导学生进入一个激动人心的前沿领域，学生在机器人的设计、搭建、编程、调试过程中，不断地体验到完成任务之后的成功感与自信心，提高了实践操作能力和逻辑思维能力。

学习对象为北京师范大学南湖附属学校八年级学生，经历了五年多的信息技术课程学习，具有比较扎实的知识经验和操作基础。在初中阶段接触过一些机器人项目的学习和模块化编程的方法，对机器人项目学习有着浓厚的兴趣，对前沿知识和新技术有着较强的求知欲望。

本课教学内容取材于浙江省义务教育教科书《信息技术》九年级第15课"机器人认路"，主要内容是利用灰度传感器让机器人完成沿轨迹行走的任务。基于3D仿真平台的虚拟机器人项目是理想状态下的机器人项目，受硬件条件和外部环境的影响较少，更容易面向全体学生开展信息技术课堂教学。基于对教材、学情以及环境的综合考虑，我以萝卜圈机器人在线仿真平台中的《穿越浮桥》为载体，利用双灰度传感器实现让机器人完成穿越浮桥的任务，通过"分析建模—设计流程图—编写程序—调试运行"，体验机器人完成任务的一般流程，理解双灰度传感器的工作原理，体会完成任务之后的愉悦心情。

希望通过学习体验，学生能够了解到机器人完成任务是通过计算机程序来控制的，体验程序设计的一般过程和思维方法，在不断地发现问题、分析问题、解决问题的过程中感受到机器人项目的乐趣，提高实践操作能力和自主探究意识。

二、教学目标

（1）通过分析机器人穿越浮桥的行走路线，初步构建起计算机解决问题的算法模型。
（2）通过分析机器人行走过程中的转弯问题，理解双灰度传感器的作用及工作原理。
（3）通过设计让机器人穿越浮桥的流程图，了解程序设计的思维方法，提高逻辑思维能力。
（4）在编写程序、调试及运行程序过程中，体验完成任务后的成功感，增强自主探究意识。
（5）在参与机器人穿越浮桥的项目活动中，增强对虚拟机器人项目的学习兴趣。

## 三、教学重难点

### 1. 教学重点

（1）双灰度传感器的工作原理。通过问题情境引导学生思考机器人的转弯方法，利用拼图游戏来设计流程图，增强体验与理解，通过实践操作、总结归纳等方式来重点落实。

（2）机器人完成任务的一般流程。通过创设情境、分析任务、实践体验、归纳梳理，分步实施，逐步建构起知识序列。

### 2. 教学难点

在仿真平台中实现机器人穿越浮桥的程序设计。通过演示讲解、实践操作、个别指导、案例分析等方法来化解难点。

## 四、方法策略

本课主要采用项目教学法，通过创设情境引出"机器人穿越浮桥"的任务，沿着"分析建模—设计流程图—编写程序—调试运行"这一基本思路，引导学生分析思考、模仿操作、自主探究、总结归纳，逐步完成各环节的学习任务，经过机器人项目学习的全过程，培养学生的计算思维。此外，利用拼图游戏来学习流程图的设计方法，引入机器人仿真平台中的成绩排名作为竞赛法，创设问题情境，拓展学生的思维空间，激励学生勇于尝试，挑战更好的成绩，不断地激发学生主动探索的积极性。

## 五、教学准备

（1）在计算机教室安装好 IrobotQ 3D 机器人在线仿真平台及其客户端。

（2）事先搭建好装有左右双灰度传感器的机器人，并做好相关参数的设置。

（3）为每个同学准备一套用来设计流程图的相关部件，供学生练习使用。

（4）实物投影仪。

## 六、教学过程

表1　教学过程

| 教学环节 | 师生活动 | 设计意图 |
| --- | --- | --- |
| 创设情境，揭示任务 | 1.视频导入，引出学习主题<br>播放一段机器人项目活动的视频，引出"机器人沿轨迹行走"的学习主题。<br>2.情境呈现，揭示学习任务<br>用图片呈现机器人在魔幻寻宝途中要通过一座浮桥，引出本课的任务：机器人穿越浮桥 | 播放学生参与的机器人项目和竞赛的视频，用真实的事件激发学生的兴趣，营造一种科技氛围，引出本课的学习主题。通过呈现具体的情景，让学生明确本课中机器人要完成的任务，为后面学习机器人沿轨迹行走做好铺垫 |
| 分析任务，建构模型 | 1. 观察思考，提取浮桥上的轨迹<br>从情景任务中提取轨迹，便于学生观察和分析。 | |

续表

| 教学环节 | 师生活动 | 设计意图 |
|---|---|---|
| 分析任务，建构模型 | 2. 分析任务，归纳机器人行走路线<br>师生共同分析机器人沿任务轨迹行走的路线：<br>直行→左转→直行→右转→直行→右转→直行→左转→直行。<br>3. 提出问题，分析双灰度传感器工作原理<br>以机器人在穿越浮桥时需要左转和右转，引出"双灰度传感器"。<br>观察认识装有左右双灰度传感器的机器人图片，探讨双灰度传感器在机器"穿越浮桥"过程中的工作原理。<br>结论：当左灰度传感器检测到线时，机器人左转；当右灰度传感器检测到线时，机器人右转；两个传感器都没检测到线时，机器人直行 | 从情景图中提取道路轨迹，以便于对任务进行详细的分析。激发已有认知经验，得出机器人的行走路线，培养学生分析问题能力。知识迁移引出双灰度传感器，通过启发、观察图、讨论等方式，引导学生积极思考分析，得出结论，表述观点，增强解决问题的意识与能力 |
| 解决问题，设计流程图 | 1. 设计流程图<br>拼图活动：利用教师提供的素材，在虚线框内拼出机器人转弯的流程图，得出机器人穿越浮桥的程序流程图。<br>2. 展示交流，了解程序结构<br>学生展示自己设计的流程图并用语言加以描述。教师介绍该程序中的两种结构：分支结构和循环结构 | 为提高课堂效率，了解用流程图表示解决方案的方式，这里让学生利用给定的素材，根据双灰度传感器的工作理进行拼图活动，并画出流程线，完成机器人穿越浮桥的流程图，进一步理解双灰度传感器工作原理，理清机器人完成穿越浮桥任务的基本流程，为后面的编写程序做个铺垫。<br>通过展示交流，让学生根据流程图来描述，进一步明确机器人完成任务的步骤，初步了解程序的选择结构和循环结构 |
| 实践体验，程序实现 | 1. 编写程序<br>根据流程图来编写机器人穿越浮桥的程序。<br>进入仿真平台，教师引领做部分演示说明，学生尝试编写程序。<br>说明：<br>①"while 永远循环"的作用；<br>②灰度值设置为"<103"；<br>③学生自主探索编写程序（提供学习单）。<br>2. 运行程序<br>提醒编写好机器人程序的同学可以运行程序。 | 让学生在仿真环境中根据流程图编写程序，培养程序设计意识。为了让全体学生都能顺利编写出程序，直接给出灰度值。在运行程序，观察机器人穿越浮桥的姿态，真实感悟到双灰度传感器的作用。 |

续表

| 教学环节 | 师生活动 | 设计意图 |
|---|---|---|
| 实践体验，程序实现 | 提示：<br>① 选择机器人、选择程序；<br>② 选择一个空座位；<br>③ 单击"运行"按钮；<br>④ 成功后提交成绩。<br>展示第一位完成任务的学生成果，观察机器人穿越浮桥的姿态。<br>思考：如何提高机器人完成任务的效率？<br>3. 调试程序<br>呈现失败的案例（学生或教师的），分析原因，引出调试程序。<br>结合挑战任务，归纳影响因素如下：<br>① 直流电机；<br>② 灰度传感器。<br>分层：根据需要去调试程序，成功后"提交成绩"。<br>登录软件管理平台，呈现所有学生的成绩排行榜。<br>4. 交流探讨<br>请与完成任务的成绩排行榜中前几名的学生交流经验。<br>反馈：如何提高机器人的工作效率？<br>结论：调整直流电机值，调整灰度值。<br>设疑：这些值是不是越大或越小就越好呢？<br>结论：不是。要根据实际情况，反复调试，找到合适的数值 | 学生编写程序速度不一，成败皆有可能。考虑到学生的差异，设置挑战任务让学生有所选择，满足不同层次学生的需要。展示第一位成功的学生激励促进学习；分析失败的案例可以拓展学生思维空间，提高分析问题、解决问题的能力。<br>拓展延伸，了解直流电机值和灰度值的作用，体验改变参数值对机器人完成任务的影响，激发学生进一步探索的积极性 |
| 回顾梳理，拓展提升 | 1. 回顾梳理<br>（1）回顾本节课学习过程，引导学生总结让机器人完成任务的流程：分析建模—设计流程图—编写程序—调试运行。<br>（2）引导学生回顾梳理左右灰度传感器的工作原理。梳理：当左灰度传感器检测到线时，机器人向左转；当右灰度传感器检测到线时，机器人向右转；两个传感器都没检测到线时，机器人直行。<br>2. 拓展提升<br>灰度传感器在生活中的广泛应用。激励学生去探索传感器，研究机器人 | 通过两个问题并利用板书引导学生再现学习过程，梳理所学的知识技能，归纳一般方法，形成知识序列，明确让机器人完成任务的基本流程，理解双灰度传感器的工作原理。<br>结合传感器在实际生活中的应用，激励学生去进一步探索机器人的奥秘，增强情感体验 |

七、板书设计

**机器人穿越浮桥**

机器人行走路线：直行→左转→直行→右转→直行→右转→直行→左转→直行

| 双灰度传感器工作原理 | 机器人完成任务的流程 |
|---|---|
| 左传感器检测到线，左转 | 分析建模 |
| 右传感器检测到线，右转 | 设计流程图 |
| 都没有检测到线，直行 | 编写程序 |
| | 调试运行 |

**八、"机器人穿越浮桥"学习单**

1. 任务说明

机器人从浮桥的起点出发，沿着土路行走，成功到达终点为完成任务。

任务提示：利用左、右双灰度传感器实现机器人转弯。

2. 编写程序的相关说明

（1）左、右两个灰度传感器要分别进行判断，例如：可先编写左灰度传感器的判断程序，再去编写右灰度传感器的判断程序。

（2）土路灰度值为 94，草地灰度值为 122，编程时可以先设置灰度传感器的判断值为 "<103"。

（3）左转：左边两个直流电机设置为"反转"，右边两个直流电机保持"正转"。右转：右边两个直流电机设置为"反转"，左边两个直流电机保持"正转"。直行：左、右两边的直流电机都设置为"正转"。

（4）直流电机的值代表机器人的运行速度，可以先统一设置为 8 进行尝试运行，再去慢慢调整。

3. 提高机器人工作效率的调试记录

要想提高你的机器人的成绩，就要提高它的工作的效率。你认为可以通过修改_____来实现。请你尝试修改程序中的参数并做好记录，重新运行机器人，观察机器人完成任务的成绩。

**案例来源：**

"迪埃孚杯"第二届全国中小学机器人教学展评一等奖　杭州市丁兰实验中学　翁国军

**案例评析：**

翁老师的整个课堂贯彻了"分析建模→设计流程图→编程运行→调试优化"这一基本思路。课堂的教学环节分别有引导学生分析思考、交流讨论、模仿操作、探究合作、归纳总结，逐级完成各环节的学习任务，让学生经历了机器人完成任务的全过程。在每位学生体验到成功之后，翁老师提出"如何让机器人提高效率？"这一问题，拓展学生思维。尤其可贵的是翁老师能利用萝卜圈仿真机器人平台中的成绩排行榜营造竞争氛围，激发了学生自主探索的积极性。

目前，开展机器人教学存在不少问题，一方面器材费用高，使用率不高，不能满足大范围的学习，实体机器人购买之后就相对固定了它的外观与功能，操作难度较大，这些都制约着机器人进入课堂教学。另一方面，机器人的硬件故障、维修等问题也困惑着教师，正因如此，许多信息技术公司开发了不同特点的仿真机器人教学平台，这些平台满足了基本的机器人教学需求。

使用仿真机器人软件开展教学，不仅能够避免实体实现面临的各种问题，而且还能使学生更清楚地感受着机器人是怎样在程序的控制下活动的，充分理解程序设计在教学中的中心地位，有利于学生体会"程序是机器人的灵魂"的思想。通过图形化的编程界面可以让学生直观地了解结构化的程序设计方法，使"算法"和"程序"变得直观而形象，从而提高学习计算机程序设计的兴趣，同时降低学习难度。

项目教学法强调以学生为中心，以小组合作学习，通常其实施过程分为选定项目、制定计划、活动探究、作品制作、成果交流和活动评价等六个要素。在其理论基础——建构主义上来说，很多特征与任务驱动教学法是一致的，但是任务驱动法一般以创设情境，引出一个具体任务开始，而项目驱动法则由教师拟出一个或数个可供选择的项目或来自学生的想法所形成的项目，与学生讨论，从而确定项目的目标和任务，与生活实际联系得更加密切一些。因此本案例可以理解为任务驱动法更准确一些。任务驱动教学法一般的实施步骤为：（1）创设情景，引起注意；（2）提出目标任务（有课堂任务、单元任务和研究性任务以及封闭型、开放型的任务）；（3）合理分组，分析与分解任务；（4）自主学习（教师引导，分小组讨论、明确任务、制定方案，学生独立或协作完成任务，解决任务）；（5）检查与评价（先由学生自己总结交流经验，再由教师对目标工作任务进行检查评价或评分，师生共同评判工作任务中的问题，发现不足，寻找新的解决方法）；（6）总结提升。在本案例中，作者没有进行任务分解，而是采用了全体学生共同完成一个任务（在仿真平台上完成机器人穿越浮桥的程序设计），教师指导的方式，在实施时较好控制课堂教学进度，但也要注意学生积极主动性、协作能力的培养，这样才不失为"以学生为中心"的教学模式。

# 参考文献

[1] 李艺，李冬梅. 信息技术教学方法[M]. 北京：高等教育出版社，2003.
[2] 王少华. 信息技术与中学学科教学[M]. 长春：东北师范大学出版社，2004.
[3] 李艺，朱彩兰. 信息技术课程与教学[M]. 北京：高等教育出版社，2010.
[4] 刘捷著. 专业化：挑战21世纪的教师[M]. 杭州：教育科学出版社，2002.
[5] 彭聃龄，张必隐. 认知心理学[M]. 浙江：浙江教育出版社，2004.
[6] 王吉庆. 信息技术课程与教学论[M]. 浙江：浙江教育出版社，2003.
[7] 钟志贤. 信息化教学模式[M]. 北京：教育科学出版社，2005.
[8] 王吉庆. 信息技术课程与教学论[M]. 浙江：浙江教育出版社，2003.
[9] 冯增俊. 当代国际教育发展[M]. 上海：华东师范大学出版社，2002.
[10] 何克抗. 创造性思维理论[M]. 北京：北京师范大学出版社，2000.
[11] 董玉琦. 信息技术课程与教学[M]. 北京：电子工业出版社，2009.
[12] 王荣良，高淑印. 信息技术课堂教学案例发展点评[M]. 北京：教育科学出版社，2011.
[13] 董玉琦. 信息技术课程与教学[M]. 北京：电子工业出版社，2009.
[14] 吴军其. 新理念信息技术教学论[M]. 北京：北京大学出版社，2010.
[15] 郑金洲. 案例教学指南[M]. 上海：华东师范大学出版社，2000.
[16] 徐福荫，黄慕雄. 教育技术协同创新与多元发展[M]. 北京：北京邮电大学出版社，2013.
[17] 祝智庭. 信息教育展望[M]. 上海：华东师范大学出版社，2002.
[18] 肖广德，魏雄鹰，黄荣怀. 面向学科核心素养的高中信息技术课程评价建议[J]. 中国电化教育，2017，（1）：33-37.
[19] 丁革民. 略论信息技术对新课程改革的应对[J]. 福建师范大学学报（哲学社会科学版），2005，（1）：137-139.
[20] 李艺，钟柏昌. 信息技术课程核心素养体系设计问题讨论[J]. 电化教育研究，2016，（4）：5-10.
[21] 钟柏昌，李艺. 计算思维的概念演进与信息技术课程的价值追求[J]. 课程. 教材. 教法，2015，（7）：87-93.
[22] 刘向永，郭鹏飞，张贵芹. 我国信息技术课程发展的动力分析与可能路径[J]. 中国电化教育，2014，（12）：91-92.
[23] 刘向永，唐瑞，徐旸，等. 理解取向的信息技术课程教学设计框架与实验研究[J]. 电化教育研究，2014，（11）：78-82.
[24] 曾犇. 初中信息技术课程学习的现状调查与分析[D]. 苏州：苏州大学，2014.
[25] 孟令标，周圣芳. 计算思维——中小学信息技术课程的发展机遇[J]. 中国教育信息化，2014（14）：29-31.
[26] 朱彩兰，李艺. 信息技术课程思想树的结构及思维品质讨论[J]. 电化教育研究，2014（5）：76-81.

[27] 李艺，朱彩兰. 信息技术课程思想梳理思路简议[J]. 电化教育研究，2014（4）：5-10.

[28] 张丽霞，王丽川. 基于数字化生存能力的信息技术课程目标的重构[J]. 电化教育研究，2013，（12）：82-87.

[29] 李锋，王吉庆. 计算思维：信息技术课程的一种内在价值[J]. 中国电化教育，2013（8）：19-23.

[30] 宋天. 基于混合学习模式的初中信息技术课程的设计与有效性研究[D]. 沈阳：沈阳师范大学，2013.

[31] 李艳容. 游戏化学习在高中信息技术课程教学中的行动研究[D]. 西安：陕西师范大学，2013.

[32] 李树培，王荣良. 信息技术课程核心价值探析[J]. 中国电化教育，2013（3）：7-11.

[33] 段艳华. 初中信息技术课程有效教学方法的研究[D]. 石家庄：河北师范大学，2012.

[34] 赵丹杨. 思维导图在小学信息技术课程教学中的应用研究[D]. 成都：四川师范大学，2012.

[35] 孙丹. 项目化课程中的学习评价研究[D]. 长沙：湖南师范大学，2012.

[36] 钟柏昌，李艺. 信息技术课程内容组织的三层架构[J]. 电化教育研究，2012（5）：17-21.

[37] 刘向永，董玉琦. 信息技术课程价值实现的困境与机制[J]. 电化教育研究，2012（1）.

[38] 冯建英. 基于信息技术课程的协作学习实践研究[D]. 重庆：西南大学，2011.

[39] 李呈林. 从多元智力视角反思高中信息技术课程教学及其评价[J]. 电化教育研究，2011（3）：116-120.

[40] 钟柏昌. 关于信息技术课程与其他学科课程关系的思考[J]. 教育探索，2011（2）：56-57.

[41] 王巧雁. 任务驱动教学法在高中信息技术课程中的应用研究[D]. 大连：辽宁师范大学，2010.

[42] 杨鑫. 中学信息技术课程探究式教学策略研究[D]. 长春：东北师范大学，2009.

[43] 王环宇. 信息技术课程教学中协作学习设计策略研究[D]. 长春：东北师范大学，2009.

[44] 王荣良，李树培. 信息技术课程情感态度价值观目标的难为与能为[J]. 中国电化教育，2009（3）：86-89.

[45] 丁晓倩，梁宏倩，海小娟，等. 任务驱动教学法应用于信息技术课程教学的误区解析[J]. 科技信息：科学教研，2008（22）：536-537.

[46] 黄丽莉. 混合式学习在信息技术课程中的应用研究与实践[D]. 扬州：扬州大学，2008.

[47] 王永锋，马萌，王以宁，等. 新版学生教育技术标准与信息技术课程改革[J]. 中国电化教育，2008（3）：7-11.

[48] 董玉琦. 信息技术课程研究：体系化、方法论与发展方向[J]. 中国电化教育，2007（3）：8-12.

[49] 詹青龙. 信息技术课程实施中的几个重要问题分析[J]. 中国电化教育，2007（3）：13-16.

[50] 周玲. 信息技术课程与中学生信息素养的培养[D]. 南昌：江西师范大学，2005.

[51] 蔡晓丽. 信息技术课程个性化教学研究[D]. 扬州：扬州大学，2005.

[52] 董玉琦. 信息技术课程设计：构成要因与价值取向[J]. 教育研究，2005（4）：62-67.

[53] 苗广豫，杜炫杰. 表现性评价在小学信息技术课程中的应用[J]. 中国电化教育，2005（1）：62-64.

[54] 董玉琦. 信息技术课程实施：取向、教学与教师[J]. 中国电化教育，2004（12）：31-35.